KB264225

지 혜 전 승 과 지 혜 문 학

Wisdom Tradition and Wisdom Literature

지 혜 전 승 과 지 혜 문 학

Wisdom Tradition and Wisdom Literature

지혜전승과 지혜문학

-지혜문학의 눈으로 다시 본 성서

2009년 8월 26일 초판 1쇄 인쇄
2010년 6월 25일 초판 2쇄 발행

지은이 천사무엘 펴낸이 김영호
펴낸곳 도서출판 동연
기 획 김서정 편 집 조영균
디자인 김광택 관 리 이영주
등 록 제1-1383호(1992. 6. 12)
주 소 서울시 마포구 망원동 472-11
전 화 (02)335-2630
전 송 (02)335-2640
이메일 ymedia@paran.com
홈페이지 www.y-media.co.kr

ISBN 978-89-85467-87-2 93200

Wisdom Tradition and Wisdom Literature

지혜전승과 지혜문학

- 지혜문학의 눈으로 다시 본 성서 -

천사무엘(Samuel Cheon) 지음

동연

[약어표]

ABD	Anchor Bible Dictionary
AJSL	American Journal of Semitic Language and Literature
CBAA	Catholic Biblical Association of America
CBQ	Catholic Biblical Quarterly
CR	Currents in Research: Biblical Studies
HR	History of Religion
HUCA	Hebrew Union College Annual
IDBS	Interpreter's Dictionary of the Bible Supplementary Volume
IW	Israelite Wisdom: Theological and Literary Essays in Honor of Samuel Terrien, eds., J. G. Gammie, et al. (Missoula: Scholars, 1978).
JAAAT	Journal of Asian and Asian American Theology
JBL	Journal of Biblical Literature
JSOT	Journal for the Study of the Old Testament
JSP	Journal for the Study of the Pseudepigrapha
SAIW	Studies in Ancient Israelite Wisdom, ed., J. L. Crenshaw (New York: Ktav, 1976).
SJT	Scottish Journal of Theology
TSK	Theologische Studien und Kritiken
VT	Vetus Testamentum
VTS	Vetus Testamentum Supplements
ZAW	Zeitschrift für die Alttestamentliche Wissenschaft

한국교회 특징 중의 하나는 열정과 감성이 뛰어나다는 것이다. 열심히 성경을 읽고 찬양하며 열정적으로 기도하는 신앙은 한국인의 민족성과 종교성을 바탕으로 형성된 한국교회의 특성이다. 이러한 신앙은 교회의 성장과 돈독한 믿음을 갖게 하기도 하지만, 다른 한편 감정과 느낌을 강조함으로써 신앙적 열광주의나 맹신주의에 빠지게 할 수도 있다.

그리하여 합리적이고 이성적인 사고를 배제하거나 심지어 죄악시할 수도 있다. 한국교회에서 신학이 발전하지 못하는 이유도 이성과 합리성보다는 감정과 열정, 더 나아가 기적과 이적을 중요시하는 이러한 교회의 분위기와 무관하지 않다.

그러나 건전한 교회와 신앙을 위해서는 감성과 열정뿐만 아니라 이성과 지성 그리고 합리성도 중요시해야 한다. 감성과 이성과 영성이 조화를 이루어 전인격적으로 하나님을 만나고 깨달을 때, 그리고 예수 그리스도를 따르고 본받을 때, 건전한 기독교 신앙을 한국사회에 깊이 뿌리내릴 수 있다.

지혜문학은 인간의 이성과 지성을 통하여 하나님을 만나고 그분의 섭리를 깨닫게 하는 방법을 가르쳐 준다. 하나님은 직접적인 계시뿐만 아니라 지성과 이성을 통하여도 우리로 하여금 당신을 깨닫게 하시는 데, 성서시대에 신앙인들이 그 방법을 어떻게 사용했는지를 지혜문학과 지혜전승을 통해 배울 수 있다.

이러한 방법은 감성을 강조해 온 한국 기독교인들에게 친숙하지 않은 것이지만, 앞으로 배우고 익혀야 할 또 다른 신앙의 영역이다. 또한, 이것은 과학적 사고와 합리성을 중요시하는 오늘날 신앙인들이 알아야 할 신앙방식이다.

이 책은 지혜문학의 시각에서 성서를 다시 읽으려는 의도로 쓰였다. 즉, 성서에 흩어져 있는 고대 이스라엘의 지혜전승을 찾아보고, 그 역사를 살펴보는 것이다. 이를 통해서 알 수 있는 것은 인류와 함께 시작된 지혜전승은 기독교 신앙의 뿌리인 신약성서에까지 이어져 있다는 것이다. 특히 지혜전승이 신약의 기독론 형성에 매우 강하게 영향을 주었는데, 이것은 지혜전승이 기독교 신앙 형성에 얼마나 중요한 역할을 했는가를 보여 준다.

인간의 이성적이고 지성적인 사고를 중요시하는 지혜전승이 성서 곳곳에 산재해 있다는 것은, 칼빈이 말한 대로 하나님의 말씀인 성경이 인간의 언어와 사고와 문화를 반영하고 있다는 사실을 반증해 준다. 칼빈은 성경의 저자가 하나님이자 인간이라고 하면서 성경의 계시적인 측면과 문화적인 측면을 동시에 고려해야 한다고 가르쳤다.

이 책의 내용 대부분은 그동안 필자가 논문집과 신학 잡지에 발표한 것들이다. 그러나 수업을 위해 그리고 이 분야에 관심 있는 학도들을 위해 책으로 편집하는 것이 필요하다고 판단되어 이렇게 한 권으로 묶게 되었다. 이 책이 나오게 되기까지 많은 사람들의 도움이 있었다.

지혜문학 연구에 관심을 갖도록 지도해 주신 미국 버클리 Graduate Theological Union의 David Winston, John C. Endres, Donn F. Morgan

교수님에게 감사를 드린다. 책 출판을 도와준 도서출판 동연의 김영호 사장과 직원들에게 감사의 마음을 전한다. 도서출판 동연은 경제적인 위험을 감수하면서도 신학 분야 서적을 사명감으로 열심히 출판하고 있다.

또한, 지혜문학 수업에 참여한 한남대학교 본 대학원 기독교학과 석·박사 과정 학생들, 학제신학대학원 목회신학과 석사과정 학생들, 그리고 서로 격려하면서 살아가는 기독교학과 동료 교수님들에게도 감사의 마음을 전한다. 아들의 연구 활동을 위해 기도하시는 부모님과, 늘 도움을 준 아내 그리고 두 아들 세환, 기환에게도 고마움을 표한다. 아무쪼록 이 책이 포스트모던 시대를 맞이하고 있는 한국교회의 성서학 발전과 신학교육에 기여하기를 기원한다.

2009년 여름 오정골 연구실에서
천사무엘

제3부 지혜문학 이해

제 1 부

지혜문학의 재발견

1. 지혜문학의 특징

구약성서는 전통적으로 크게 세 부분으로 나뉜다. 오경, 예언서, 성문서이다. 성문서에 속하는 책들 중 욥기, 잠언, 전도서를 지혜문학 혹은 지혜문서(Wisdom Literature)라고 부른다.[1] 이 책들을 지혜문학으로 분리하는 이유는 내용상의 특징들 때문인데, 그 실례를 들면 다음과 같다.

첫째로, 지혜문학에서 가르치고 있는 주요 내용과 주된 관심이 지혜에 대한 것이다. 예를 들면, 지혜는 히브리어로 "호크마"라고 하는데, 이것은 구약성서 전체에서 318번 사용되고, 이 중 절반이 넘는 183번이 이 세 권의 지혜문학에 나온다.[2] 이것은 이 책들의 지혜에 대한 관심이 다른 책들보다 상대적으로 더 집중되어 있다는 것을 암시한다.

둘째로, 지혜문학에는 오경, 예언서, 묵시문학 등 소위 비지혜문서에서 공통적으로 나오는 내용이나 주제가 나오지 않는다. 즉, 족장시대, 출애굽, 광야방랑, 가나안 정복, 다윗왕조 등 고대 이스라엘 역사와 관련된 주제들은 비지혜문학에서 매우 중요한 개념으로 등장하는데, 지혜문학에는 이러한 주제들이 나오지 않는다. 그리고 이와 연관된 역사를 통한 구원, 구속사, 역사를 통한 신앙고백 등의 내용도 언급되지 않는다. 또한, 하나님께서

---

1 지혜문학이란 용어는 원래 구약성서의 욥기, 잠언, 전도서를 지칭하는 것이었지만, 이와 유사한 고대 근동의 문헌들을 지칭하는 데도 사용되고 있다. 이에 대해 렘버트는, 엄밀한 의미에서 이 용어를 바빌론 문학에 적용하는 것은 잘못이라고 주장했다. 종교적 삶을 강조하는 구약의 지혜문학과는 달리, 소위 바빌론의 지혜문학은 제의 및 주술의 기술을 언급하기 때문이라고 그 이유를 제시했다. W. G. Lambert, *Babylonian Wisdom Literature* (Winona Lake: Eisenbrauns, 1996), 1.

2 E. Jenni and C. Westermann, *Theological Lexicon of the Old Testament*, Vol. 1 (Peabody: Hendrickson, 1997), 418.

이스라엘을 선택하여 계약을 맺었다는 계약신앙이나 선택사상도 나타나 있지 않고, 오경이나 예언서에 자주 등장하는 약속과 성취의 도식도 찾아 볼 수 없다.

셋째로, 지혜문학에서는 인간의 이성, 경험, 사색 등을 통하여 얻어진 우주의 질서와 원리를 찾는 데 관심이 모아져 있다. 이러한 우주의 비밀을 찾는 것은 인간이 자신에게 이미 주어진 능력을 통하여 하나님께서 창조하신 우주와 세계의 신비를 탐구함으로써 지혜를 찾는 것이었다. 이것은 지혜문학에서 지혜란 창조세계의 질서와 원리였다는 것을 의미한다. 이와 같은 지혜 탐구는 인간의 삶에서 가장 올바르고 정의로운 방법을 찾는 데 그 목적이 있었다. 지혜문학의 이러한 탐구 태도는 위로부터 주어지는 하나님의 말씀을 찾고자 하는 비지혜문학의 신앙 추구방식과 대조되는 것으로 여겨졌다. 즉, 비지혜문학에서 중요시되는 하나님의 직접적인 계시나 하나님 말씀의 직접적인 선포와는 다르게 여겨졌다는 것이다.

2. 지혜문학의 소외

지혜문학에 대한 관심은 비지혜문학의 그것과 비교해 볼 때 매우 독창적인 것이다. 따라서 이것이 지혜문학에 속한 책들을 구약의 나머지 책들과 근본적으로 다른 것으로 여기게 했다. 또한, 신약성서를 포함한 성서 전체를 구속사적인 관점, 즉 예수 그리스도를 통한 하나님의 구원사역의 관점에서 읽으려는 대부분의 그리스도교 신앙인들에게는 이해하기 어려운 책들로 여겨졌다. 이러한 경향은 성서학자들에게도 예외가 아니었다.

그리하여 지혜문학은 오랫동안 성서학자들의 관심 밖에 있었다. 이 책들이 성서학자들의 연구대상에서 제외되었고, 구약의 고아라 불릴 만큼 학자들의 관심에서 소외되었다는 것이다.[3]

지혜문학에 대한 학자들의 홀대 경향은 주요 구약학자들의 최근 연구 결과들에서도 나타나 있다.[4] 예를 들면, 미국의 대표적인 구약학자 중의 하나였던, 하버드대학교(Harvard University)의 라이트(G. E. Wright) 교수는 이스라엘 역사에 나타난 하나님의 구원행동에 신학적인 관심을 집중하면서 오경과 예언서 등 이스라엘 역사와 관련된 비지혜문학을 주요 연구 자료로 삼았다. 그에 의하면, 성서 전체의 신앙을 개괄할 때 나타나는 가장 큰 문제는 역사서나 예언서에 나타나 있는 신앙유형이 지혜문서의 내용과 부합되지 않는다는 것이었다. 이것은 성서 전체의 신앙을 하나의 일관된 사고로 개괄할 수 없게 만드는 것이었다. 그는 이러한 어려움의 근본적인 원인이 지혜문학 내에 있는 고대근동문학적인 요소에 있다고 생각했다. 즉, 지혜문학의 많은 부분들은 고대근동문학에서 빌려온 것인데 이러한 요소는 고대 이스라엘의 야웨 신앙과 부합되지 않는다고 판단했던 것이다.[5]

독일의 대표적인 구약학자 가운데 하나였던, 하이델베르크대학교

---

[3] R. E. Murphy, "The Interpretation of Old Testament Wisdom Literature," *Interpretation* 23 (1969), 289-30; J. L. Crenshaw, "Prolegomenon," in *Studies in Ancient Israelite Wisdom* (New York: Ktav, 1976), 1.

[4] 최근 구약신학을 서술한 학자들이 지혜문학을 어떻게 다루고 있는지에 대해서는 L. G. Perdue, *Wisdom and Creation: The Theology of Wisdom Literature* (Nashville: Abingdon, 1994), 20-34를 참조하라.

[5] G. E. Wright, *God Who Acts* (Chicago: A. R. Allenson, 1956), 103.

(Heidelberg University)의 폰 라드(G. von Rad) 교수는 두 권으로 된『구약성서 신학』을 저술하였다. 이 책의 제1권은 이스라엘의 역사전승 신학을 다루었고, 제2권은 이스라엘의 예언전승 신학을 다루었다.[6] 그는 후에 이스라엘의 지혜문학에 대한 저서를 출판했지만,[7] 구약성서 신학에서 지혜전승이 주변적이라는 입장에는 변함이 없었다. 즉, 그는 오경과 예언서에 나타나 있는 구속사를 구약신학의 중심으로 여기면서, 지혜문학은 역사를 통하여 주어진 하나님의 계시에 대한 인간의 응답에 불과하다고 주장했다.[8]

폰 라드는 지혜문서에 나타나 있는 신앙적 근거가 구원신앙이 아니라 창조신앙이라고 보았다.[9] 그리고 창조신앙은 지혜문학을 통하여 이집트로부터 유래되었으며, 이스라엘 신앙전승에서는 결코 독립적으로 존재하지 못하였고, 구속사 신앙의 범위 안에 흡수되었다고 주장했다.[10] 이것은 지혜문학이 이스라엘 고유의 것이라기보다는 주변국들에서 흘러들어온 것이며, 이스라엘 신앙과는 이질적이라는 것을 의미했다.

폰 라드가 쓴『구약성서 신학』과 함께 20세기 구약성서 신학계에 또 다른 업적을 남긴 학자는 스위스 바젤대학교(Basel University)의 아이히로트(W. Eichrodt) 교수였다. 그는 두 권으로 된 자신의 저서『구약성서 신학』

---

[6] G. von Rad, *Old Testament Theology*, 2 vols. (New York: Harper & Row, 1962, 1965).

[7] G. von Rad, *Wisdom in Israel* (Nashville: Abingdon, 1972).

[8] G. von Rad, *Old Testament Theology*, Vol. 1 (New York: Harper & Row, 1962), 418-59.

[9] Ibid., 139.

[10] G. von Rad, "구약 창조신앙의 신학적 문제," 김정준 역,『폰 라드 논문집』(서울: 대한기독교 서회, 1978), 265.

에서 구약의 중심사상을 계약 개념에서 찾았다. 그는 계약 개념을 통해서 하나님과 이스라엘이 맺고 있는 특별한 관계를 설명할 수 있다고 보았다.[11] 그 역시 이스라엘의 지혜사상은 이스라엘의 종교를 이해하는 데 실제적인 기여를 하지 못했으며, 구약신앙의 중심적인 관심이 아니라고 생각했다. 또한, 구약에서 지혜는 세속적인 냄새를 강하게 풍기고 있으며, 이스라엘의 신앙과는 매우 약하게 연결되어 있다고 주장했다.[12]

영국의 대표적인 구약학자 가운데 하나인, 캠브리지대학교(Cambridge University)의 교수였던 클레멘츠(R. E. Clements)는 그의『구약신학』을 서술하면서 지혜문학을 완전히 배제했다.[13] 그는 오경과 예언서 등 비지혜문학에 나타나 있는 신앙형태들을 중심으로 구약신학을 조직화했으며, 지혜문학 중 잠언 두 곳만 참고자료로 언급하고 있을 뿐이다. 그는 후에 출판된 지혜신학에 대한 책에서 구약신학이 지니고 있는 지혜사상의 중요성과 포수기 이후 고대 이스라엘 사회에서의 지혜전승의 중요한 역할을 강조했지만, 지혜전승이 이스라엘 신앙에서 주변적이었으며 페르시아 시대에 주로 발전되었다는 일반적인 입장을 따랐다.[14]

그렇다면 지혜문학은 왜 구약학의 연구대상에서 소외되어 왔는가? 학자들이 지혜문학을 꺼려한 이유는 무엇인가? 앞서 언급했듯이 지혜문학에 나타나 있는 내용적인 독특성이 주요인이지만, 그 구체적인 이유들을

---

11 W. Eichrodt, *Theology of the Old Testament*, 2 vols. (London: SCM, 1961, 67).

12 Ibid., Vol. 2, 80-81.

13 R. E. Clements, *Old Testament Theology* (Atlanta: John Knox, 1978). 클레멘츠는 지혜문학 중 잠언 두 곳만 참고자료로 언급하고 있다 (106).

14 R. E. Clements, *Wisdom in Theology* (Grand Rapids: Eerdmans, 1992).

편의상 몇 가지로 나누어 간략하게 서술하면 다음과 같다.

첫째로, 지혜문학을 읽을 때 오경이나 예언서를 읽으면서 갖는 느낌과 다르다는 것이 중요한 이유다. 즉, 오경이나 예언서는 하나님 중심(the theocentric world)의 신학적 관심을 나타내는 것처럼 느껴지지만, 지혜문학은 인간 중심(an anthropocentric world)의 신학적 관심을 나타내고 있는 것처럼 느껴진다는 것이다. 왜냐하면 지혜문학에는 오경이나 예언서에 나오는 계약, 선택, 역사, 약속 등에 대한 관심이 없고, 오히려 인간행동의 특징, 인간의 성공과 실패, 인간적인 처세술 등을 언급하고 있기 때문이다. 즉, 역사를 통한 하나님의 계시, 위로부터 주어지는 하나님의 말씀, 약속과 성취를 통하여 이어지는 역사의식, 이스라엘 신앙의 전승, 하나님의 구원 행동에 대한 신앙고백적인 인간의 응답 등에 대한 언급이 없고, 인간의 이성과 경험을 통해서 주어지는 지식을 가르치고 있다고 보기 때문이다. 뿐만 아니라 "하나님이 가라사대," 혹은 "하나님께서 말씀하시되" 등의 문학양식을 사용하는 하나님의 말씀이 직접 선포되었다는 형식을 거의 사용하지 않고, 오히려 인간이 주체가 되어 가르치는 교훈적인 내용들이 대부분을 차지하고 있기 때문이다.

지혜문학에 대한 이러한 이해는 구약신학을 서술할 때, 지혜문학의 메시지를 오경이나 예언서에 나오는 메시지와 하나로 통합하기가 어렵다고 여기게 했다. 즉, 후자를 통해서 형성할 수 있는 구속사신학 혹은 계약신학을 지혜신학과 통합할 수 없다고 여기게 한 것이다. 그리하여 역사와 전승, 그리고 역사를 통한 계시를 중심으로 구약성서를 이해하고 구약신학을 서술하려는 대부분의 학자들에게 지혜문학은 소외될 수밖에 없었다.

둘째로, 지혜문학과 고대근동문학의 유사성을 들 수 있다. 구약성서의

지혜문학에 나오는 상당 부분의 내용은 고고학의 발굴 결과 얻어진 고대근
동문학과 거의 같거나 매우 유사하다. 예를 들면, 1922년에 출판된 이집트
의 지혜문서『아멘엠오페의 교훈』(Instruction of Amenemope)을 지혜자의
말씀에 귀를 기울이라는 훈계의 내용인 잠언 22:17-24:22과 매우 유사하
며, 후자가 전자에 의존하고 있다는 것이 밝혀졌다.[15] 욥기 역시 고대 메소
포타미아의 문학과 매우 유사하다. 바빌론의 욥기라고도 불리는『나는 지
혜의 주님을 찬양하리』(Ludlul-bel-nemeqi or I Will Praise the Lord of
Wisdom)는 의인이 불치의 병에 걸려 자기의 무죄를 주장한다는 점에서
구약의 욥기와 매우 유사하다. 또한『바빌론의 신정론』(The Babylonian
Theodicy)은 고통 받는 자가 그 고통의 이유에 대하여 친구와 논쟁을 벌인
다는 점에서 구약의 욥기와 공통점이 있다.[16]

　　고대근동문학과 비교를 하지 않더라도, 지혜문서에 비이스라엘적인
요소가 들어 있다는 것은 구약성서 자체에서 나타나고 있다. 예를 들면,
욥기는 욥과 그 친구들이 이스라엘 사람들이 아니라, 이스라엘의 동쪽 지
역에 살았던 사람들로 묘사하고 있다. 또한, 잠언 마지막 부분에서 교훈자
로 등장하는 아굴이나 르무엘 왕 역시 고대 이스라엘 사람들이 아니었다.
이스라엘 지혜문학과 고대근동문학의 유사성은 학자들로 하여금 전자가
이스라엘 고유의 신앙적인 유산이 아니며, 하나님께서 그의 백성 이스라
엘에게 직접적으로 계시하신 말씀이 아니라는 생각을 갖게 했다.

15　이집트의 지혜문학에 대해서는 M. Lichtheim, *Ancient Egyptian Literature*, 3 vols.
　　(Berkeley: University of California Press, 1973-80)를 참조하라.

16　메소포타미아의 지혜문학에 대해서는 W. G. Lambert, *Babylonian Wisdom Literature*;
　　강사문, "욥과 고대 메소포타미아의 수난자 문학의 비교연구,"『지혜전승과 설교』, 구덕관
　　외 (서울: 대한기독교서회, 1991), 19-32를 참조하라.

셋째로, 지혜문학의 소외는 개신교회의 성서관과 연관되어 있다. 종교개혁자 마틴 루터(Martin Luther) 이래로 계속되어 온 개신교 성서관 중의 하나는 "정경 안에 핵심이 되는 정경이 있다"(the canon within the canon)는 것이다.[17] 칼빈과 달리, 루터는 성경 안의 여러 책들이 기독교 신앙을 위해서 동등한 가치를 가지고 있다고 생각하지 않았다. 성경 안에는 핵심이 되는 내용이 있는가 하면 지푸라기와도 같이 하찮은 책들도 있다고 주장했다. 이러한 생각은 자연히 성경 안에서 복음의 핵심이 되고 다른 내용들보다 더 중요한 부분을 찾으려는 경향을 갖게 했다. 현대 구약학자들이 구약의 핵심은 오경이며, 그중에서도 핵심이 되는 부분이 있다고 믿는 것은 이러한 경향을 반영한다고 볼 수 있다. 또한, 이러한 사고는 이스라엘 신앙전승의 주류로 볼 수 없는 지혜문학이 오경이나 예언서보다 그 가치가 덜 중요하다는 인식을 갖게 했다.

넷째로, 지혜문학의 소외는 역사비평학의 영향과 관련이 있다. 성서에 대한 역사비평학적 연구는 양식사와 전승사 그리고 고고학 등을 통하여 고대 이스라엘의 역사를 재구성하게 했고, 그 역사적인 틀 안에서 성서를 이해하고 해석하고자 했다. 이 과정에서 지혜문학과 지혜전승은 오경과 예언서에 나타나 있는 역사전승보다 후대의 산물이며, 바빌론 포로기 이후에 발전되었다고 여겨졌다. 또한, 지혜문학의 핵심이라고 할 수 있는 창조신앙은 구속사신앙에 종속된 것으로 여겨졌고, 창조개념은 단지 역사의 시작 혹은 구속사를 여는 서막 정도로 이해되었다. 이러한 성서연구의

---

17 루터의 성서관에 대해서는 J. H. Hayes and F. C. Prussner, *Old Testament Theology : Its History and Development* (Atlanta: John Knox, 1985), 8-10을 보라.

경향은 역사적으로 오래된 것을 중요시하는 역사비평학자들이 지혜문학을 후대의 것으로 여기면서 그 가치를 평가절하하게 했고, 소홀히 다루는 것을 당연시하게 했다.

이상과 같이 지혜문학이 학자들의 연구대상에서 소외되어 왔던 것은 지혜문학 자체의 특성 때문이기도 하지만, 성서신학계의 학문적인 흐름이나 경향에도 기인한다고 볼 수 있다.

3. 지혜문학에 대한 인식의 전환

지혜문학에 대한 연구는 1960년대부터 그 어느 때보다도 더욱 활발하게 진행되어 왔다. 학자들은 지혜문학에 대한 편견과 무관심이 잘못되었다는 것을 인식하면서 그동안 게을리 되었던 이 분야에 대한 연구를 열심히 진행시켰다. 그동안 소외되었던 지혜문학이 이제는 관심을 가져야 할 여왕[18] 혹은 이스라엘 신앙의 신데렐라(the Cinderella)[19]로 불릴 만큼 연구대상으로 부각되었다. 예를 들면, 힐(R. C. Hill)[20], 테리엔(S. Terrien)[21], 볼프(H. W. Wolff)[22], 알론소-쇠켈(L. Alonso-Schökel)[23], 크렌쇼(J. L.

---

[18] J. L. Crenshaw, "Prolegomenon," in *SAIW*, 1.

[19] R. Davidson, *Wisdom and Worship* (Philadelphia : Trinity Press International, 1990), 11.

[20] R. C. Hill, "Dimensions of Salvation History in the Wisdom Books," *Scripture* 19 (1967), 97-106.

[21] S. Terrien, "Amos and Wisdom," in *Israel's Prophetic Heritage*, eds., B. W. Anderson and W. Harrelson (New York: Harper & Row, 1962), 108-115.

Crenshaw)[24], 휘드비(J. W. Whedbee)[25], 몰간(D. F. Morgan)[26] 등은 지혜문학적인 요소가 비지혜문서들에 어떻게 영향을 주었는지에 대해서 연구했고, 침멀리(W. Zimmerli)는 창조신학의 틀 속에서 지혜를 이해하면서 구약신학에서 지혜문학의 자리매김을 처음 시도하였다.[27] 이제 지혜문학에 대한 관심을 유발한 이유를 몇 가지 들자면 다음과 같다.

첫째로, 구약성서의 통일성에 대한 강조이다. 지난 200여 년간 성서학계에서 주로 사용했던 연구 방법론은 역사비평학이었다. 역사비평학은 성서의 역사적 배경과 이스라엘 신앙전승을 재구성하는 데 혁혁한 공헌을 하였지만, 성서를 통시적(diachronic)으로만 이해하려 한다는 비판을 받아 왔다. 이러한 역사비평학적 성서해석에 대한 반성과 그 대안으로 제시된 성서해석 방법들이 정경해석방법(Canonical Approach), 신문학비평(New Criticism), 구조주의(Structuralism), 독자반응비평(Reader-Response Criticism) 등이다. 공시적(synchronic) 해석에 속하는 이 방법론들은 구약성서의 전체적인 통일성을 강조하면서, 각각의 문서를 꿰뚫고 있는 문학적 주제나 신학적 주제를 찾으려 했다. 그리고 이 주제들이 어떻게 서로 연관되어 있는지

---

22 H. W. Wolff, *Amos' geistige heimat* (Neukirchen-Vluyn: Neukirchener Verlag des Erziehungsvereins, 1964).

23 L. Alonso-Schökel, "Sapiential and Covenant Themes in Genesis 2-3," *Biblica* 43 (1962), 295-315.

24 J. L. Crenshaw, "Prolegomenon," in *SAIW*, 1-45.

25 J. W. Whedbee, *Isaiah and Wisdom* (Nashville: Abingdon, 1971).

26 D. F. Morgan, *Wisdom in the Old Testament Traditions* (Atlanta: John Knox, 1981).

27 W. Zimmerli, "The Place and Limit of the Wisdom in the Framework of the Old Testament Theology," *SJT* 17 (1964), 146-158. 침멀리의 견해를 따르면서 퍼듀는 다음 책에서 지혜와 창조를 적극 연관시킨 지혜신학을 서술하였다. L. G. Perdue, *Wisdom and Creation: The Theology of Wisdom Literature* (Nashville: Abingdon, 1994).

에 관심을 갖게 되었다. 이것은 구약의 모든 문서들의 상호관계에 관심을 갖는 것으로 각각의 문서에 나타난 차이점들을 강조하기보다는 공통점을 찾게 하는 것이었다. 그리고 역사문서만을 더 중요시하고, 구약성서를 역사서로 이해하려는 역사비평학적 가치관을 재평가하게 했다. 이러한 경향은 비역사문서로 분류되는 지혜문학을 다시 보게 했고, 성서 안에서 지혜문학이 차지하는 역할이 무엇이며 다른 문서들과 어떻게 연관되는지를 찾게 했다. 또한, 구약신학을 서술할 때 지혜문학을 소홀히 다루어서는 안 되며, 소위 지혜신학 혹은 지혜사상도 반드시 포함되어야 한다는 인식을 갖게 했다. 지혜문학을 이질적인 것으로 간주하려는 태도와 전체 구약신학의 맥락에서 적극적으로 자리매김하려는 태도를 갖게 했다는 것이다.

둘째로, 신학적 경향의 변화를 들 수 있다.[28] 역사에서 하나님의 위대한 구원행동에 대한 강조는 신정통주의 신학과 이의 영향을 받은 성서신학운동(Biblical Theology Movement)[29]이 제시했던 것이다. 이러한 신학적 경향의 구약성서적 배경은 당연히 역사의 문제를 직접 다루고 있는 오경과 예언서였다. 이와 같은 신학적 경향은 구약성서에 나타나는 두 개의 신앙축, 즉 구원신앙과 창조신앙 중 전자의 가치가 우월하다는 주장을 하게 되었고, 창조개념은 구속개념에 종속된다는 시각을 갖게 하였다. 그러나 계시중심의 신학을 강조하는 신정통주의 신학의 퇴조와 소위 세속에 대한 관심은 새로운 성서신학의 모델을 찾게 했고, 당연히 오경과 예언서 밖으로 관심을 돌리게 했다. 이 시점에서 학자들이 지혜문학에 관심을 갖게

---

28 D. F. Morgan, *Wisdom in the Old Testament Traditions*, 13-15.

29 성서신학운동의 문제에 대해서는 B. S. Childs, *Biblical Theology in Crisis* (Philadelphia: Westminster, 1970)를 참조하라.

된 것은 당연하다고 말할 수 있다. 왜냐하면 세속적인 삶의 방법에 대한 관심, 자연에 대한 관심, 다양한 문화에 대한 관심 등이 세속적 문학으로 간주되는 지혜문학에 잘 나타나 있다고 보았기 때문이다. 다원화되어 가는 사회와 문화에 대한 관심, 이에 따른 다양한 성서해석의 필요성, 창조와 우주질서 및 환경과 생태계의 문제에 대한 인식 등이 지혜문학에 관심을 갖게 했던 것이다.

셋째로, 가톨릭교회가 교회의 현대화를 위해서 1962년에 개최한 제2바티칸공의회(The Second Vatican Council, 1962-65)의 영향이다. 지혜문학 연구에서 중요한 두 개의 문서가 있는데 집회서와 솔로몬의 지혜서이다. 이 두 문서는 구약외경에 속해 있다.[30] 개신교회의 신학자들은 이들 구약외경 문서들에 대해서 별로 관심을 가지지 않았다. 또한, 이 문서들을 정경으로 받아들이면서 제2경전(the Deuterocanonical Books)으로 여기는 로마 가톨릭 신학자들도 이에 관한 심도 있는 연구를 거의 하지 않았다. 그러나 제2바티칸공의회 이후 제2경전에 대한 연구가 활발해지면서 집회서와 솔로몬의 지혜서 등에 대한 연구가 증대되었다. 또한, 지혜전승의 역사적 흐름과 영향 등에 대한 관심이 고조되면서 정경 안의 지혜문서에 대한 연구도 활발하게 되었다. 이것은 결과적으로 지혜문학과 지혜전승 전반에 대한 연구에 큰 도움을 주었다.

오늘날 지혜문학에 대한 연구는 매우 활발하게 이루어지고 있다. 신학적 흐름의 변화와 이를 위한 성서학적인 배경연구의 필요성은 지혜문학 연구에 긍정적인 영향을 주었다. 이런 점에서 지혜문학의 학문적인 재발

---

[30] 구약외경에 대해서는 천사무엘,『구약외경의 이해』(천안: 한국신학연구소, 1996)를 보라.

견은 오늘날의 신학적 경향과 요청을 반영한 것이라고 볼 수 있다.

4. 지혜문학과 자연신학

신정통주의를 대표하는 신학자 중 한 사람인 칼 바르트(K. Barth)는 그리스도 중심의 계시신학을 전개했다. 그는 계시와 자연, 신앙과 이성, 하나님과 세계를 이원론적으로 구분하면서 이 두 부류 사이에 질적인 차이가 있다고 주장했다. 자연과 세상에는 하나님의 계시가 없고, 이성의 활동과 신앙은 아무런 관계도 없다는 것이다. 그는 "하나님의 완전한 계시는 예수 그리스도의 계시에 있을 뿐이다"고 주장했다.[31] 바르트의 이러한 주장은 자연계시, 자연신학(natural theology) 그리고 신학의 자연에 대한 관심을 약화시켰다. 또한, 신앙과 이성을 대비시키면서 이성의 활동과 역할을 부정적으로 바라보게 했다. 이것은 결과적으로 창조, 창조질서, 창조신앙, 창조신학 등에 대한 신학적 연구를 소홀히 하는 결과를 낳게 되었다.

창조신앙에 대한 부정적인 반응은 오늘날 교회의 현장에서도 예외는 아니다. 매 주일 강단에서 선포되는 설교와 교회학교를 통하여 실시되는 교육은 예수 그리스도 안에서의 구원신앙에 집중되고 있다. 미국 버지니아의 유니온신학교(Union Theological Seminary in Virginia) 교수였던 악트마이어(E. Achtemeier)는 오늘날 교회에서 선포되는 메시지의 핵심을 다음과 같이 요약했다.

---

31 김균진, 『헤겔과 바르트』(서울: 대한기독교출판사, 1983), 192.

"우리 모두는 죄인이고, 예수 그리스도는 우리의 죄를 위해 죽으셨으며, 우리는 그의 십자가와 부활로 죄와 죽음에서 구원을 얻었고, 성령의 능력으로 새로운 공동체에서 새로운 삶을 살 수 있다."[32]

이러한 구원 신학적 메시지의 집중은 창조신앙이나 하나님의 창조세계에 대한 이성적 사유에 대해서 무관심하거나 신앙적 공백을 갖게 했다. 그리하여 세계와 우주를 하나님이 섭리하지 않으신 세속의 영역으로 생각하도록 방치했고, 과학자들만이 우주의 신비를 설명할 수 있다는 믿음을 갖게 했다. 뿐만 아니라 창조와 자연에 대해 신비를 느끼는 많은 사람들로 하여금 애니미즘(Animism)이나 자연을 중요시하는 동양종교, 심지어 뉴에이지 운동(New Age Movement) 등에 매력을 갖게 하였다.[33] 그리스도인이건 비그리스도인이건 자연은 그리스도교의 신앙과 관계가 없는 것으로 여기게 만들었다는 것이다.

이것은 무엇을 의미하는가? 이제는 구속신앙뿐만 아니라 창조신앙도 포함하는, 즉 성서 전체에 나타나 있는 신앙형태 모두를 교회가 선포하고 가르쳐야 한다는 것을 뜻한다. 그동안 소홀히 여겨 왔던 창조신앙에 대한 연구와 선포가 구속신앙과 함께 균형 있게 행해져야 한다는 것이다.

오늘날 인류가 직면한 환경문제는 자연과 창조질서에 대한 관심을 고조시키고 있다. 이것은 그동안 소홀히 취급되어 왔던 자연신학을 재고해야 한다는 것을 의미한다. 여기에서 자연신학이란 하나님의 피조물로서의

---

32 E. Achtemeier, *Nature, God and Pulpit* (Grand Rapids: Eerdmans, 1992), 1.
33 Ibid., 2-3.

자연, 즉 창조세계를 통하여 하나님을 이해하려는 시도를 의미한다. 이런 의미의 자연신학을 발전시킬 수 있는 구약성서적 근거의 중요한 부분 중의 하나는 지혜문학이다. 왜냐하면 자연신학은 창조를 중요하게 다루어야 하는데, 이스라엘의 지혜사상은 곧 창조신앙을 바탕으로 하기 때문이다.[34] 구약 지혜문학에는 오늘날 자연신학이 다루어야 할 생태학적 문제나 환경 문제에 대한 직접적인 가르침은 없지만, 이러한 문제를 다룰 수 있는 지혜로운 삶의 방법이 제시되어 있다. 이제 자연신학의 보고(treasury)로서 지혜문학에 나타나 있는 신학적 요소들을 몇 가지 나열하면 다음과 같다.

첫째로, 지혜문학에 의하면 하나님은 자연을 통하여 인간이 살아가는 삶의 방법을 가르치신다. 즉, 어떤 삶이 선한지 혹은 악한지, 슬기로운지 혹은 어리석은지, 의로운지 혹은 불의한지를 자연을 통해 가르치고 계신다. 인간은 하나님께서 주시는 지혜를 통하여 이것을 깨달을 수 있고, 자신의 삶에 적용시킬 수 있다. 즉, 인간은 자연이라는 창조세계 안에서 우주의 질서를 발견하고, 이를 자신의 삶에 적용하여 행복한 삶, 성공적인 삶을 추구할 수 있다는 것이다. 이 지혜는 하나님께 구함으로써 얻어지는 것이며, 궁극적으로 하나님을 경외하고 두려워할 때에 얻어서 활용할 수 있다.

둘째로, 지혜문학에서 제시하는 지혜는 때로 의인화되어 있다. 예를 들면, 잠언에서 지혜는 여성으로 의인화되어 있는데, 우주창조 이전에 하나님의 피조물로서 창조되었고, 하나님의 우주창조 사역에 동참했던 조력자였다(잠 8:22-30). 또한, 지혜는 인간에게 특별한 사명을 가지고 있어서 세상에서 인간에게 말하고, 그의 가르침을 따르는 자들에게 생명과 부요

---

[34] L. G. Perdue, *Wisdom and Creation*, 20.

와 모든 복을 약속한다(잠 1:33). 하나님은 그녀를 두려워하는 자들에게 지혜를 선물로 주시는데(잠 2:6), 인간은 이 지혜의 가르침을 따르려고 노력해야 한다(잠 4:10-27). 그러나 이와 같은 지혜의 의인화는 단지 문학적인 표현이며, 지혜를 인격적인 존재나 신격적인 존재로 여기는 것이 아니다. 지혜는 천사와 같은 영적인 존재는 아니라는 것이다.

셋째로, 지혜문학은 자연을 하나님의 피조물로 여긴다. 하나님은 자연에 내재하거나 자연의 일부가 아니다. 그러나 하나님은 자연을 도구로 사용하시면서 인간을 가르치기도 하시고 의인을 축복하기도 하시며 악인을 징벌하기도 하신다. 그러므로 인간은 자연을 관리하고 다스리는 자이지만, 동시에 자연에게서 삶을 배워야 하고, 자연을 통해서 주시는 하나님의 메시지를 깨달아야 한다(잠 6:6; 30:24-31). 그러기 때문에 자연을 통해서 삶의 방법을 배우고 깨닫지 못하는 자는 어리석으며, 하나님의 심판을 받아야 하는 악인으로 여겨진다.

넷째로, 지혜문학에 의하면, 인간도 자연과 함께 하나님의 피조물이다. 인간은 창조세계인 자연이 없이는 존재할 수 없다. 또한, 자연 안에서 다른 인간과 더불어 살지 않고는 존재할 수 없다. 인간은 매일 매일의 삶에서 창조세계 및 다른 인간과 함께 삶을 공유하면서 산다. 그리고 매일 매일의 이러한 삶에서 얻는 경험을 통하여 삶의 방법과 원리를 깨닫는다. 하나님을 두려워하고 지혜를 추구하는 사람은 경험을 통하여 행복한 삶의 방법을 깨닫지만, 그렇지 못한 사람의 경험은 어리석은 삶을 추구하게 한다. 그러므로 인간의 경험도 존중되어야 하며 그 속에 있는 하나님의 가르침을 발견해야 한다. 인간의 경험을 오용하거나 무시하는 것은 어리석은 삶이다. 이것은 지혜문학이 인간의 경험도 매우 중요하게 여긴다는 것을 의미한다.

다섯째로, 지혜문학에 의하면, 인간은 자연과 창조질서 그리고 자신의 경험을 통하여 삶의 방법을 배우고 깨닫지만, 모든 것을 깨달아 알 수 있는 것은 아니다. 욥기의 신정론과 전도서의 회의주의는 인간이 깨닫는 지혜에는 한계가 있다는 것을 말해 준다. 인간은 하나님의 창조세계 안에 있는 신비와 비밀을 완전히 깨달을 수 없다는 것이다. 그러나 이것은 인간이 자연을 통하여 주어지는 하나님의 가르침을 포기하라는 것을 의미하지 않는다. 인간의 한계에도 불구하고 자연과 창조질서를 통해서 얻어진 지혜를 가지고 행복한 삶, 성공적인 삶 그리고 궁극적으로 하나님을 두려워하는 삶을 추구해야 한다는 것이다.

5. 맺는말

구약성서의 지혜문학은 오랫동안 이질적인 요소로 여겨져 왔다. 이것은 구원과 계시를 중요시했던 전통적 신학의 경향 때문이었다. 그러나 오늘날 지혜문학은 새로운 신학의 보고로 여겨지고 있다. 즉, 인간의 경험과 관찰을 통하여 얻은 지식을 신학적으로 재조명하려는 오늘날의 신학적 경향은 지혜문학의 신학적 사고방식과 방향을 같이하기 때문에 지혜문학을 매우 중요한 성서적 근거로 여긴다. 또한, 구약성서의 지혜문학에서 이스라엘 민족이 전통적으로 가지고 있던 격언이나 속담, 일상생활에서 얻어진 지식, 그리고 고대근동의 문학까지도 받아들여 신앙적으로 재해석하였다는 것은 오늘날 신학의 새로운 지평을 여는 데 그리고 새로운 문화 속에서 그리스도교 신앙의 토착화를 시도하려는 데 귀중한 통찰력을 준다.

지혜문학의 이러한 경향은 오늘 우리의 경험과 전통문화 유산을 적극적으로 신학화, 신앙화해야 하는 한국의 그리스도인들에게도 귀중한 교훈과 성서적 근거를 제공한다. 고대 이스라엘의 지혜문학가들이 이집트나 바빌론 등의 문학을 받아들여 야웨 신앙의 관점에서 토착화했다는 것은 한국 문화나 아시아의 전통문화를 그리스도교 신앙에 적극적으로 활용해야 한다는 것을 말해 준다. 또한, 오늘 우리가 경험하고 있는 다양한 문화나 삶의 방식 그리고 과학적 지식 등을 신학적으로 활용하는 데 적극적이어야 한다는 교훈을 준다. 이러한 신학적 작업은 계시신학 위주의 신앙으로 인해 잃어버린 그리스도교의 균형 있는 신학적 지평을 회복할 뿐만 아니라 자연신학을 재조명하는 데 기여할 것이다.

제 2 부

지혜전승 탐구

성서에는 고대 이스라엘의 지혜전승이 들어 있다. 이 전승은 지혜문학뿐만 아니라 비지혜문학에서도 발견된다. 오경, 예언문학, 묵시문학, 시편, 신약성서 등 성서전반에 걸쳐서 발견되는 지혜전승은 고대 이스라엘 사회에서 삶의 일부분으로 사용되었다. 이것은 지혜전승이 지혜자나 지혜교사 등만의 전유물이 아니라 고대 이스라엘 공동체에 속한 사람들이 함께 공유했던 유산이라는 것을 의미한다. 지혜전승을 비지혜문학에서 찾으려는 시도는 지혜문학과 비지혜문학의 통일성과 연계성을 재고하는 데 매우 유용하게 사용될 것이다.

제 1 장

예언문학의 지혜전승

1. 지혜전승을 찾아서

지혜문학에 속하는 욥기, 잠언, 전도서는 주제나 문학적 장르가 서로 다르지만, 구속사, 계약, 제의, 계시 등에 관심이 별로 없다는 점에서 구약성서의 다른 책들과 구분되었다. 그리하여 계약신학이나 구속사적 관점에서 구약신학을 논할 때, 지혜문학은 거의 언급되지 않았고, 구약성서의 통일성을 저해하는 요소로 인식되기도 했으며, 심지어 고대 이스라엘의 전통적인 야웨 신앙과 관련이 없는 세속적인 것으로 취급되기도 했다. 또한, 고대근동문학과의 비교연구는 지혜문학의 내용이 대부분 고대 이스라엘의 독창적인 것이 아니라 이스라엘 밖에서 유입된 것이라고 주장되기도 했다. 이러한 지혜문학에 대한 일방적인 견해는 학자들로 하여금 지혜문학과 비지혜문학의 차이점만 강조하는 결과를 초래했다.

지혜문학의 독특성과 차이점을 강조하려는 상황에도 불구하고, 비지혜문학에서 지혜문학적인 요소들을 찾으면서 이 둘의 연관성을 강조하려는 노력은 지난 50여 년 동안 꾸준히 이루어졌다.[1] 이에 관한 연구는 1953

년에 발표한 폰 라드(G. von Rad)의 논문 〈요셉설화와 고대 지혜문학 연구〉
와 함께 시작되었다고 볼 수 있다.[2] 폰 라드는 이 논문에서 요셉 이야기가
이집트의 영향을 받은 "교훈적인 지혜 이야기"(didactic wisdom-story)로,
솔로몬 시대에 쓰였으며 이집트 지혜문학의 영향을 받았다고 주장했다.

> "…… 요약하여 말하면 요셉 설화는 교육적 이상의 관점에서 뿐만 아니라
> 기초적인 신학적 사상의 관점에서도 애굽의 지혜문학에서 유래한 영향
> 과 관심에 의존하고 있는 지혜적-교훈적(weisheitlich-didaktische)
> 설화인 것이다."[3]

비지혜문학에서 지혜문학의 영향을 찾아볼 수 있다는 폰 라드의 주장
은 많은 학자들에 의하여 구약성서 거의 모든 책들에 적용되었다. 예를
들면, 탈몬(S. Talmon)은 요셉 이야기처럼, 왕궁을 배경으로 전개되는 에
스더서의 내용이 지혜문학의 주제와 가르침을 반영하는 지혜 이야기
(wisdom tale)라고 주장했다.[4] 그는 에스더서를 역사화된(historicized) 지

---

1 이에 관한 주요 논문들의 모음은 J. L. Crenshaw, ed., *Studies in Ancient Israelite Wisdom*
(New York: Ktav, 1976), 429-494; J. G. Gammie, et al., eds., *Israelite Wisdom:
Theological and Literary Essay in Honor of Samuel Terrien* (Missoula: Scholars,
1978), 77-158을 참조하라. 이에 관한 종합적인 연구는 D. F. Morgan, *Wisdom in the
Old Testament Traditions* (Atlanta: John Knox, 1981)를 보라. 몰간은 지혜전승을 구약
성서 전반에 걸쳐서 찾고, 연대기적으로 정리하고자 했다.

2 G. von Rad, "Josephsgeschichte und altere Chokma," *Congress Volume, Copen-
hagen, 1953, VTS* 1 (Leiden: Brill, 1953), 120-127; "The Joseph Narrative and Ancient
Wisdom," in *SAIW*, 439-447; "요셉 설화와 고대 지혜문학 연구," 김정준 역,『폰 라드 논문
집』(서울: 대한기독교출판사, 1978), 270-280.

3 Ibid., 279.

혜 이야기로 보면서 이 책의 메시지나 등장인물들은 지혜전승에서 가르치고자 하는 내용을 의도적으로 반영하고 있다고 보았다. 폰 라드가 지혜문학적 관점에서 요셉 이야기를 분석한 것처럼, 탈몬은 폰 라드의 연구방법을 에스더서에 적용시킨 것이다.

화이브레이(R. N. Whybray)는 삼하 9-20장과 왕상 1-2장으로 구성되어 있는 왕위계승설화(The Succession Narrative)가 속담이나 잠언에 있는 가르침을 극적인 이야기로 표현한 것(dramatization)이라고 제안했다.[5] 그는 폰 라드의 주장, 즉 요셉 이야기와 마찬가지로 왕위계승설화도 솔로몬 시대에 이집트의 영향을 받아 형성된 것이라는 견해를 받아들이면서, 이 이야기의 저자는 지혜교사(wisdom teacher)인데, 지혜학교의 교리를 가르치기 위하여 썼다고 주장했다.

브뤼그만(W. Brueggemann)도 폰 라드와 화이브레이의 견해에 동의하면서, 왕위계승설화는 사람이 어리석음을 선택하면 그에 상응하는 결과를 초래한다는 지혜문학적인 주제를 반영하고 있다고 보았다.[6] 그는 밧세바 사건이나 암논과 다말 사건, 압살롬 사건, 그리고 심지어는 솔로몬의 무자비한 행위도 어리석음의 결과가 무엇인지를 보여 주는 실례라고 주장했다. 또한, 그는 이러한 인간의 어리석음에도 불구하고 하나님의 약속이 결코 무효로 되지 않는다는 것을 이 이야기가 보여 주고 있다고 주장했다. 즉,

---

4 S. Talmon, "Wisdom in the Book of Esther," *VT* 13 (1963), 419-455.

5 R. N. Whybray, *The Succession Narrative* (Napierville: Allenson, 1968). 특히 72, 95, 116 참조.

6 W. Brueggemann, *In Man We Trust: The Neglected Side of Biblical Faith* (Atlanta: John Knox, 1972), 52-54; 장일선 역, 『지혜전승연구』(서울: 대한기독교출판사, 1980), 78-81.

역사의 주인은 인간이 아니라 하나님이시라는 것이다.

쇠켈(L. Alonso-Schökel)은 창세기 2-3장의 인간의 창조와 타락 이야기에 지혜문학적 요소가 있다고 제안했다.[7] 즉, 선과 악에 대한 지식, 뱀의 간계함, 지혜자로서의 아담, 네 개의 강 등의 주제와 이야기의 정교함은 고대 이스라엘의 지혜자 그룹과 연관이 있고 지혜전승을 반영한다고 주장했다.

쇠켈의 주장에 동의하면서, 브뤼그만은 창세기 2-3장의 창조와 타락 이야기에서 뿐만 아니라 야웨 문서(J 자료)의 원역사(창 2-11장) 전체에서 지혜문학적인 요소를 찾아볼 수 있다고 제안했다. 그에 의하면, 야휘스트(Yahwist)의 원역사 이야기는 지혜문학이 보여 주는 것처럼 인간의 책임과 운명에 대해 교훈적인 견해를 나타내고 있다. 즉, 인간은 죽음과 생명을 선택할 자유가 있고 무책임한 행위는 건전한 질서를 파괴하고 불행한 결과를 초래한다는 지혜문학적인 교훈을 이야기 형태로 나타내고 있다는 것이다.

"J 자료는 이 원역사의 에피소드를 통해서 신화적인 주제와 이미지를 활용하지만 그 신학적인 전제는 지혜문학의 가르침에 있는 것과 같다. 즉, 인간의 결정은 인간의 운명을 좌우하며, 인간의 능력과 교만이 인간존재의 기본적인 조건을 바꾸어 놓을 수 없다는 것이다."[8]

---

[7] L. Alonso-Schökel, "Sapiential and Covenant Themes in Genesis 2-3," in *SAIW*, 468-480; 서인석, "창세 2-3장의 지혜문학적 해석,"『오늘의 구약성서 연구』(서울: 성바오로출판사, 1983), 299-326 참조.

[8] W. Brueggemann, 『지혜전승연구』, 장일선 역, 90.

바인펠트(M. Weinfeld)는 잠언이나 고대 근동의 지혜문학에 나오는 현자들의 가르침이 신명기에 반영되어 있다고 주장했다.[9] 그는 신명기의 법들 중 지혜문학과 유사한 것들을 지적하면서 이들은 신명기보다 더 오래된 지혜전승의 영향을 받았다고 제안했다. 바인펠트가 실례로 든 율법은 다음과 같다.

하나님의 말씀에 다른 것을 첨가하지 말라(신 12:32; 전 3:14).

이웃의 땅 경계선을 옮기지 말라(신 19:14; 잠 23:10).

저울추를 속이지 말라(신 25:13-16; 잠 11:1; 20:23).

함부로 맹세하지 말라(신 23:22-23; 잠 20:25; 전 5:1-5).

주인을 피해 도망한 종을 주인에게 돌려보내지 말라(신 23:15-16; 잠 30:10).

재판을 공평하게 하라(신 1:17; 잠 24:23).

정의만 따르라(신 16:20; 잠 21:21).

또한, 신명기에는 하나님의 경외사상이 매우 강조되어 있는데 바인펠트는 이것도 역시 지혜문학과 매우 유사하다고 주장했다.

"신명기에서 하나님의 경외는…… 계약에 대한 충실을 의미할 뿐만 아니라, 엘로히스트(Elohist) 문서와 지혜문학에서 보는 것처럼, 일반적인 도

---

9 M. Weinfeld, *Deuteronomy and the Deuteronomic School* (Oxford: Clarendon, 1972), 244-319, 특히 297 참조; 구덕관, 『지혜와 율법』(서울: 대한기독교출판사, 1982), 70-84 참조.

덕성도 나타낸다. 더군다나…… 포로기 이후의 지혜문학에서 나오는 율법주의적인 의미를 여기에서도 발견할 수 있다."[10]

이상의 실례 이외에도, 비지혜문학으로 분류되는 구약성서의 책들에서 지혜문학적인 요소를 발견하고, 그 결과를 지혜문학의 영향으로 간주하려는 견해들이 학자들 사이에서 광범위하게 이루어져 왔다. 이러한 연구들은 지혜문학을 구약성서의 통일성의 관점에서 재평가하게 했지만, 비판도 받았다. 그 비판은 주로 다음과 같은 질문들과 연관되었다.[11] 이러한 결과를 도출해 내는 방법론은 과연 타당한가? 이러한 주장은 결국 거의 모든 구약성서의 내용이 지혜문학이라는 결론을 내리게 하는 것이 아닌가? 지혜문학의 정의가 너무 광범위하고 모호하지 않는가? 이러한 비판에도 불구하고, 비지혜문학과 지혜문학의 관계성에 대한 연구는 지혜전승이 고대 이스라엘 사회에서 이질적인 것이 아니었으며, 지혜문학의 내용이 더 이상 비지혜문학의 내용과 대립적으로 이해되어서는 안 된다는 결론을 낳게 했다.

이제 바로 이러한 관점에서 본 장에서는 지혜문학적 요소의 탐구를 예언문학에 적용해 보고자 한다. 즉, 구약성서의 예언문학에는 지혜문학적인 요소가 구체적으로 어떻게 나타나 있는지를 탐구하고자 한다.[12] 본 장

---

[10] M. Weinfeld, *Deuteronomy and the Deuteronomic School*, 274.

[11] 특히 J. Crenshaw, "Method in Determining Wisdom Influence upon 'Historical' Literature," in *SAIW*, 481-494를 보라.

[12] 예언문학과 지혜문학의 관계성에 대한 포괄적 연구는 R. N. Whybray, "Prophecy and Wisdom," in I*srael's Prophetic Tradition: Essays in Honour of Peter R. Ackroyd*, eds., R. Coggins, et al. (Cambridge: Cambridge University Press, 1982), 181-199;

에서 서술하는 내용은 다음과 같은 질문들에 대한 대답이다. 즉, 지혜문학과 예언문학의 연관성을 제시하는 방법론적인 근거는 무엇인가? 예언문학에서 발견되는 지혜문학적인 요소는 무엇인가? 왜 예언문학에서 지혜문학적인 요소가 발견되는가? 본 글은 이에 대한 대답을 그동안 진행되어온 학자들의 연구결과를 검토하면서 제시하고자 한다.

2. 방법론적인 문제

예언문학과 지혜문학의 관계성을 지적하기 위해서는 적어도 다음 세 가지 요소들을 고려해야 한다. 즉, 전승사적 요소, 문학적 요소, 그리고 신학적 요소이다.[13] 전승사적 요소는 통시적(diachronic) 차원의 고려이고, 문학적 요소와 신학적 요소는 공시적(synchronic) 차원의 고려이다. 전자가 역사적 차원에서 지혜문학과 예언문학의 연관성을 고려한다면, 후자는 현재 있는 본문의 문학적 양식과 내용에서 공통점과 유사점을 고려하는 것이다.

1) 전승사적 요소

잠언 22:17-23:11과 매우 유사한 고대 이집트의 문서『아멘엠오페의

D. F. Morgan, *Wisdom in the Old Testament Traditions*를 보라.

13 이 요소들에 대한 고려는 예언문학뿐만 아니라, 오경이나 성문서의 비지혜문학과 지혜문학의 연관성을 연구하는 데도 적용될 수 있다.

교훈』(Instruction of Amenemope)의 발견은 지혜문학에 대한 연구를 촉진시켰다.[14] 이 두 문서에 대한 비교연구는 구약의 지혜문학과 고대 근동의 지혜문학의 관계성을 찾으려는 연구를 활발하게 했다. 그리하여 전승사적인 면에서 전자가 후자에 매우 밀접하게 연관되어 있다는 결론을 내리게 했다. 뿐만 아니라 고대 이스라엘의 지혜 전승사와 지혜문학의 형성사를 고대 이집트나 바빌론의 지혜문학적 관점에서 재구성하게 했다. 이러한 연구를 발전시킨 폰 라드는 구약성서에서 발견할 수 있는 가장 오래된 이스라엘의 지혜문학은 다윗-솔로몬 시대에 이집트의 제도를 모델로 도입된 서기관들로부터 기원되었고, 그들의 활동 무대는 예루살렘 왕궁이었다고 추측했다. 그에 의하면, 고대 근동의 문화가 활발하게 도입된 이 시대는 이스라엘의 소위 계몽주의(enlightenment) 시대였고, 지혜운동이 시작된 때였는데, 이 운동은 궁중에 있는 학교를 중심으로 이루어졌다. 그는 다윗-솔로몬 시대 이전에 있었던 씨족지혜(clan wisdom)의 존재 가능성을 부인하지는 않았지만, 왕궁의 서기관들로부터 기원된 학교 지혜(school wisdom)가 구약성서에서 발견할 수 있는 가장 오래된 지혜라고 보았다.[15]

최근의 연구는 지혜문학의 형성에서 왕궁 서기관들의 주된 역할을 부인하지는 않지만, 이스라엘의 왕조 수립 이전에 이미 이스라엘의 토착적인 지혜전승이 있었다는 견해가 지배적이다. 즉, 학교 지혜가 있기 전, 가족과 씨족을 중심으로 전해졌던 씨족지혜가 고대 이스라엘 사회에 있었으

---

14 W. O. E. Oesterley, *The Wisdom of Egypt and the Old Testament in the Light of the Newly Discovered 'Teaching of Amen-em-op'* (New York: Macmillan, 1927).

15 G. von Rad, "Joseph Narrative," 440-441; *Wisdom in Israel* (Nashville: Abingdon, 1972), 11-12.

며, 이러한 지혜전승은 이스라엘뿐만 아니라 모든 민족 집단의 보편적 현상이었다는 것이다.[16] 이러한 견해는 구약성서의 지혜문학과 지혜전승의 기원을 고대 근동이 아니라 이스라엘 자체에서 찾아야 한다는 결론을 낳게 하였다.

지혜전승의 기원을 씨족지혜에서 찾을 수 있고, 지혜문학과 서기관들이 밀접히 연관되어 있다는 결론은 예언문학을 포함한 비지혜문학과 지혜문학의 연관성에 대해서 다음과 같은 암시를 주었다.

첫째로, 지혜전승은 소위 지혜자 혹은 현자(sage)로 분류될 수 있는 그룹이나 지혜문학을 남긴 사람들의 전유물이 아니라, 고대 이스라엘 사회에 있었던 보편적 문화 현상이었다. 따라서 고대 이스라엘의 일반인들은 가정과 씨족을 중심으로 전해지는 지혜전승을 배우고 자랐으며, 이를 다음 세대에 전해 주었다.

둘째로, 비지혜문학에서 발견되는 소위 지혜문학의 영향은 예언자, 제사장, 지혜자, 서기관 등에 의해서 공유되었던 보편적인 관심을 반영한다. 물론 지혜를 가르친 지혜자나 교사 등이 지혜문학과 관련된 전문가들이었지만, 예언자나 제사장 등의 그룹에서도 지혜문학적인 사고나 현실인식을 어느 정도 할 수 있었다는 것이다.[17] 따라서 비지혜문학에서 지혜문학적인 요소가 발견되는 것은 당연하다.

셋째로, 구약성서의 문서화와 문서의 전승단계에서 서기관들이 중요

---

16 R. E. Murphy, *The Tree of Life: An Exploration of Biblical Wisdom Literature* (New York: Doubleday, 1990), 4; C. Westermann, *Roots of Wisdom: The Oldest Proverbs of Israel and Other Peoples* (Louisville: Westminster John Knox, 1995).

17 머피에 의하면 지혜 전문가들의 존재는 일반인들도 어느 정도 지혜자들의 사고를 공유했음을 전제한다. R. E. Murphy, "Wisdom – Theses and Hypotheses," in *IW*, 39-40.

한 역할을 했다면, 비지혜문학에 지혜문학적인 요소가 포함되는 것은 당연하다.

넷째로, 고대 이스라엘의 지혜전승과 지혜문학은 야웨 신앙과 대치되거나 이질적인 요소가 아니라, 오히려 이를 반영한다. 지혜문학과 비지혜문학의 차이는 야웨 신앙에 대한 각 그룹의 강조점이나 표현방식이 달랐기 때문이다.

2) 문학적 요소

지혜문학과 예언문학의 문학적 관계성을 고려하기 위한 방법 중의 하나는, 후자에서 전자의 문학적 특징을 찾아내는 것이다. 이를 위해서 지혜문학의 문학적 양식을 인식하는 것이 필요하다. 구약성서 지혜문학의 기본적인 문학양식(literary form)은 크게 둘로 나눌 수 있다. 즉, 격언(saying)과 훈계(admonition)이다.[18]

격언

격언(saying)은 경험과 관찰을 통하여 얻어진 교훈을 직설법으로 간략하게 표현한 것인데, 속담·금언 등을 포함한다. 격언은 내용적인 면에서 크게 두 가지로 분류할 수 있다. 경험적 격언(experiential saying)과 교훈적 격언(didactic saying)이다. 먼저, 경험적 격언은 경험하고 관찰한 내용을

---

[18] R. E. Murphy, *Wisdom Literature* (Grand Rapids: Eerdmans, 1981), 4-6; *The Tree of Life*, 7-8.

단순하게 묘사하는 것으로, 삶의 현실을 표현한다.

"소망이 이루어지지 않으면 마음이 병들지만,
소원이 이루어지면 생명나무를 얻는다"(잠 13:12).

"남에게 나누어주는 데도 더욱 부유해지는 사람이 있는가 하면,
마땅히 쓸 것까지 아끼는 데도 가난해지는 사람이 있다"(잠 11:24).

"소가 없으면 구유는 깨끗하지만,
소가 힘을 쓰면 소출이 많아진다"(잠 14:4).

그러나 교훈적 격언은 현실에 대한 단순한 묘사를 넘어, 가치판단을
내포하고 있어서 독자들이 어떻게 행동해야 하는지를 가르친다.

"의인은 영원히 흔들리지 않지만,
악인은 땅에서 배겨 내지 못한다"(잠 10:30).

"가난한 사람을 억압하는 것은 그를 지으신 분을 모욕하는 것이지만,
궁핍한 사람에게 은혜를 베푸는 것은 그를 지으신 분을 공경하는 것이
다"(잠 14:31).

"악을 꾀하는 사람은 길을 잘못 가는 것이나,
선을 계획하는 사람은 인자와 진리를 얻는다"(잠 14:22).

교훈적 격언은 의인과 악인 혹은 지혜로운 자와 어리석은 자의 행동과 그 결과가 무엇인지를 보여 주면서 독자들에게 적절한 도덕적 행동을 촉구한다. 즉, 독자들이 이러한 격언을 접했을 때 의롭고 바른 행동을 해야겠다는 생각을 하게 한다.

이제 격언의 형태(style)를 살펴보자. 격언을 표현하는 형태는 문학적으로 매우 다양하다.[19] 그중 구약성서에서 사용된 주요 격언 형태를 살펴보면 다음과 같다.

① "……하는 것이 좋다" 형태의 격언(The "good" saying)

이 형태는 대부분 "……은 좋지 않다"는 표현이 주류를 이룬다(잠 20:23; 24:23; 25:27; 28:21). 이러한 표현은 제시된 행동을 하지 말아야 한다는 것을 독자들에게 가르치고 있다.

"의로운 사람을 벌주는 것은 좋지 않다……"(잠 17:26).

"지식이 없는 열심은 좋지 않다"(잠 19:2).

"재판할 때에 얼굴을 보아 재판하는 것은 좋지 않다"(잠 24:23).

② "……하는 것이 더 낫다" 형태의 격언(The "better" saying)

"A보다는 B가 더 낫다" 혹은 "A를 행하는 것보다 B를 행하는 것이 더

---

19 R. E. Murphy, *Wisdom Literature*, 66-67; *The Tree of Life*, 9.

낫다"는 표현의 격언이 이 형태에 속한다. 이것은 B라는 행동이 A라는 행동보다 훨씬 가치 있다는 것을 나타내는 것으로 독자들에게 A라는 행동을 선택하라고 설득한다.

"지혜를 얻는 것이 금을 얻는 것보다 더 낫고,
명철을 얻는 것이 은을 얻는 것보다 더 낫다"(잠 3:16).

"혼자보다는 둘이 더 낫다"(전 4:9).

"노하기를 더디 하는 사람은 용사보다 더 낫고,
자기의 마음을 다스리는 사람은 성을 점령한 사람보다 더 낫다"
(잠 16:32).

③ 숫자 격언(The numerical saying)

숫자를 이용하여 말장난을 하면서 격언을 만드는 것인데, 잠언 30장에 모여져 있는 격언의 형태가 대표적이다. 이러한 형태의 격언은 독자들에게 흥미를 유발하면서 교훈적인 깨달음을 얻게 한다.

"늠름하게 걸어 다니는 것이 셋,
위풍당당하게 걸어 다니는 것이 넷 있으니,
곧 짐승 가운데서 가장 강하여,
아무 짐승 앞에서도 물러서지 않는 사자와,
자랑스럽게 걷는 사냥개와,

숫염소와,

아무도 맞설 수 없는 임금이다"(잠 30:29-31).

"세상을 뒤흔들 만한 일이 셋,

세상이 감당하지 못할 일이 넷이 있으니,

곧 종이 임금이 되는 것과,

어리석은 자가 배불리 먹는 것과,

꺼림을 받은 여자가 시집을 가는 것과,

여종이 그 안주인의 자리를 이어받는 것이다"(잠 30:21-23).

④"주께서 미워하신다" 형태의 격언(The "abomination" saying)

이 형태의 격언은 사악하고 나쁜 행동이 하나님의 가르침에 부합하지
않다는 것을 표현하기 위하여 만들어졌다. 따라서 독자들은 이러한 행동
을 하지 말아야 한다는 교훈을 준다.

"속이는 저울은 주께서 미워하셔도,

정확한 저울추는 주께서 기뻐하신다"(잠 11:1).

"규격에 맞지 않은 저울추와 되는 모두 주님께서 미워하시는 것이다"
(잠 20:10).

"주님께서는 마음이 거만한 모든 사람을 역겨워하시니,

그들은 틀림없이 벌을 받을 것이다"(잠 16:5).

⑤ "복이 있나니" 형태의 격언(The "blessed" saying)

"마음이 가난한 사람은 복이 있나니 하늘나라가 그들의 것이다"(마 5:3)로 시작하는 예수님의 산상수훈에서 사용된 형태이다. 이러한 형태의 격언은 선한 행동이나 바른 행동을 한 사람에게 복이 있다고 선언을 한다.

"늘 두려워하는 마음으로 사는 사람은 복을 받지만⋯⋯"(잠 28:14).

"주님을 경외하며 주의 명에 따라 사는 사람은,
그 어느 누구나 복을 받는다"(시 128:1).

"가난한 사람에게 은혜를 베푸는 사람은 복이 있는 사람이다"(잠 14:21).

훈계

훈계는 바람직한 행동의 방식을 명령법으로 분명하게 나타내는 것인데, 여기에는 동기를 유발하기 위한 행동의 이유(왜냐하면)나 결과(그리하면)가 덧붙여지기도 한다.

"네가 하는 일을 주께 맡기라.
그리하면 계획하는 일이 이루어질 것이다"(잠 16:3).

"가난하다고 하여 그 가난한 사람에게서 함부로 빼앗지 말고,
고생하는 사람을 법정에서 압제하지 말라.
왜냐하면 주님께서는 그들의 송사를 맡아 주시고,

그들을 노략하는 사람의 목숨을 빼앗으시기 때문이다"(잠 2:22-23).

기타

이 밖에도 지혜문학의 특징들로 여겨지는 것들로는 비유(parable: 삼하 12:1-4; 사 5:1-7), 수수께끼(riddle: 삿 14:14), 우화(fable: 삿 9:8-15; 왕하 14:9), 알레고리(allegory: 잠 5:15-23), 지혜 찬양시(wisdom hymn: 잠 1:20-33; 8; 욥 28), 수사학적 질문(rhetorical question, 잠 8:1; 30:4; 욥 38-39 장)[20] 등을 들 수 있다.[21]

【수수께끼】

"먹는 자에게서 먹는 것이 나오고,

강한 자에게서 단 것이 나왔다"(삿 14:14).

【우화】

"레바논의 가시나무가 레바논의 백향목에게 전갈을 보내어

백향목의 딸을 며느리로 달라고 청혼하는 것을 보고,

레바논의 들짐승이 지나가다 그 가시나무를 짓밟은 일이 있다"

(왕하 14:9).

---

20 수사학적 질문을 교훈적 질문(didactic question)이라고도 한다.
21 N. K. Gottwald, *The Hebrew Bible* (Philadelphia: Fortress, 1985), 565.

【알레고리】

"너는 네 우물의 물을 마시고, 네 샘에서 솟아나는 물을 마셔라.

어찌하여 네 샘물을 바깥으로 흘러 보내며,

그 물줄기를 거리로 흘러 보내려느냐?……

네 샘이 복된 줄 알고,

네가 젊어서 맞은 아내와 더불어 즐거워하여라……

어찌하여 음행하는 여자를 사모하며,

부정한 여자의 가슴을 껴안겠느냐?……"(잠 5:15-23).

【수사학적 질문】

"…… 천둥과 번개가 가는 길을 낸 이가 누구냐?

사람이 없는 땅,

인기척이 없는 광야에 비를 내리는 이가 누구냐?"(욥 38:25-26).

3) 신학적 요소

예언자들과 구약성서의 지혜문학을 산출 및 보존하고 전해 준 사람들이 모두 야웨 신앙에 충실했었다는 것을 부인할 수 없다. 그들은 야웨 하나님에 대한 인식이나 표현의 방법이 달랐고, 때로 갈등관계에 있기도 했지만, 이스라엘의 전통적인 신앙 안에서 함께 호흡하며 이스라엘 신앙 공동체의 일원으로 존재했다. 따라서 구약성서의 지혜문학과 예언문학은 근본적으로 야웨 신앙에 근거하고 있고, 이스라엘의 신앙전승을 반영하고 있다.

지혜문학과 예언문학을 포함한 비지혜문학의 공통적인 신학사상 중의 하나는 인과응보사상이다. 즉, 의인은 복을 받고 생명을 얻지만, 악인은 그의 죄에 상응하는 벌을 받는다는 사상이다. 여기에서 의인은 지혜로운 자, 지혜의 가르침을 따르는 자, 하나님께 순종하는 자이고, 악인은 어리석은 자, 지혜의 가르침을 거부하는 자, 하나님께 불순종하는 자이다.

지혜문학의 신학적 특징으로 여겨지는 주요 내용들을 제시하면 다음과 같다.

첫째로, 신정론(theodicy)이다. 욥기와 전도서에는 인과응보사상에 대한 회의주의가 나타나 있다. 그리하여 악은 어디에서 오는가, 왜 의인이 고통을 받는가, 악인이 승승장구하는 것은 타당한가 등 신정론적인 질문을 제기한다.

둘째로, 창조신앙이다. 세상과 우주는 하나님이 창조했고, 거기에는 창조질서가 있으며, 인간은 그 질서를 찾고, 그것에 순응하면서 살아야 한다는 것이다.[22]

셋째로, 보편주의(universalism)이다. 이스라엘을 위해 활동하시는 야웨 하나님을 강조하거나 이스라엘 신앙의 배타성을 나타내기보다는, 우주의 보편적 진리를 찾고 우주의 보편성 안에서 하나님을 이해하고자 하고 인간에 대한 하나님의 보편적인 관심을 강조하는 신앙이다. 이러한 신학적 경향은 비지혜문학에서도 발견되지만, 지혜문학에서 강조되는 신학사상으로 여겨진다.

---

[22] 구약성서의 창조신앙이 구속사신앙이나 계약신앙 등보다 더 후대에 이스라엘에 들어왔다거나 이스라엘의 전통적인 신앙에 추가되었다는 주장은 타당성이 없다. 고대 근동에서 초기 이스라엘만이 창조신앙 개념을 가지고 있지 않았다는 것은 믿기 어렵다. 이스라엘의 창조신앙이 후대의 개념이라고 주장하는 학자들의 비판에 대해서는 R. N. Whybray, *Proverbs* (Grand Rapids: Eerdmans, 1994), 9-12를 보라.

3. 예언문학에 나타난 지혜문학적 요소

위에서 지적한 전승사적, 문학적, 신학적 요소들을 고려해 볼 때 지혜문학은 독특성에도 불구하고, 비지혜문학과 공통점 내지는 유사점들이 있다. 이제 문서예언문학에 나타나 있는 지혜문학적인 요소를 찾아본다. 이 과정에서 학자들의 견해도 살펴본다.

1) 아모스

기원전 8세기 예언자인 아모스는 남 유다의 농부 출신이지만, 북 이스라엘에서 예언활동을 했다. 그의 예언이 담긴 책 아모스와 지혜문학의 관계가 매우 밀접하다는 것은 오랫동안 지적되어 왔다. 예를 들면, 숫자 격언 형태와 유사하게 숫자를 활용하여 말장난하면서 하나님의 심판을 선언하는 내용(1-2장), 수사학적 질문(3:3-8; 5:25, 6:12), 권고 형태의 연설(Exhortation speech, 5:4-6, 14-15), 저주신탁(woe oracle, 5:18; 6:1, 4),[23] 사회정의에 대한 관심(2:6-7; 4:1; 5:11-12; 8:4-6), 스올(Sheol)을 하나님의 영역으로 여기는 견해(9:2: 잠 15:11; 욥 26:6 참조) 등이다.

【숫자 격언 형태】
"나 주가 선고한다. 다마스쿠스가 지은 서너 가지 죄를, 내가 용서하지

---

23 저주 신탁은 제의와 밀접히 연관되어 있지만, 씨족지혜에서 기원되었을 것으로 추정된다. E. Gerstenberger, "The Woe Oracles of the Prophets," *JBL* 81 (1962), 249-263 참조.

않겠다……　가사가 지은 서너 가지 죄를 내가 용서하지 않겠다……"
(암 1:3-6).

【수사학적 질문】
"두 사람이 미리 약속하지 않았는데, 그들이 같이 갈 수 있겠느냐?"
(암 3:3).

【권고】
"…… 너희는 나를 찾아라. 그러면 산다……
너희는 주님을 찾아라. 그러면 산다……"(암 5:4-6).

【저주신탁】
"너희는 망한다!
주님의 날이 오기를 바라는 자들아,
왜 주님의 날을 사모하느냐?
그 날은 어둡고 빛이라고는 없다"(암 5:18).

【사회정의】
"…… 되는 줄이고, 추는 늘이면서,
가짜 저울로 속이자.
헐값에 가난한 사람들을 사고
신 한 켤레 값으로 빈궁한 사람들을 사자.
찌꺼기 밀까지도 팔아먹자 하는구나"(암 8:5-6).

【스올】

"비록 그들이 스올로 뚫고 들어가더라도,
거기에서 내가 그들을 붙잡아 올리고……"(암 9:2).

아모스에 왜 이렇게 지혜문학적인 요소가 분명하게 나타나 있는지에
대해서는 두 가지 견해가 있다. 먼저, 테리엔(S. Terrien)은 예언자 아모스
가 국제지혜운동(international wisdom movement)의 영향을 받았기 때문
이라고 주장했다. 즉, 그의 고향인 드고아는 예루살렘 남쪽에 있어서 브엘
세바나 에돔 등과 교류가 있었는데, 이를 통하여 그는 국제지혜를 접할
수 있었고 자연히 그의 예언에 반영되었다는 것이다.[24]

다른 한편, 고대 이스라엘의 전통적인 구전지혜전승을 강조하는 볼프
(H. W. Wolff)는 드고아를 사무엘하 14:1-20의 "슬기로운 여인"과 연관시
키면서, 씨족지혜가 아모스에게 영향을 주었기 때문이라고 한다.[25] 즉, 다
윗의 군사령관이었던 요압이 사람을 보내어 슬기로운 여인을 데려오게
할 정도로 드고아는 고대 이스라엘에서 지혜로 유명했었는데, 아모스는
자신의 고향인 드고아에서 유명한 전통지혜 혹은 씨족지혜를 접하면서
자랐고, 그의 예언에서 이를 활용했다는 것이다. 일반적으로 볼프의 견해
가 받아들여지고 있는 것 같지만, 테리엔의 견해가 설득력이 없다는 증거
를 찾기도 어렵다.

---

[24] S. Terrien, "Amos and Wisdom," in *Israel's Prophetic Heritage*, eds., B. W. Anderson
and W. Harrelson (New York: Harper & Row, 1962), 108-115; in *SAIW*, 448-457.

[25] H. W. Wolff, *Amos the Prophet* (Philadelphia: Fortress, 1973); *Joel and Amos*
(Philadelphia: Fortress, 1977).

2) 호세아

예언자 호세아도 아모스처럼 기원전 8세기 예언자이면서, 북 이스라엘에서 활동했다. 아모스의 예언처럼, 그의 예언도 북 이스라엘 멸망 이후 남 유다에서 편집, 보존되었다. 그의 예언이 담긴 책 호세아에도 지혜문학적인 요소들이 산재해 있는데, 무엇보다도 격언들이 여러 곳에서 발견된다.

"음행과 묵은 포도주와 새 포도주는 마음을 빼앗는다"(4:11).

"그들은 바람을 심고 광풍을 거둘 것이다.
심은 것이 줄기가 없으며,
이삭은 열매를 맺지 못할 것이요,
혹시 맺을지라도 이방 사람이 먹을 것이다"(8:7).

"너의 사랑이 아침 구름 같고,
쉬 없어지는 이슬 같다"(6:4).

이 밖에도 5:12; 7:11; 7:16; 8:9; 10:7; 13:3; 14:9을 들 수 있는데, 이 구절들은 모두 사람들이 경험할 수 있는 자연현상을 언급하면서 만든 격언이다.

"허망한 것에 정신이 팔린 자들,
느슨하게 풀어진 활처럼 쓸모없는 자들,

대신들은 함부로 혀를 놀렸으니,

모두 칼에 찔려 죽을 것이다.

이것이 이집트 땅에서 조롱거리가 될 것이다"(호 7:16).

또한, 호세아에는 숫자 격언처럼 숫자를 이용한 문장(numerical for-mula, 6:2), 훈계(10:12), 비유(7:4), "하나님을 아는 지식"에 대한 강조(4:1-3, 6; 5:4; 6:3, 6; 8:2; 11:3; 13:4), 경계표에 대한 언급(5:10), "의인과 죄인," "지혜로운 자," "총명한 자"에 대한 언급(14:9) 등도 지혜문학적인 요소로 고려된다.

【숫자 격언 활용】

"이틀 뒤에 우리를 다시 살려 주시고,

사흘 만에 우리를 다시 일으켜 세우실 것이니,

우리가 주님 앞에서 살 것이다"(호 6:2).

【비유】

"그들은 성욕이 달아오른 자들이다.

그들은 화덕처럼 달아 있다.

빵 굽는 이가 가루를 반죽해 놓고서,

반죽이 발효될 때를 제외하고는 늘 달구어 놓은 화덕과 같다"(호 7:4).

【하나님을 아는 지식 강조】

"이 땅에는 진실도 없고,

사랑도 없고,

하나님을 아는 지식도 없다"(호 4:1).

【경계표】

"유다의 통치자들은 경계선을 범하는 자들이니,

내가 그들 위에 나의 분노를 물처럼 쏟아 부을 것이다"(호 5:10).

이와 같이 호세아에서 발견되는 지혜문학적 요소에 대해 히튼(E. W. Heaton)은 북 이스라엘의 사마리아에 지혜학교가 있었다는 증거이거나 호세아의 견해에 동의했던 남 유다의 서기관들이 편집한 증거로 고려될 수 있다고 주장했다.[26] 그러나 몰간(D. F. Morgan)은 호세아에서 발견되는 지혜문학적 요소가 남 유다의 초기 왕조에서 발견되는 전승과 더 유사하다고 주장했다. 그는 문학양식과 표현내용에 있어서 호세아가 아모스보다 잠언에 더 밀접하다고 주장하면서, 전자는 씨족지혜전승과는 관계가 별로 없다고 보았다.[27]

3) 미가

미가는 모레셋 출신으로 기원전 8세기 남 유다에서 활동했던 예언자이다. 그의 예언이 담긴 책 미가에서도 지혜문학적인 요소들을 발견할 수

---

[26] E. W. Heaton, *The Hebrew Kingdoms* (London: Oxford University Press, 1968), 179.

[27] D. F. Morgan, *Wisdom in the Old Testament Traditions*, 74-75.

있다. 예를 들면, 저주 신탁(2장), 자연현상과 비교(1:8-9, 16), 선과 악의
대조(3:2), 뇌물에 대한 비판(3:11), 지혜문학과 관련된 단어인 "알다"(히,
야다, 4:12), "계획"(히, 에짜, 4:12), "지혜"(히, 두쉬야, 6:9) 등의 사용, 사회정
의에 대한 관심 등이다.

【저주신탁】

"악한 궁리나 하는 자들,

잠자리에 누워서도 음모를 꾸미는 자들은 망한다!

그들은 권력을 쥐었다고 해서,

날이 새자마자 음모대로 해치우고 마는 자들이다"(미 2:1).

【자연현상과 비교】

"너희는 사랑하는 아들딸을 생각하며,

머리를 밀고 애곡하여라.

머리를 밀어 독수리처럼 대머리가 되어라.

너희의 아들딸들이 너희의 품을 떠나서,

사로잡혀 갈 것이다"(미 1:16).

【선악의 대조】

"야곱의 우두머리들아······

정의에 관심을 가져야 할 너희가 선한 것을 미워하고,

악한 것을 사랑한다.

너희는 내 백성을 산 채로 그 가죽을 벗기고,

뼈에서 살을 뜯어낸다"(미 3:1-2).

【지혜】

"들어라! 주님께서 성읍을 부르신다.

주님의 이름을 경외하는 것이 지혜다……(미 6:9).

미가에 나타난 이와 같은 지혜문학적 요소에 대해서 볼프(H. W. Wolff)는 씨족지혜를 반영한 것이라고 보았다.[28] 즉 미가는 남 유다의 시골 마을 모레셋의 장로였고(렘 26:17-18) 예루살렘의 지배계층에 대해서 반감을 가지고 있었는데, 이것은 아모스처럼 미가도 전통적인 씨족지혜전승과 가까웠다는 것을 나타낸다는 것이다. 그가 시골의 장로였고 도시 예루살렘을 비판했다는 것은 국제지혜나 학교지혜보다는 씨족지혜에 더욱 친숙했다는 것을 보여 주는 증거라는 것이다.

4) 이사야

이사야는 기원전 8세기 예루살렘에서 활동한 예언자이다. 그의 예언이 담긴 책 이사야 역시 지혜문학과 밀접한 관계가 있다는 것은 피히트너(J. Fichtner)이래 지적되어 왔다.[29] 기원전 8세기 이사야의 예언이 포함되어 있는 이사야 1-39장에는 다음과 같은 지혜문학적인 요소들이 있다. 1:2-3

---

28 H. W. Wolff, "Micah the Moreshite - The Prophet and His Background," in *IW*, 77-84.
29 J. Fichtner, "Isaiah Among the Wise," in *SAIW*, 429-38.

에서 지혜문학적인 훈계를 시작할 때 교사가 학생을 부르는 형태의 사용, 동물과의 비교, 아버지와 아들의 관계에 대한 언급, "알다," "깨닫다" 등 지혜문학적 단어의 사용 등이다.

"하늘아, 들어라! 땅아, 귀를 기울여라!
주님께서 말씀하신다.
내가 자식이라고 기르고 키웠는데,
그들이 나를 거역하였다.
소도 제 임자를 알고,
나귀도 주인이 저를 어떻게 먹여 키우는지 알건마는,
이스라엘은 알지 못하고,
나의 백성은 깨닫지 못하는구나"(사 1:2-3).

또한, 저주 신탁(5:8;, 11), 요약 형태의 사용(28:29), 농부 비유의 사용(5:1-7; 28:23-29), 격언의 사용(2:22; 3:10-11), 율법(히, 토라)에 대한 강조(1:10; 2:3; 5:24; 8:16, 20; 30:9) 등도 지적할 수 있다.

【저주신탁】
"너희가, 더 차지할 곳이 없을 때까지,
집에 집을 더하고, 밭에 밭을 늘려 나가,
땅 한가운데서 홀로 살려고 하였으니,
너희에게 재앙이 닥친다!"(사 5:8).

【요약 형태】

"이것도 만군의 주님께서 가르쳐 주신 것이다.

주님의 모략은 기묘하며,

지혜는 끝없이 넓다"(사 28:29; 잠 25:1 참조).

【격언】

"너희는 사람을 의지하지 말아라.

그의 숨이 코에 달려 있으니,

수에 셈할 가치가 어디에 있느냐?"(사 2:22).

【율법강조】

"나는 이 증언 문서를 밀봉하고,

이 가르침을 봉인해서,

나의 제자들이 읽지 못하게 하겠다"(사 8:16).

이러한 연관성에 대해 피히트너는 이사야가 원래 지혜자 그룹에 속해 있었지만, 예언자로 불림을 받은 뒤 그들과 결별했다고 주장했다. 그러나 휘드비(J. W. Whedbee)는 이사야가 자신의 예언을 효과적으로 표현하기 위해 궁중의 지혜자들로부터 빌려 온 지혜전승을 활용했으며, 이것은 기원전 8세기 예루살렘 지식인들의 일반적인 상황을 반영한다고 제안했다.[30] 이러한 현상은 일반적인 연설 등에서도 가능하기 때문에 이사야를

---

[30] J. W. Whedbee, *Isaiah and Wisdom* (Nashville: Abingdon, 1971).

궁중의 지혜자 그룹과 직접 연결시킬 필요는 없으며, 예루살렘에서 활동했던 이사야가 왕궁의 지혜전승에 친숙했다는 것은 당연하다는 것이다.

휘드비는 여기에서 한 걸음 더 나아가, 이사야는 예루살렘 왕궁의 지혜자 그룹이 당시의 위기 상황의 주요 원인자들이었기 때문에 그들을 효과적으로 공격하기 위해서 지혜전승을 이용했다고 추측했다. 이사야가 지혜전승과 친숙했고 그것을 활용했다는 것은 일반적으로 받아들여지고 있지만, 그가 한때 지혜자였다는 피히트너의 주장에 동조하는 학자들은 많지 않다. 다른 한편, 이사야서의 토라 개념을 연구한 젠센(J. Jensen)은 이사야가 지혜전승의 영향을 받았고 지혜자들을 공격했지만, 그의 지혜개념은 후대의 지혜전승에 영향을 주었다고 제안했다.[31]

5) 예레미야

예레미야는 베냐민 지파의 땅 아나돗 마을 출신의 예언자로 요시야 왕 때부터 예언자로 활동했다. 제사장 힐기야의 아들이었던 그는 바빌론의 침공을 하나님의 심판으로 여기면서, 이것을 피하기 위해 이집트에 의지하지 말 것을 호소했다(렘 2:36). 그의 예언이 담긴 책 예레미야는 문학적으로 매우 복잡하다. 왜냐하면 이 책에는 그의 예언뿐만 아니라 신명기 기자의 것으로 여겨지는 내용도 있고 후대에 서기관들의 것으로 여겨지는 것들도 있기 때문이다. 그리하여 이 책에서 그의 예언을 예리하게 분류해 내기

---

31 J. Jensen, *The Use of tora by Isaiah: His Debate with the Wisdom Tradition* (Washington, DC: CBAA, 1973).

가 어렵다. 그러나 예언자 예레미야의 예언이라고 일반적으로 인정되는 본문들에서 지혜문학적인 요소를 찾는다면 다음과 같다.[32] 즉, 수사학적 질문(2:14, 31; 8:4-5; 18:14), 격언 양식의 활용(5:26-28; 8:6; 13:12-14; 15:2-3; 23:28), 질문과 대답의 형식(1:11-13; 24:3), 숫자 형식(numerical formula)의 사용(15:3), 은유법의 사용(9:2; 51:20-23), 지혜시(17:5-11), 지혜와 깨달음(understanding)에 대한 관심(4-9장, 특히 4:22; 8:7; 9:23-24; 17:23; 18:18), 창조주로서의 야웨 하나님에 대한 찬양(10:12-16), 사회정의에 대한 관심(5:20-29) 등이다.

【수사학적 질문】

"이스라엘이 노예냐?

집에서 태어난 종이냐?

그런데 어찌하여 잡혀 가서,

원수들의 노예가 되었느냐?"(렘 2:14).

【격언 양식 활용】

"꿈을 꾼 예언자가 꿈 이야기를 하더라도,

내 말을 받은 예언자는 충실하게 내 말만 전하여라.

알곡과 쭉정이가 서로 무슨 상관이 있느냐?

---

32 W. Brueggemann, "Jeremiah's Use of Rhetorical Questions," *JBL* 152 (1973), 358-374; "The Epistemological Crisis of Israel's Two Histories" (Jer 9:22-23), in *IW*, 85-105; T. R. Hobbs, "Jeremiah 3:1-5 and Deuteronomy 24:1-4," *ZAW* 86 (1974), 23-29; "Some Proverbial Reflections in the Book of Jeremiah," *ZAW* 91 (1979), 62-72.

나 주의 말이다"(렘 23:28).

【질의응답 형식】

"그때에 주님께서 나에게 물으셨다.

예레미야야, 네가 무엇을 보느냐?

내가 대답하였다.

무화과입니다.

좋은 무화과는 아주 좋고,

나쁜 무화과는 아주 나빠서,

먹을 수가 없습니다"(렘 24:3).

【숫자 형식】

"나는 이렇게 네 가지로 그들을 벌할 것이다.

그들을 칼에 맞아 죽게 하며,

개가 그들을 뜯어먹게 하며,

공중의 새가 그들의 시체를 쪼아 먹게 하며,

들짐승이 그들을 먹어 치우게 할 것이다"(렘 15:3).

【은유법】

"…… 참으로 이 백성은 모두 간음하는 자들이요,

배신자의 무리이다"(렘 9:2).

【지혜시】

"그러나 주를 믿고 의지하는 사람은

복을 받을 것이다.

그는 물가에 심은 나무와 같아서

뿌리를 개울가로 뻗으니,

잎이 언제나 푸르므로,

무더위가 닥쳐와도 걱정이 없고,

가뭄이 심해도, 걱정이 없다.

그 나무는 언제나 열매를 맺는다"(렘17:7-8).

【지혜와 깨달음】

"나의 백성은 참으로 어리석구나.

그들은 나를 알지 못한다.

그들은 모두 어리석은 자식들이요,

전혀 깨달을 줄 모르는 자식들이다.

악한 일을 하는 데에는 슬기로우면서도,

좋은 일을 할 줄 모른다"(렘 4:22).

"하늘을 나는 학도 제철을 알고,

비둘기와 제비와 두루미도

저마다 돌아올 때를 지키는데,

내 백성은 주의 법규를 알지 못한다"(렘 8:7).

"…… 지혜 있는 사람은

자기의 지혜를 자랑하지 말아라.

용사는 자기의 힘을 자랑하지 말아라.

부자는 자기의 재산을 자랑하지 말아라.

오직 자랑하고 싶은 사람은,

이것을 자랑하여라.

나를 아는 것과,

나 주가 긍휼과 공평과 공의를

세상에 실현하는 하나님인 것과,

내가 이런 일 하기를 좋아한다는 것을,

깨달아 알 만한 지혜를 가지게 되었음을,

자랑하여라……"(렘 9:23-24).

"백성이 나를 두고 이르기를 '이제 예레미야를 죽일 계획을 세우자.

이 사람이 없어도 우리에게는 율법을 가르쳐 줄 제사장이 있고,

지혜를 가르쳐 줄 현자가 있으며, 말씀을 전하여 줄 예언자가 있다.

그러니 어서 우리의 혀로 그를 헐뜯자.

그가 하는 모든 말을 무시하여 버리자' 합니다"(렘 18:18).

【창조주 찬양시】

"권능으로 땅을 만드시고,

지혜로 땅덩어리를 고정시키시고,

명철로 하늘을 펼치신 분은 주님이시다.

주께서 호령을 하시면,

하늘에서 물이 출렁이고,

땅 끝에서 먹구름이 올라온다……"(렘 10:12 이하).

【사회정의】

"나의 백성 가운데는

흉악한 사람들이 있어서,

마치 새 잡는 사냥꾼처럼,

허리를 굽히고 숨어 엎드리고,

수많은 곳에 덫을 놓아,

사람을 잡는다.

조롱에 새를 가득히 잡아넣듯이,

그들은 남을 속여서 빼앗은 재물로

자기들의 집을 가득 채워 놓았다.

그렇게 해서, 그들은 세도를 부리고,

벼락부자가 되었다……

고아의 억울한 사정을

올바르게 재판하지도 않고,

가난한 사람들의 권리를 지켜 주는

공정한 판결도 하지 않는다……

이러한 백성에게

내가 보복하지 않을 수 있겠느냐?"(렘 5:26-29).

브뤼그만(W. Brueggemann)은 예레미야가 지혜전승적인 문학형식과 사고방식을 사용했지만, 죽음을 가져오는 당시의 폐쇄적인 지혜를 반박하고 야웨의 길을 제시하고자 했다고 주장했다.[33] 이사야처럼, 예레미야도 정치권력을 잡고 있는 지혜자 그룹을 반박하기 위해서 지혜전승을 사용했다는 것이다.

> "너희가 어떻게
> '우리는 지혜를 가진 사람들이요,
> 우리는 주의 율법을 안다'
> 하고 말할 수가 있느냐?
> 사실은 서기관들의 거짓된 붓이
> 율법을 거짓말로 바꾸어 놓았다.
> 그러므로 지혜 있는 사람들이
> 부끄러움을 당하고,
> 공포에 떨며 붙잡혀 갈 것이다.
> 그들이 주의 말을 거절하였으니,
> 이제 그들에게
> 무슨 지혜가 있다고 하겠느냐?"(렘 8:8-9).

몰간(D. F. Morgan)은 브뤼그만에 동의하면서, 예레미야는 당시 사회 구조와 이데올로기에 깊이 연관되어 있는 지혜자들에게 인간의 한계와

---

33 Brueggemann, "The Epistemological Crisis," 99, 특히 105, 각주 81.

능력을 인식하고 지혜자 본연의 모습을 찾을 것을 요청했다고 주장했다.[34]
즉, 당시 예언자들이나 제사장들뿐만 아니라 지혜전승에 책임 있는 지혜
자들도 사회의 부조리와 연관되어 있었는데, 예레미야는 이들을 향해 참
지혜가 무엇인지를 증거하기 위해 지혜전승을 사용했다는 것이다.

6) 하박국

하박국 예언자는 바빌론이 앗시리아를 물리치고 서부 아시아의 새로운
강자로 부상하던 기원전 7세기 후반에 예언활동을 했다. 하박국의 예언이
편집되어 있는 책 하박국에서 지적할 수 있는 지혜문학적인 요소는 다음과
같다. 즉, 하나님의 정의에 대하여 질문을 던지는 신정론, 예언문학에서
발견하기 어려운 하나님과 인간의 대화(1-2장), "죄," "악," "투쟁," "폭력"
등 지혜문학에서 주로 찾아볼 수 있는 단어들, 예언문학양식과 선택사상
의 결여, 욥기처럼 탄원으로 시작하고 찬양(3장)으로 끝나는 책의 구조
등이다.

【신정론적 질문과 하나님의 응답】
"살려 달라고 부르짖어도 듣지 않으시고,
'폭력이다!' 하고 외쳐도
구해 주지 않으시니,
주님, 언제까지 그러실 겁니까?

---

[34] D. F. Morgan, *Wisdom in the Old Testament Traditions*, 88-89.

어찌하여 나로 불의를 보게 하십니까?

어찌하여 악을 그대로 보기만 하십니까?

약탈과 폭력이 제 앞에서 벌어지고,

다툼과 시비가 그칠 사이가 없습니다.

율법이 해이하고,

공의가 아주 시행되지 못합니다.

악인이 의인을 협박하니,

공의가 왜곡되고 말았습니다.

'너희는 민족들을 눈여겨보아라.

놀라고 질겁할 일이 벌어질 것이다.

너희가 살아 있는 동안에

내가 그 일을 벌이겠다……

제 힘이 곧 하나님이라고 어기는

이 죄인들도 마침내

바람처럼 사라져서 없어질 것이다.'

주님,

주께서는 옛날부터 계시지 않으셨습니까?

나의 하나님, 나의 거룩하신 주님,

우리는 죽지 않을 것입니다……"(합 1:2-12).

【은유법】

"그들은 두렵고 무서운 백성이다.

자기들이 하는 것만이 정의라고 생각하고,

자기들의 권위만을 내세우는 자들이다.

그들이 부리는 말은 표범보다 날쌔고,

해거름에 나타나는

굶주린 늑대보다도 사납다"(합 1:7-8).

하박국서와 지혜문학의 관계를 처음 제시한 고웬(D. E. Gowan)은 이러한 현상이 욥기, 전도서, 잠언 30장, 그리고 일부 시편 등에 나오는 회의주의적 지혜전승과 매우 유사하다고 주장했다. 그러나 그는 하박국을 지혜학교나 특별한 지혜전승과 연관시키지 않았다.[35] 오히려 이러한 요소들은 고대 이스라엘의 전형적인 사고에 지혜문학적인 사고방식이 들어 있는 증거라고 결론했다. 즉, 하박국 예언자는 당시 지혜전승을 포함한 여러 전승들이 서로 얽혀 있는 사회에 살았기 때문에 그들이 공통적으로 나누고 있었던 전승을 인위적으로 구분하는 것은 적절하지 않다는 것이다.

7) 에스겔

에스겔은 기원전 6세기 바빌론 포로시대에 바빌론에서 활동한 예언자다. 예언자 에스겔은 원래 예루살렘 성전의 제사장이었지만, 기원전 597년

---

[35] D. E. Gowan, "Habakkuk and Wisdom," *Perspective* 9 (1968), 157-166.

바빌론의 느부갓네살 왕이 예루살렘을 침공했을 때 포로로 잡혀 바빌론으로 갔고, 그발 강가 텔아빕(Tel Abib)이라는 곳에 정착했다. 그의 예언이 담긴 책 에스겔은 이사야나 예레미야와 비교해 볼 때 지혜문학적인 요소가 별로 없는 것 같다. 그럼에도 불구하고, 발견되는 요소들은 그가 지혜전승을 사용했고, 지혜전승의 계승자들과 어느 정도 접촉이 있었음을 보여 준다. 예를 들면, 속담의 활용(12:22; 15:2-5; 16:44; 18:2), 비유의 사용(17:2; 20:49), 외국 지혜에 대한 언급(28:2-7), 지혜전승에 대한 비판(7:26) 등이다.

【속담 활용】

"사람아, 이스라엘 땅에서 너희가 말하는 '세월이 이만큼 흐르는 동안, 환상으로 본 것치고 그대로 이루어진 것이 있더냐' 하는 속담이 어찌 된 일이냐? 그러므로 너는, 그들에게 말하여라. '나 주 하나님이 말한다. 내가 이 속담을 그치게 할 것이니, 이스라엘에서 다시는 이 속담을 말하지 못할 것이다' 하여라……"(겔 12:22-23).

"사람들이 너를 비꼬아서 '그 어머니에 그 딸'이라는 속담을 말할 것이다. 네가 바로 남편과 자식들을 미워하던 네 어머니의 딸이며, 네가 바로 남편과 자녀들을 미워하던 네 언니들의 동생이다……"(겔 16:44-45).

【비유】

"사람아, 너는 이스라엘 족속에게 수수께끼를 내고,
비유를 들어 말하여라.

너는 그들에게 말하여라……

큰 독수리 한 마리가 레바논으로 갔다……

…… 그 독수리는

백향목 끝에 돋은 순을 땄다.

독수리는 그 연한 햇순을 잘라서,

상인들의 땅으로 몰고 가서,

상인들의 성읍에 놓아두었다……"(겔 17:2 이하).

【외국 지혜 언급】

"사람아, 두로의 통치자에게 전하여라.

'나 주 하나님이 이렇게 말한다.

너의 마음이 교만해져서 말하기를

너는 네가 신이라고 하고

네가 바다 한가운데

신의 자리에 앉아 있다고 한다마는,

그래서, 네가 마음속으로

신이라도 된 듯이 우쭐댄다마는,

너는 사람이요, 신이 아니다.

너는, 다니엘보다 더 슬기롭다.

아무리 비밀스러운 것이라도

네게 드러나지 않는 것이 없다.

너는 지혜와 총명으로 재산을 모았으며,

네 모든 창고에 금과 은을 쌓아 놓았다.

너는, 무역을 해도

큰 지혜를 가지고 하였으므로,

네 재산을 늘렸다.

그래서 네 재산 때문에

네 마음이 교만해졌다"(겔 28:2-5).

【지혜 비판】

"재앙에 재앙이 겹치고,

불길한 기별이 꼬리를 물 것이다.

그때에는 사람들이 예언자에게

묵시를 구하여도 얻지 못할 것이며,

제사장에게는

가르쳐 줄 율법이 없어질 것이고,

장로들에게서는 지혜가 사라질 것이다"(겔 7:26).

이상에서 보는 것처럼, 에스겔은 지혜에 대해서 매우 부정적인 태도를 가지고 있다. 외국의 지혜건 이스라엘의 지혜건, 제도적 지혜건 전통적 지혜건, 재앙의 때에 문제를 해결할 수 있는 것이 되지 못한다. 심지어는 전통적으로 긍정해 오던 전형적인 지혜의 가르침인 속담마저도 통하지 않게 되는 사회가 온다. 이와 같은 지혜에 대한 에스겔의 부정적인 견해를 평가하면서, 몰간(D. F. Morgan)은 왕조와 함께 지혜의 사회적인 배경이 사라진 증거라고 주장했다. 즉, 지혜전승의 계승과 발전에 기여했던 국가와 제도의 상실로 인하여 지혜전승에 대한 신뢰와 타당성이 무너져 버린 상황을 반영한다는 것이다. 또한, 당시의 국가 멸망이라는 재앙을 이해하는 데 도움을 주기 위하여 에스겔은 지혜문학적 요소들을 사용했다고 결론했다.[36]

8) 제이 이사야

이사야 40-55장을 제이 이사야라고 부른다. 예언자 제이 이사야는 바빌론 포로시대에 포로들 가운데서 활동했던 익명의 예언자로 기원전 8세기 예루살렘의 예언자 이사야의 예언전통을 계승한 개인이나 집단 혹은 학파였을 것이다. 그의 예언에는 지혜문학적인 요소가 강하게 나타나 있다. 예를 들면, 속담의 활용(49:24; 55:8, 13), 수사학적 질문(40:12-14; 49:24; 50:1-2), 저주 신탁(45:9-10), 창조주 하나님에 대한 신앙(40:12-14; 42:5; 44:24; 45:7, 12; 48:13), 하나님의 초월성(44:25-26; 45:11), 의인의 고통(50:4-9; 52:13-53:12) 등이다.

【속담 활용】
"가시나무가 자라던 곳에는
잣나무가 자랄 것이며,
찔레나무가 자라던 곳에는
화석류가 자랄 것이다.
이것은 영원토록 남아 있어서

---

[36] D. F. Morgan, *Wisdom in the Old Testament Traditions*, 112.

주께서 하신 일을 증언할 것이다"(사 55:13).

【수사학적 질문】
"적군에게서 전리품을 빼앗을 수 있느냐?
폭군에게서 사로잡힌 포로를
빼내 올 수 있느냐?"(사 49:24).

【저주 신탁】
"질그릇 가운데서도
작은 한 조각에 지나지 않으면서,
자기를 지은 이와 다투는 자에게는
화가 닥칠 것이다……
아버지에게 말하기를
'나를 자식이라고 낳았습니까?' 하는 자와,
자기 어머니에게
'무슨 해산의 고생을 했다는 겁니까?'
하고 말하는 자에게 화가 닥칠 것이다"(사 45:9-10).

【창조주 신앙】
"하나님께서 하늘을 창조하여 펴시고,
땅을 만드시고,
거기에 사는 온갖 것을 만드셨다.
땅 위에 사는 백성에게 생명을 주시고,

땅 위에 걸어 다니는 사람들에게
목숨을 주셨다"(사 42:5).

【하나님의 초월성】
"하나님께서는
거짓말하는 자들의 징조를
쓸모없게 하시며,
점쟁이들을 혼란스럽게 만드시며,
지혜로운 자들을 물리쳐서
그들의 지식을 어리석게 하신다……"(사 44:25-26).

【의인의 고통】
"나는 나를 때리는 자들에게
등을 맡겼고,
내 수염을 뽑는 자들에게
뺨을 맡겼다.
내게 침을 뱉고 나를 모욕하여도
내가 그것을 피하려고
얼굴을 가리지도 않았다……
내가 직접 이 형벌을 너희에게 내리고,
너희는 이 고문을 견디어야 할 것이다"(사 50:4-11).

이러한 현상에 대해 테리엔(S. Terrien)은 제이 이사야를 욥기의 응답으로 보았다.[37] 즉, 그는 욥기가 제이 이사야 이전에 쓰였다고 전제하면서, 이 두 권의 책은 세 개의 서로 다른 주제가 공통적으로 발견된다고 주장했다. 즉, 하나님의 초월성(욥 9:4/사 40:26; 욥 9:8/사 44:24), 존재(욥 4:19/사 45:9, 11), 하나님의 종(욥 3:23/사 40:27)이다. 또한, 그는 이 두 권이 언어, 스타일, 근본적인 주제에 있어서 연관성이 있다고 주장했다. 그리하여 테리엔은 제이 이사야가 욥기에서 제기된 실존적인 질문에 응답하기 위해 쓰였다고 제안했다.

와드(J. M. Ward)는 제이 이사야가 당시의 지식계층이 가지고 있던 지혜 문학적 회의주의를 반박하면서, 하나님의 지식이라는 지혜개념을 제시하고자 했다고 주장했다.[38] 이 지식은 제이 이사야서에 등장하는 종의 지식(53:11)이며, 세상의 민족들을 위한 하나님의 계획인데, 이를 이해하기 위해서는 투철한 신앙이 요구된다고 보았다. 그러나 화이브레이(R. N. Whybray)는 40:12-14에 대한 연구를 근거로 제이 이사야에서 직접적인 지혜전승의 영향을 찾기는 어렵지만, 궁중의 영향이 있다고 주장했다. 그가 말하는 궁중은 바빌론의 신들과 관련된 것인데, 이것은 제이 이사야가 바빌론의 궁중 지혜를 반박했다는 것을 의미한다.[39]

---

[37] S. Terrien, "Quelques Remarques sur les Affinites de Job avec le Deutero-Esaie," in *Volume du Congrès: Genève*, 1965 (VTS 15; Leiden: Brill, 1966), 295-310.

[38] J. M. Ward, "The Servant's Knowledge in Isaiah 40-50," in *IW*, 121-136.

[39] R. N. Whybray, *The Heavenly Counsellor in Isaiah xl 13-14* (SOTSMS 1; Cambridge: Cambridge University Press, 1971).

9) 요나

요나의 연대는 불분명하지만, 포로기 이후에 쓰였다는 것이 일반적인
견해이다. 요나는 이야기체로 쓰였고 전형적인 예언자 양식, 즉 "주께서
이렇게 말씀하셨다"라는 구문이 없다는 점에서 다른 예언서들과 구별된다.
이 책에서 발견할 수 있는 지혜문학적인 요소들로는 이방인들도 포용하는
보편주의적 신앙, 인간은 하나님을 완전히 이해할 수 없다는 내용, 하나님
의 정의 즉 신정론의 문제와 씨름하는 내용, 국제적인 시각, 창조주 하나님
에 대한 신앙, 교훈적인 내용, 유머(humor) 등이다. 이러한 현상에 대해
트리블(P. Trible)과 랜즈(G. M. Landes)는 요나의 문학적 장르를 "마샬"(=
지혜 이야기)이라고 부르면서, 지혜자들에 의하여 쓰였다고 제안했다.[40]

4. 맺는말

지혜문학과 예언문학을 엄밀하게 구분하려는 시도는 이 두 분야의 독
특성과 차이점을 지나치게 강조해 왔다. 그리하여 지혜문학은 세속적이고
인간 중심적인 반면, 예언문학은 계시적이고 하나님 중심적이라는 편견을
갖게 했다. 또한, 전자는 소위 아래로부터의 신학을 그리고 후자는 소위
위로부터의 신학을 펼치는 성서적 모델로 인식되기도 했다. 그러나 비지
혜문학에서 지혜문학적인 요소를 발견하려는 학자들의 노력은 예언문학

---

[40] P. Trible, *Studies in the Book of Jonah* (Ph.D. dissertation in Columbia University, 1963); G. M. Landes, "Jonah: A Masal?" in *IW*, 137-158.

과 지혜문학의 상호관계성과 형성과정을 보다 더 주의 깊게 고려해야 한다는 당위성을 갖게 했다. 또한, 이 두 문학을 이분법적 사고로 예리하게 구분하는 것을 재고하게 했다. 그리하여 예언자들과 지혜자들은 서로 다른 문화적·종교적 배경에서 생활한 것이 아니라, 고대 이스라엘의 야웨 신앙뿐만 아니라 지성적이고 이성적인 문화를 공유했다는 사고를 갖게 했다. 지혜문학은 비록 야웨 신앙의 계시적이고 계약적이며 구속사적인 면을 부각하고 있지 않지만 이를 전제하고 있고, 예언문학은 비록 하나님의 직접적인 계시 양식을 취하고 있지만 지혜문학에서 강조되어 있는 지성적인 사고를 전제하고 있다는 것이다.[41]

예언문학과 지혜문학의 관계성에 대한 연구는 그동안의 성과에도 불구하고 다음 몇 가지 면에서 더욱 진전될 필요가 있다. 즉, 예언문학에서 지혜문학적인 요소가 발견되는 구체적인 이유는 무엇인가? 지혜문학가들의 사회적 위치와 영향력은 어떠했으며, 예언자들과는 어떤 관계에 있었는가? 예언문학의 형성과정에서 지혜문학과 밀접했던 서기관들의 역할은 무엇이었는가? 예언문학은 지혜문학에 어떤 영향을 주었는가? 이러한 질문은 지혜전승의 역사와 지혜문학가들의 사회적 위치에 대한 연구를 통해서 대답될 수 있을 것이다.

---

41 최근의 연구는 이집트의 지혜문학의 가르침이 세속적인 관심에서 출발한 것이 아니라, 근본적으로 마아트(maat)라는 종교적 개념에 근거하고 있다는 것을 보여 준다. 이것은 지혜가 근본적으로 세속적인 개념이 아니라 종교적 개념이라는 것을 의미한다. 또한, 이스라엘의 지혜문학이 세속적인 가르침에서 종교적인 가르침으로 발전 내지는 진화되었다는 생각을 재고하게 한다. R. N. Whybray, Proverbs, 9. 랑은 고대 근동의 지혜개념에 대한 연구를 통하여 이스라엘의 지혜개념이 원래 종교적이었다고 결론한다. B. Lang, *Wisdom and the Book of Proverbs: An Israelite Goddess Redefined* (New York: Pilgrim, 1986).

제 2 장

묵시문학의 지혜전승

1. 들어가는 말

구약성서의 지혜문학인 욥기, 잠언, 전도서는 묵시문학인 다니엘과 함께 성문서에 속해 있다. 이 책들은 비교적 후대에 최종 편집되었고, 오경이나 예언서보다 더 늦게 정경화되었다. 이것은 이 책들이 비교적 늦게 경전으로 여겨졌다는 것을 의미한다.

헬라어 성경인 칠십인역(LXX)에서 지혜문학은 시가서로 분류되어 역사서와 예언서 사이에 놓여 있다. 이것은 지혜문학이 시편이나 아가처럼 시문학의 형태로 읽혀야 한다는 것을 암시한다. 반면에, 묵시문학인 다니엘은 대예언서인 에스겔과 소예언서인 호세아 사이에 놓여 있다. 이것은 다니엘이 예언서로 읽혀져야 한다는 것을 암시한다. 칠십인역의 구약성서 배열 전통을 따르고 있는 한국개신교회에서는 실제로 지혜문학이 시문학의 형태로 읽혀진 반면, 묵시문학은 예언문학의 일부로 읽혀 왔다.

구약성서 학계에서 지혜문학과 묵시문학은 오랫동안 고대 이스라엘 종교와 잘 부합되지 않는 이질적인 것으로 여겨져 왔으며, 구약성서 신학의 통일성을 저해하는 요소들로 인식되어 왔다. 이 두 문학이 구약학계의 주목을 받기 시작한 것은 제2차 세계대전 이후인 20세기 중반에 들어와서부터이다. 앞서 언급한 것처럼, 지혜문학은 고대 근동의 지혜문학의 발견과 소위 아래로부터의 신학을 강조하는 경향 때문에 관심의 대상이 되었다.[1] 반면에, 묵시문학은 쿰란 문서나 위경으로 분류되는 새로운 묵시문학의 발견과 기독교의 기원, 역사적 예수 연구 등으로 인하여 연구가 증진되었다.[2]

지혜문학과 묵시문학의 각각에 대한 학자들의 연구가 진척되었음에도 불구하고, 이 둘의 관계성에 대해서는 별로 논의되지 못해 왔다. 그리고 이 둘의 관계성을 논할 때는 묵시문학의 기원이 지혜문학이냐 예언문학이냐라는 함정에 빠져드는 경향이 있어 왔다.[3] 즉, 이 두 문학의 상호관계성에 대한 적절한 이해를 추구하기보다는 묵시문학의 태동을 지혜문학이나 예언문학 어느 한쪽에 연관시키면서 다른 쪽과의 관계성을 무시하는 경향

---

1 이에 관해서는 천사무엘, "구약성서의 지혜문학과 창조신앙,"「기독교문화연구 2」(1997), 312-315를 보라.

2 이에 관해서는 F. J. Murphy, "Apocalypses and Apocalypticism: The State of the Question," *CR* 2 (1994), 149를 보라.

3 J. J. Collins, "Apocalyptic Literature," in *Early Judaism and It's Modern Interpreters*, eds., R. A. Kraft and G. W. E. Nickelsburg (Philadelphia: Fortress, 1986), 355. 묵시문학의 기원을 구약의 예언문학에서 찾으려는 견해에 대해서는 장일선,『히브리 예언서 연구』(서울: 대한기독교서회, 1990), 139-148; 박준서,『구약세계의 이해』(서울: 한들출판사, 2001), 142-166; P. Hanson, *The Dawn of Apocalyiptic: The Historical and Sociological Roots of Jewish Apocalyptic Eschatology* (Philadelphia: Fortress, 1979), 이무용, 김지은 역,『묵시문학의 기원』(서울: 크리스찬 다이제스트, 1996); 오택현, 김호경,『알기 쉬운 성서묵시문학연구』(서울: 크리스찬 헤럴드, 1999)를 보라. 예언문학과 묵시문학의 단절을 강조하는 견해에 대해서는 구덕관,『구약개론』, 하권 (서울: 대한기독교출판사, 1986), 294를 보라. 묵시문학의 기원을 지혜전승에서 찾으려는 견해에 대해서는 왕대일, "구약묵시문학 다니엘서의 지혜정신,"『지혜전승과 설교』, 구덕관 박사 기념논문집 출판위원회 편 (서울: 대한기독교서회, 1991), 169-171을 보라.

이 있어 왔다는 것이다. 이러한 태도는 묵시문학의 복잡한 형성과정을 단순한 전승 경로(trajectory)로 설명하려는 환원주의(reductionism)의 결과로, 지혜문학과 묵시문학의 상호관계성을 이해하는 데 방해가 되었다.[4]

이러한 상황을 감안하면서 본 장에서는 묵시문학과 지혜문학의 관계성을 논의하고자 한다. 지혜문학은 묵시문학의 태동에 어떤 영향을 주었는가? 이 둘의 공통점과 차이점은 무엇인가? 다니엘은 지혜문학에서 묘사하는 지혜자인가? 이제 이러한 질문에 대한 대답을 찾아보자.

2. 묵시문학의 기원 문제

묵시문학의 태동에 지혜문학이 어떤 영향을 끼쳤는가의 문제에 대한 최근 논의는 폰 라드(G. von Rad)에서부터 시작되었다. 폰 라드는 묵시문학의 기원이 되는 모체가 지혜문학이라고 주장했다.[5] 하지만 이러한 견해는 19세기 노악(L. Noack)과 에발트(H. Ewald), 그리고 20세기 초 휠셔(G. Hölscher)[6]에 의해서 이미 제안된 것이었다.[7] 폰 라드의 주장은 묵시문학의

---

[4] 최근 묵시문학의 연구 동향에 대해서는 배정훈, "최근의 묵시록 연구의 동향과 방향,"「한국기독교신학논총 23」(2002), 7-41을 보라.

[5] G. von Rad, *Old Testament Theology*, Vol. 2 (New York: Harper & Row, 1965), 301-315; *Wisdom in Israel* (Nashville: Abingdon, 1972), 263-283.

[6] G. Hölscher, "Die Entstehung des Buches Daniel," *Theologische Studien und Kritiken* 92 (1919), 113-139.

[7] J. M. Schmidt, *Die jüdische Apokalyptik* (Neukirchen Vluyn: Neukirchener Verlag, 1969), 13-14, 20-21, 258-259; J. J. Collins, "Wisdom, Apocalypticism, and Generic Compatibility," in *In Search of Wisdom: Essays in Memory of John G. Gammie*, eds.,

태동과정에서 지혜문학이 예언문학과 함께 중요한 역할을 했다는 것이 아니라, 예언문학의 역할을 완전히 배제하면서 지혜문학이 묵시문학의 실질적인 모체였다는 것이었다. 그가 묵시문학과 예언문학의 관계를 배제한 주요 이유는 두 문학이 내포하고 있는 역사관의 차이 때문이었다.

폰 라드에 의하면, 예언문학은 역사를 야웨 하나님이 심판과 구원을 펼치시는 활동무대이자 구원의 역사로 여기면서, 역사에 대한 하나님의 직접적인 개입을 강조한다. 즉, 예언문학은 현재의 역사에 하나님의 구원에 대한 희망이 존재한다는 것을 인정하면서, 시간을 선과 악으로 나누는 이원론적 시간관을 제시하지 않는다는 것이다. 반면에, 묵시문학에서는 현재의 역사가 더 이상 하나님의 구원활동 무대가 아니며, 현재의 역사를 바라보는 시각은 극단적 염세주의를 나타내고 있다. 또한, 묵시문학은 시간을 둘로 나누어, 악이 득세하는 현재의 때(the present aeon)와 의인의 구원이 펼쳐지는 오고 있는 때(the aeon to come)로 완전히 구분하는 종말론적 이원론을 제시한다. 뿐만 아니라 이러한 시간적 이원론은 위의 세계(the world above) 및 이 땅을 예리하게 구분하는 초월주의(transcendentalism)와 연관되어 있다. 묵시문학과 예언문학은 비록 종말론에 대해 공통적인 관심이 있지만, 현재의 역사에서 나타나는 문제 해결방식이나 역사관 등에서는 넘을 수 없는 벽이 있으며, 예언문학에서 묵시문학으로 발전되었다는 것은 불가능하다는 것이다.

폰 라드는 묵시문학의 핵심적 사고를 우주적 야웨 신앙에 근거한 지식

L. G. Perdue, B. B. Scott, and W. J. Wiseman (Louisville: Westminster John Knox, 1993), 166 참조.

(knowledge)이라고 보면서, 이러한 지식은 예언문학에서 제시하는 구원사와는 관련이 없고, 오히려 지혜개념과 연관될 수 있다고 한다.[8] 즉, 구원은 인간의 역사 밖에서 들어온다는 묵시문학의 핵심 사상은 하나님에 대한 우주적 신앙과 우주적 질서 그리고 창조질서에 대한 이해를 강조하는 지혜문학의 사고와 공통점이 있다는 것이다.

폰 라드에 의하면, 시간이 지남에 따라 지혜전승은 우주의 법칙을 찾아내어 체계화하면서, 자연철학의 문제뿐만 아니라 역사 문제까지도 그 법칙을 적용시키는 실제적인 백과사전적 과학으로 발전했다. 그리하여 구약 외경에 속하는 집회서 44-50장은 이스라엘 역사를 구원사와 관계없이 우주적 법칙의 실례로서 다루고, 구약위경에 속하는 에녹서는 문명의 발달, 천상계, 달력, 기상학, 지리학 등에 대한 지식을 묘사한다. 또한, 다니엘은 꿈을 해석할 수 있고 지혜교사들을 무력화시킬 수 있는, 탁월한 지식을 가진 지혜자로 소개되며, 에녹 역시 참된 지혜자로 묘사된다. 뿐만 아니라 에스라는 묵시적인 지식을 가진 서기관으로 불린다. 폰 라드는 이러한 카리스마적 지식 혹은 하나님의 은사로서 주어지는 지식은 지혜전승의 발전 과정에 놓여야 한다고 주장했다.

묵시문학의 기원이 지혜문학이라는 폰 라드의 주장은 너무 일방적이라는 비판을 받았다. 즉, 지혜전승이 묵시문학에 들어와 부동의 위치를 차지하고 있는 것은 부인할 수 없지만, 묵시문학의 기원이라고 단정하는 것은 받아들이기 힘든 가설이라는 것이다.[9] 그럼에도 불구하고, 폰 라드의 견해

---

[8] G. von Rad, *Old Testament Theology*, Vol. 2, 306.

[9] P. D. Hanson, "Prolegomena to the Study of Jewish Apocalyptic," in *Magnalia Dei: Essays on the Bible and Archaeology in Memory of G. Ernest Wright*, eds., F. M.

는 묵시문학과 지혜문학의 관계성을 탐구하는 자극제가 되었고, 묵시문학의 기원을 예언문학에서만 찾으려는 시도에 대해 새로운 시각을 열어 주었음을 부인할 수 없다. 묵시문학의 기원을 지혜문학이라고 단정한 그의 견해는 비판받아 마땅하지만, 이 두 문학 간의 관계에 대한 그의 통찰은 묵시문학의 균형적인 연구를 위해 올바른 방향을 제시했다는 것이다.

폰 라드를 비판하는 학자들의 견해 중에서 특히 그의 지혜개념이 불분명하다는 비판은 설득력을 얻었다. 즉, 잠언의 지혜개념을 묵시문학의 지혜개념 분석을 위해 그대로 적용시킬 수 없다는 것이다.[10] 왜냐하면 지혜전승의 역사에서 지혜개념은 다양하게 나타나기 때문이다. 이러한 점을 고려하면서 밀러(H. P. Müller)는 잠언이나 집회서에 나오는 궁중-학교 지혜(courtly-school wisdom)와 신탁 지혜(mantic or oracular wisdom)를 구분했다.[11] 신탁 지혜란 꿈이나 어떤 징조를 해석하는 기술로 요셉의 꿈 해몽 이야기에서 그 실례를 찾아볼 수 있는데, 구약의 지혜문학에는 나타나 있지 않다. 밀러에 의하면, 묵시문학은 바로 이 신탁 지혜의 연속인데, 고

Cross, W. E. Lemke, and P. D. Miller (Garden City, NY: Doubleday, 1976), 401; M. E. Stone, "Lists of Revealed Things in the Apocalyptic Literature," in *Magnalia Dei*, 414-452. 스톤에 의하면, 묵시문학에 나타난 명상을 통한 탐색이나 황홀경 경험 등은 지혜전승과 연관될 수 있지만, 구약의 지혜문학에서 이러한 명상적 요소들을 찾아보기 힘들다고 한다(436). 그러나 그는 이러한 요소들의 기원을 지혜전승에서만 찾으려는 것은 곤란하다고 본다(438); M. Hengel, *Judaism and Hellenism*, Vol. 1 (Minneapolis: Fortress, 1974), 206-207. 헹엘은 묵시문학의 기원을 지혜전승이나 예언전승에서 일방적으로 찾으려는 시도는 벤 시라나 하시딤의 묵시문학가들에게는 적용되기 힘들다고 주장한다.

10 J. C. VanderKam, *Enoch and the Growth of an Apocalyptic Tradition* (Washington, DC: CBAA, 1984), 5; H. P. Müller, "Mantische Weisheit und Apokalyptic," in *Congress Volume, Uppsala* 1971 (Leiden: Brill, 1972), 268-271; J. J. Collins, *The Apocalyptic Vision of the Book of Daniel* (Missoula: Scholars, 1977), 56-57 참조.

11 H. P. Müller, "Mantische Weisheit und Apokalyptik," 268-293.

대 이스라엘에서 이러한 기술은 포로기 이전에도 있었지만, 성서의 저자들은 포로기 이후에 메소포타미아의 영향을 받아 더욱 친숙해졌다. 그는 꿈과 징조를 해석하는 다니엘이 신탁 지혜를 실행하는 현인(sage)의 모습을 나타낸다고 보고 있다.

밀러의 신탁 지혜에 관한 연구는 밴더캠(J. C. VanderKam)에게 받아들여져, 에녹서에 적용되었다.[12] 그는 다니엘서보다 먼저 쓰인 에녹서도 신탁 지혜 전승에 속하며, 메소포타미아의 영향을 강하게 받았다고 제안했다. 그러나 밴더캠은 신탁 지혜가 이스라엘의 예언전승과 무관하지 않다고 한다. 예언자들을 포함한 이스라엘의 종교가들은 비록 이교적이고 우상 숭배적인 신탁 행위는 반대했지만, 미래를 알기 위해서 야웨와의 교통을 통해 꿈이나 징조를 해석하는 행위는 고대 이스라엘에서부터 헬라시대까지 이어갔다는 것이다.[13]

다른 한편, 지혜문학과 묵시문학의 밀접성을 지적한 폰 라드의 견해는 고대 근동의 묵시문학과 지혜문학을 비교연구한 스미스(J. Z. Smith)에 의하여 지지를 받았다.[14] 스미스는 메소포타미아, 이집트 등의 문학작품들을 연구하면서 지혜문학과 묵시문학은 본질적으로 "서기관들의 현상"(scribal phenomena)이라고 주장했다. 그는 묵시문학을 왕궁의 후원을 받지 못한 지혜문학이라고 정의하면서, 묵시적 세계관은 종교 박해에 대한 반응이 아니라, 왕정의 붕괴를 경험한 서기관들의 반응이라고 지적했다. 즉,

---

[12] J. C. VanderKam, *Enoch and the Growth of An Apocalyptic Tradition.*

[13] Ibid., 71-75; S. B. Reid, *Enoch und Daniel* (Berkeley: Bibal, 1989), 22 참조.

[14] J. Z. Smith, "Wisdom and Apocalyptic," in *Visionaries and Their Apocalypses*, ed., P. D. Hanson (Philadelphia: Fortress, 1983), 101-120.

실용적이고 사색적인 사고를 하는 서기관들이 정치적인 위기에서, 현재의 역사에 대한 관점으로부터 우주적 역사에로 사고의 틀을 변화시킨 결과라는 것이다. 이것은 묵시문학이 종교적 현상이 아니라, 학문적인 현상이라는 것을 의미했다. 스미스는 이러한 현상이 지중해 주변 지역에서 일반적이었으며, 이스라엘도 예외일 수 없다고 주장했다. 이러한 스미스의 주장은 묵시문학의 기원이 신탁 지혜라는 주장을 뒷받침하는 것이었다.[15]

묵시문학의 기원 문제와 관련하여 진행되어 온 묵시문학과 지혜문학의 관계성에 대한 연구는 다음과 같은 몇 가지 유익한 성과를 거두었다.

첫째로, 묵시문학의 기원이 예언문학이냐 지혜문학이냐 하는 질문은 적절치 못하다는 것을 보여 주었다. 왜냐하면 다니엘서, 에녹서 등 묵시문학은 어느 한 전승의 산물이 아니라, 이스라엘의 예언전승과 지혜전승, 헬라주의, 페르시아의 이원론, 메소포타미아의 신탁 지혜 등 매우 다양한 요소들이 결합되어 산출되었기 때문이다. 오히려 구약성서에 나오는 다양

---

15 스미스는 묵시문학의 기원이 신탁 지혜라는 말을 하지 않는다. 다른 한편, 스톤은 에녹서를 언급하면서 묵시문학의 기원을 예루살렘의 제사장 그룹과 연관시켰다. M. E. Stone, *Scripture, Sects and Visions: A Profile of Judaism from Ezra to the Jewish Revolts* (Philadelphia: Fortress, 1980), 44; 그라베 역시 묵시문학의 기원을 제사장 그룹으로 보는 것도 가능하다고 주장한다. L. L. Grabbe, "The Social Setting of Early Jewish Apocalypticism," *JSP* 4 (1989), 27-47; *Priests, Prophets, Diviners, Sages: A Socio-Historical Study of Religious Specialists on Ancient Israel* (Valley Forge: Trinity Press International, 1995), 178. 데이비스는 신탁(mantic) 행위는 제사장들에게 속해 있는 것이 분명하지만, 신탁 지식의 기록과 그러한 지식을 얻으려는 노력은 서기관들의 작업이라고 한다. 그리하여 그는 묵시문학이 신탁 행위를 하는 제사장 그룹에 의해서가 아니라, 신탁 지식을 연구하는 서기관 그룹에 의해서 발전되었다고 주장한다. P. R. Davies, "The Social World of Apocalyptic Writings," in *The World of Ancient Israel: Sociological, Anthropological and Political Perspectives*, ed., R. E. Clements (Cambridge: Cambridge University Press, 1989), 261.

한 요소들은 새로운 문학적 환경, 역사적 상황, 세계관, 우주관 등을 만나면서 그 의미가 새롭게 개편되었으며, 이교적인 요소들도 당시 묵시문학가들의 야웨 신앙에 의하여 개작되었다는 것을 보여 주었다. 즉, 묵시문학은 어느 한 전승의 자녀(child)가 아니라, 다양한 전승들이 결합된 새로운 장르(genre)라는 것이다.[16]

둘째로, 묵시문학의 균형적 연구를 위한 방향을 제시했다. 묵시문학의 기원을 예언전승에서만 찾으려던 학자들은 묵시문학의 종말론을 지나치게 강조했다. 그러나 묵시문학과 지혜문학의 관계성에 대한 연구는 그동안 게을리 되어 왔던 묵시문학의 우주적인 면과 명상적인 면의 중요성도 인식할 수 있게 했다.[17]

셋째로, 묵시문학에 나타나 있는 지혜개념을 올바로 정의할 수 있게 했다. 즉, 묵시문학의 지혜는 잠언이나 집회서에서 찾을 수 있는 귀납적인 것이 아니라, 계시를 통하여 얻을 수 있는 신탁 지혜라는 것이다.[18]

넷째로, 묵시문학의 본성을 이해하기 위해서는 다니엘뿐만 아니라, 신구약 중간시대의 다양한 묵시문학 작품들과 고대 근동의 지혜문학에 대한 연구도 병행되어야 한다는 것을 보여 주었다.

---

16 J. J. Collins, *Daniel* (Minneapolis: Fortress, 1993), 71; F. J. Murphy, *Apocalypses and Apocalypticism*, 168-69. 스톤은 묵시문학이 성경의 소위 "묵시문학의 원형"(pro-to-apocalyptic) - 묵시문학과 유사한 성경의 본문들 - 에 직접적으로 의존하고 있지 않다고 한다. M. E. Stone, *Scripture, Sects and Visions*, 46.

17 J. J. Collins, *The Apocalyptic Imagination* (New York: Crossroad, 1989), 17.

18 다니엘서의 신탁 지혜의 역할과 이에 대한 학자들의 견해에 대해서는 B. S. Mastin, "Wisdom and Daniel," in *Wisdom in Ancient Israel: Essays in honour of J. A. Emerton*, eds., J. Day, R. P. Gordon and H. G. M. Williamson (Cambridge: Cambridge University Press, 1995), 161-169를 보라.

3. 묵시문학에 나타난 지혜문학적 요소

지혜문학과 묵시문학은 분명한 차이가 있다. 지혜문학은 현재의 시간을 긍정적으로 보면서 이 시간 안에서 구원과 정의를 찾는 반면, 묵시문학은 현재의 시간을 부정적으로 보면서 정의와 희망이 현재의 시대에는 없다고 여긴다. 묵시문학 현재를 오고 있는 때와 이원론적으로 구별한다. 전자는 현재의 역사를 낙관적으로 보지만, 후자는 염세적으로 본다. 전자는 교육적이고 철학적인 언어를 주로 사용하지만, 후자는 신화적인 언어를 주로 사용한다. 전자는 인간의 이성을 통하여 얻어지는 지혜나 지식을 강조하지만, 후자는 하나님의 계시를 통하여 얻는 지혜나 지식을 강조한다. 전자는 이성적 합리성을 추구하지만, 후자는 기적이나 변혁을 추구한다. 전자는 이 땅에서의 삶에 한정되지만, 후자는 죽음 이후의 종말론적인 심판과 구원이 있다고 한다. 이러한 차이점들에도 불구하고, 묵시문학과 지혜문학 사이에는 공통점과 유사성이 있다.[19] 이제 그 요소들을 살펴본다.

1) 결정론적 시간관

폰 라드가 지적하는 것처럼, 지혜문학과 묵시문학은 결정론적 시간관(determinism)을 공유하고 있다.[20] 먼저 지혜문학은 모든 일에는 적절한 때가 있다고 가르친다. 즉, 시간은 하나님이 이미 정해 놓으신 대로 진행되

---

19 묵시문학의 기원이 지혜문학이라는 폰 라드의 주장은 유지될 수 없지만, 그가 지적한 두 문학 사이의 관계성까지도 무시할 수는 없다.

20 G. von Rad, *Wisdom in Israel*, 263-283.

며, 모든 일은 그 시간표에 따라 움직인다. 인간은 그때를 완전히 알지 못하
지만, 하나님은 결국 모든 것을 아름답고 선하게 만드신다. 인간은 정해진
시간표를 바꿀 수 없으며, 하나님의 결정된 시간의 흐름을 직시하고 따라
야 한다.

> "모든 일에는 다 때가 있다.
> 세상에서 일어나는 일마다 알맞은 때가 있다"(전 3:1).[21]

> "세상이 창조되기 전부터 모든 것을 주님께서는 알고 계셨고
> 창조된 후에는 말할 것도 없다"(집회서 23:20).

> "주님께서 하신 일은 좋지 않은 것이 없고
> 그 업적 하나하나는 때가 오면 제 구실을 한다.
> 그러므로 '이것은 저것만 못하다'고 말하지 말아라.
> 모든 것은 때가 오면 그 가치가 드러날 것이다"(집회서 39:33-34).

묵시문학의 시간관도 역시 시간의 진행은 하나님의 결정된 시간표에
의하여 움직인다는 것을 보여 준다. 즉, 현재의 때는 악이 지배하는 때이지
만, 이것은 정하여진 때에 필연적으로 끝나게 되고, 선이 지배하고 의인들

---

[21] 블렌키숍에 의하면, 전 3:1-15에는 스토아 철학이 반영되어 있다. 그는 이 본문이 전도서
저자의 것이 아니라 "스토아 철학화된 유대 현자"(stoicizing Jewish sage)의 것을 인용했
다고 본다. J. Blenkinsopp, "Ecclesiastes 3;1-15: Another Interpretation," *JSOT* 66
(1995), 55-64.

이 보상을 받는 새로운 시대가 온다는 것이다. 그러므로 인간은 단지 영원 전부터 정해져 있는 구원의 때를 기다려야 한다.

"…… 지혜와 권능이 하나님의 것이다……

(하나님은) 때와 계절을 바뀌게 하시고

왕들을 폐하기도 하시고, 세우기도 하신다"(단 2:20-21).

"…… (하나님은) 뜻대로 하시지만,

아무도 그가 하시는 일을 막지 못하고,

무슨 일을 이렇게 하셨느냐고

그에게 물을 사람이 없다……

과연 그가 하시는 일은 모두 참되며,

그의 모든 길은 공의로우니……"(단 4:35-37).

"…… (하나님은) 시간을 저울로 달아보시고

뒷박으로 되어보시며 일일이 헤아리고 계신다.

그분은 그때가 꽉 찰 때까지

움직이거나 일어나지 않으실 것이다"(에녹2서 4:36-37).

지혜문학과 묵시문학에 있는 결정론적 시간관은 예언문학의 유동적인 시간관과 대조된다. 예언문학에서 하나님의 심판이나 구원은 백성들의 불순종, 회개, 복종 등에 의해서 변화될 수 있다. 즉, 역사의 흐름이 미리 정해졌다기보다는 때에 따라 행해지는 하나님의 결정에 의하여 좌우된다.

"그러나 내가 어떤 민족이나 나라를 세우고 심겠다고 말을
하였더라도, 그 백성이 나의 말을 순종하지 않고,
내가 보기에 악한 일을 하기만 하면,
나는 그들에게 내리기로 약속한 복을 거둔다"(렘 18:9-10).

2) 우주 질서에 대한 신뢰

구약 지혜문학의 목적은 인간의 이성, 경험, 사색 등을 통하여 우주의
질서와 원리를 찾고, 그것을 삶에 적용시켜 가장 올바른 삶의 방법을 발견
하며, 그 방법을 실행하여 성공적인 삶을 추구하고자 하는 것이다. 여기에
는 창조주 하나님이 정해 놓으신 창조 질서, 즉 우주의 질서와 원리에 대한
확고부동한 신뢰가 깊이 자리 잡고 있다. 그리하여 지혜문학은 구원을 자
연의 질서와 우주의 원리 안에서 찾으려고 하며, 하나님의 섭리와 뜻도
이러한 우주 질서 안에 내재되어 있다고 본다. 인간은 그 질서와 원리를
찾아야 하는데, 그것이 인간이 추구해야 하는 가장 궁극적인 지식이다.
이 지식과 질서를 깨달아 알고 실천하는 사람은 의인으로 불린다.

우주 질서에 대한 신뢰는 묵시문학에서도 발견할 수 있다.[22] 묵시문학
은 비록 현재의 시간을 부정적으로 보고 다가오는 시간을 기다리는 이원론
적 시간관을 나타내고 있지만, 창조 이전부터 하나님이 정해 놓으신 우주
의 고정된 질서와 구조 안에 구원의 길이 있다고 확신한다. 즉, 결정론적

---

[22] 콜린스는 솔로몬의 지혜서를 연구하면서 묵시문학과 지혜문학은 우주적 질서에 대한 확신
을 공유하고 있다고 지적한다. J. J. Collins, "Cosmos and Salvation: Jewish Wisdom
and Apocalyptic in the Hellenistic Age," *HR* 17 (1977), 121-142.

시간관이 보여 주는 것처럼, 현재를 포함한 모든 역사와 시간은 영원 전부터 이미 정해진 우주 질서의 시간표에 따라 순차적으로 펼쳐지며 질서 있게 진행된다는 것이다. 따라서 묵시문학에서 중요한 것은 고정된 우주의 질서를 이해하고, 거기에 내포되어 있는 구원의 길 혹은 구원에 관한 지식을 깨달아 아는 것이다. 지혜문학과 마찬가지로 의인만이 이러한 질서를 깨달을 수 있다. 이와 같이 우주에 대한 이해와 지식을 추구하는 묵시문학은 하나님의 말씀에 대한 복종을 강조하는 예언문학과 대조를 이룬다.

이스라엘의 초기 지혜문학은 우주 질서를 신뢰하고 있다는 점에서 묵시문학과 공통점이 있지만, 역사와 종말론을 우주와 연관시키지는 않는다. 그러나 헬라철학을 적극적으로 반영하고 있는 솔로몬의 지혜서와 같은 지혜문학에는 우주 질서에 대한 이해와 종말론적 신앙을 통합하는 경향이 나타나 있다.[23] 그리하여 육적인 죽음 이후, 악인에 대한 심판과 의인에 대한 보응이 있다고 제시하면서, 지혜를 추구할 것을 가르친다. 왜냐하면 지혜를 추구하는 의인은 영혼이 영원히 사는 보상을 받기 때문이다. 즉, 죽음을 넘어선 영원불변한 질서가 우주 안에 존재한다는 것이다. 이것은 헬라-로마시대 문학의 주요 특징 중의 하나이기도 하다.

3) 언어의 사용

묵시문학은 지혜문학의 언어, 주제, 문학적 스타일 등을 사용하고 있다. 예를 들면, 지혜, 지혜자, 이해, 의인, 지식, 하나님에 대한 경외(fear

---

23 Ibid., 142.

of God), 질의응답의 문학적 스타일 사용, 악의 문제에 대한 관심 등이다. 특히 다니엘 1-6장에는 지혜문학적 용어 사용이 두드러져 있다.[24]

"(왕은) 몸에 흠이 없고, 용모가 잘생기고, 모든 일을 지혜롭게 처리할 수 있으며, 지식이 있고, 통찰력이 있고, 왕궁에서 왕을 모실 능력이 있는 소년들을 데려오게 하여서……"(1:4).

"왕은 그들에게 온갖 지혜와 지식에 관한 문제를 물어보고서, 그들이 전 국에 있는 어떤 마술사나 주술가보다도, 열 배는 더 낫다는 것을 알았 다"(1:20).

"…… (하나님은) 지혜자들에게 지혜를 주시고, 총명한 사람들에게 지식 을 주신다"(2:21).

"(다니엘은) 명철과 총명과 신들의 지혜와 같은 지혜를 가진 사람으로 알 려진 인물입니다…… 그에게는 탁월한 정신과 지식과 꿈을 해몽하는 총 명이 있어서, 수수께끼도 풀었고, 어려운 문제도 해결했습니다……" (5:11-12).

"…… 다니엘이 계시로 말씀을 받았다. 그 말씀은 참된 것이었는데, 환상

---

24 Donn F. Morgan, *Wisdom in the Old Testament Traditions* (Atlanta: John Knox, 1981), 132.

을 보는 가운데, 심한 고생 끝에 겨우 그 뜻을 깨달았다"(10:1; cf. 8:15).

묵시문학에서 지혜문학의 단어나 주제를 그대로 사용하는 것은 물론 아니다. 잠언의 지혜가 궁중-학교 지혜개념을 반영하고, 다니엘서의 지혜는 신탁 지혜 개념을 반영하는 것처럼, 비록 용어나 주제는 같을지라도 그 의미가 묵시문학이라는 새로운 환경 속에서 변형되고 개작되어 있다.

다른 한편, 다니엘의 모습은 창세기의 요셉과 매우 유사하다. 예를 들자면, 그들은 꿈을 해몽하는데 능한데, 꿈을 해몽하기 위하여 하나님의 도움을 구한다. 그들은 어려운 문제에 봉착했을 때 문제를 해결할 수 있는 지혜를 가지고 있었다. 그들은 왕궁에서 왕에게 조언을 해 주는 지혜자로 활동했다. 그들은 도덕적으로 깨끗했다. 그들은 하나님을 두려워했다. 그들은 어려운 환경 가운데서도 경건 생활에 힘썼다. 이러한 지혜자로서의 두 인물의 유사성을 어떻게 이해할 것인가?

첫째로, 1822년에 제시한 블리크(F. Blcek)의 견해에 동의하면서, 매스틴(B. A. Mastin)은 요셉의 꿈 해몽 이야기인 창세기 41장이 다니엘 2, 4, 5장의 모델이 되었다고 한다.[25] 다니엘의 저자가 요셉 이야기를 잘 알고 있었다는 것은 분명하기 때문에 가능한 추측이라고 여겨진다.

둘째로, 나이디취(S. Niditch)와 도란(R. Doran)은 창세기 41장과 다니엘 2, 4, 5장은 같은 문학적 유형에 속하는데, 이러한 유형은 아히카 5-7장의 시리아본과 세계 여러 나라의 민담(folktale)에서도 찾아볼 수 있다고 한다.[26] 즉, 성공적인 지혜 영웅들에 관한 이야기라는 것이다. 그러나 그들

---

25 B. A. Mastin, "Wisdom and Daniel," 164-65.

은 그 문학적 유형이 구체적으로 무엇인지에 대해서는 언급하지 않았다.

셋째로, 폰 라드는 일찍이 요셉 이야기가 다윗-솔로몬 시대 지혜운동의 산물로, 지혜적-교훈적 이야기라고 주장했다.[27] 또한, 그는 다니엘의 꿈 해몽 모습이 요셉의 이야기에서 보여 주는 것처럼 지혜전승의 영역에 속한다고 보았다.[28] 그러나 그는 이 두 이야기의 꿈 해몽이 신탁 지혜에 속한다고 지적하지는 않았다.

결론적으로 요셉과 다니엘의 모습은 지혜자로 묘사되었는데, 특히 그들의 꿈 해몽 능력은 신탁 지혜의 종류에 속한다. 그들은 비록 각기 다른 시대에 다른 문학적 장르에 의해 각각 묘사되기 때문에 서로 차이점이 있지만, 그럼에도 불구하고 각 문학의 저자들이 그들을 당대 최고의 지혜자이자 의인으로 묘사하려고 했다는 것은 분명하다.

4. 맺는말

묵시문학의 형성에 예언문학이 주요한 역할을 했다는 것은 부인할 수

---

[26] S. Niditch and R. Doran, "The Success Story of the Wise Courtier: A Formal Approach," *JBL* 96 (1977), 179-193.

[27] G. von Rad, "The Joseph Narrative and Ancient Wisdom," in *The Problem of the Hexateuch and Other Essays* (New York: McGraw-Hill, 1966), 292-300; 김정준 역, "요셉 설화와 고대 지혜문학 연구,"『폰 라드 논문집』(서울: 대한기독교출판사, 1978), 270-80. 몰간이 지적하는 것처럼, 전체 요셉 이야기가 지혜운동의 산물이라고 보는 것은 곤란하지만, 다윗-솔로몬 시대 지혜운동의 영향을 반영하고 있다는 것은 가능하다. D. F. Morgan, *Wisdom in the Old Testament Traditions*, 50.

[28] G. von Rad, *Old Testament Theology*, Vol. 2, 307.

없다. 예언문학은 묵시문학적 종말론과 유사하고, 예레미야의 예언은 다니엘에서 재해석되고 있으며, 예언문학에서 강조하는 하나님의 계시의 말씀 개념은 묵시문학에서 계시된 지혜와 연관시킬 수 있다. 그러나 이러한 연관성 때문에 묵시문학이나 묵시적 세계관을 예언 전승의 연속 내지는 계승으로 보려는 것은 위험하다. 예언문학과 묵시문학의 연관성을 강조한 핸슨(P. D. Hanson)도 묵시적 세계관의 발전을 어느 한 전승 내지 운동으로 환원하려는 태도를 경계했다.[29] 콜린스(J. J. Collins)가 확인하는 것처럼, 핸슨은 예언문학과 묵시문학은 기원전 4세기에 그 연속성이 사라졌으며, 묵시문학은 신화적인 언어와 사회학적인 기반의 면에서 포로 후기의 예언문학과 닮았다고 주장했다.[30] 그는 묵시적 세계관(Apocalypticism)의 핵심을 우주적 종말론(cosmic eschatology)으로 여기면서, 이 종말론의 발전을 에녹서보다는 주로 다니엘서와 연관해서 추적하는 데 집중했다. 그러나 그의 주장도, 다니엘서를 이해하는 데 우주적 종말론이 과연 충분한 역할을 할 수 있는 것인가에 대한 의문을 남기고 있다.[31]

묵시문학은 예언문학적 요소들을 포함하고 있지만, 지혜문학적인 요소들도 상당히 내포하고 있다. 특히 신탁 지혜개념, 결정론적 시간관, 우주 질서에 대한 신뢰, 다니엘을 지혜자로 묘사하는 것 등은 묵시문학의 형성

---

29 P. D. Hanson, "Apocalypticism," *IDBS*, 28-34.

30 J. J. Collins, "The Place of Apocalypticism in the Religion of Israel," in *Ancient Israelite Religion: Essays in Honor of Frank Moore Cross*, eds., P. D. Miller, P. D. Hanson and S. D. McBride (Philadelphia: Fortress, 1987), 540.

31 C. Rowland, *The Open Heaven: A Study of Apocalyptic in Judaism and Early Christianity* (New York: Crossroad, 1982), 13-14; J. J. Collins, "Apocalyptic Eschatology as the Transcendence of Death," in *Visionaries and Their Apocalypses*, ed., P. Hanson (Philadelphia: Fortress, 1983), 61-85.

과정에서 고대 이스라엘뿐만 아니라 고대 근동의 지혜문학도 상당한 영향을 끼쳤다는 것을 말해 준다.

묵시문학이 예언문학과 지혜문학 그리고 고대근동문학 등이 결합되어 형성되었다는 것은, 이것이 단순한 문학 활동의 산물이었다는 것을 의미하지 않는다. 오히려 묵시문학은 암울한 역사적 상황에 대한 능동적인 반응이었다. 묵시문학가들은 암울하고 절박한 상황을 극복하기 위하여 고대 이스라엘뿐만 아니라 고대 근동 지역의 전승들을 적극적으로 끌어들이고 야웨 신앙 안에서 개작하여 공동체의 희망이나 공동체가 필요로 하는 메시지를 표현하였다. 여기에는 창조주 야웨 하나님과 그가 만든 우주의 원리와 질서에 대한 확고한 믿음이 깔려 있었다.

묵시문학의 형성과정이 보여 주는 것처럼, 신구약 중간시대 문학의 특징 중의 하나는 여러 전승들이 분리하기 어려울 만큼 매우 밀접하게 결합되어 있다는 것이다.[32] 즉, 이 시대에 산출된 지혜문학에는 묵시문학적인 요소가 매우 강하게 반영되어 있는 반면, 묵시문학에는 지혜문학적인 훈계와 교훈이 중요한 역할을 하고 있다. 이러한 경향은 신약성서에서도 예외가 아니다. 이와 같이 다양한 전승의 결합은 인위적인 것이 아니라, 당시 저자들의 사고방식 그 자체였다. 저자들의 사고구조 자체와 당시의 문화적·정신적 환경이 그러하였다는 것이다. 따라서 이 시대의 문학작품의 내용을 구약성서의 문학적 분류방식에 따라 엄밀하게 구분하려는 시도는 재고되어야 한다.

---

[32] J. J. Collins, "Wisdom, Apocalypticism, and Generic Compatibility," 174-185.

신약성서의 지혜전승

1. 들어가는 말

신약성서의 저자들과 초대 기독교인들에게 헬라어 구약성서인 칠십인
역(LXX)은 성경 그 자체였다. 신약성서가 아직 문서화되거나 정경화되지
않은 상황에서 칠십인역 구약성서는 그들이 메시아로 믿는 예수를 이해하
는 데 필요한 하나님의 계시의 말씀이었다. 예수 자신이 유대인이었고,
그의 처음 제자들도 유대인이었으며, 초기 기독교도 유대공동체를 통해서
형성되었기 때문에 구약성서와 유대교의 전승을 받아들이는 것은 자연스
러운 현상이었다. 그리하여 신약의 저자들이나 초대 교부 신학자들은 구
약성서를 해석하면서 예수와 그를 따르는 그리스도인들 그리고 교회의
정체성을 논하고 변증했으며, 하나님의 구원사역이 어떻게 기독교 공동체
를 통해서 계속되는지를 알고자 했다. 신약성서나 초대 교부들의 문서에
구약성서의 인용이나 해석이 들어 있다는 것은 이를 반증하는 것이요, 그
들이 구약성서를 얼마나 중요하게 여겼는가를 보여 주는 것이다.

신약성서에 들어 있는 구약의 인용이나 해석은 이 둘의 관계성에 관심
을 기울이게 했다. 그리하여 구약성서가 신약성서의 형성에 어떤 영향을

주었는지, 혹은 이 둘의 관계는 신학적으로 어떻게 정립되어야 하는지를 파악하게 했다. 먼저 전통적인 이해방식이다. 기독교회는 오랫동안 예언과 성취라는 구도로 구약과 신약의 관계를 이해했다. 즉, 신약성서를 구약 예언문학의 관점에서 해석하면서 구약은 예언이자 약속이고 신약은 그에 대한 성취라는 것이다. 이러한 도식적인 이해는 신약성서 자체에도 있다.

약속과 성취라는 구도는 구약과 신약의 관계를 이해하는 좋은 방식이지만, 이 틀이 이 두 책의 관계를 규정하는 유일한 방법은 아니다. 또한, 구약본문의 역사적인 상황을 무시하면서, 구약 예언자들의 선포를 예수의 탄생과 죽음 그리고 부활에 기계적으로 적용하는 데에는 분명한 한계가 있다. 또한, 이러한 도식화는 구약성서와 신약성서에 있는 복합성과 다양성을 올바로 해명하지 못한다.[1]

예언과 성취 내지는 약속과 성취라는 구도의 한계가 드러남에 따라 학자들은 다른 방식으로 구약과 신약의 관계를 정립하려고 시도했다. 그중의 하나가 묵시문학적인 이해이다. 성서의 묵시문학에 대한 연구가 증대되면서 신약성서의 형성을 신구약 중간시대 유대 묵시문학운동과 연결시키려는 노력이 있었다. 이러한 연구들에서는 예언문학이나 묵시문학 혹은 구약성서의 종말론 등이 신약성서의 형성에 지대한 영향을 주었다는 것이 강조된다. 또한, 예수의 활동과 기독교의 시작을 팔레스틴 유대교의 묵시

---

[1] James H. Charlesworth, "What Has the Old Testament to Do with the New?" in *The Old and the New Testaments: Their Relationship and the "Intertestamental" Literature*, Edited by J. H. Charlesworth and W. P. Weaver (Valley Forge: Trinity Press International, 1993), 39-87. 나채운, 예영수 공역,『구약성서는 신약성서와 어떤 관계에 있는가?" 구약성서와 신약성서: 그 관계와 신구약 중간기 문헌』(서울: 장로회신학대학교출판부, 1996), 63-109, 특히 64-69 참조.

문학운동과 연관시키려고 했다.[2] 그러나 이러한 노력은 구약의 다른 문서들을 상대적으로 소홀히 취급했다는 비판을 받는다. 그중에 하나가 지혜문학이다.

지혜문학은 신약성서의 형성과 초기 기독교의 기독론 형성에 지대한 영향을 주었음에도 불구하고 그 역할이 오랫동안 간과되어 왔다. 물론 신약성서에 지혜문학 장르에 속하는 격언, 비유, 교훈 등이 있다는 것이 지적되었지만 이들은 종말론이나 묵시문학적으로 해석되어야 한다는 학자들의 일반적인 경향 때문에 지혜문학으로서 적절하게 다루어지지 못했었다.[3]

이러한 점을 고려하면서, 본 장에서는 구약성서의 지혜문학이 신약성서에 어떠한 영향을 주었는지를 살펴보고자 한다. 이 과정에서 구약 지혜문학 전승을 이어갔던 신구약 중간시대의 지혜문학과 신약성서의 관계도 살펴볼 것이다. 이러한 연구는 구약의 지혜전승과 신약의 밀접한 관계성, 더 구체적으로 신약의 저자들이 구약의 지혜전승을 어떻게 사용했는지를 파악하는 데 도움을 줄 것이다.

---

2 Norman Perrin and Dennis C. Duling, *The New Testament: An Introduction* (New York: Harcourt Brace Jovanovich, 1982), 71-79; Adela Yarbro Collins, "Apocalypses and Apocalypticism," *ABD*, Vol. 1, 289.

3 Bernard B. Scott, "Jesus as a Sage: An Innovating Voice in Common Wisdom," in *The Sage in Israel and the Ancient Near East*, eds., J. G. Gammie and L. G. Perdue (Winona Lake: Eisenbrauns, 1990), 400.

2. 지혜교사로서의 예수

예수는 주로 두 가지 모습으로 자신을 제시했다.[4] 첫째는 당시 사회의 부정부패를 고발하면서 하나님의 말씀을 선포한 예언자의 모습이요, 둘째는 올바른 삶의 길을 가르치는 지혜교사 즉 현자(sage)의 모습이다. 이 둘은 서로 상반되지 않고, 보충적이며 보완적으로 예수의 삶과 사역을 묘사한다.

먼저 고대 이스라엘의 예언자들은 지혜전승을 사용하면서 예언의 말씀을 선포했다.[5] 예를 들면, 아모스 예언자의 경우, 숫자 잠언 형태로 하나님의 심판을 선언했다(암 1-2장). 또한, 그는 지혜문학 양식인 수사학적 질문(암 3:3-8; 5:25, 6:12), 권고 형태의 연설(암 5:4-6, 14-15), 그리고 저주신탁(암 5:18; 6:1, 4) 등을 사용했다. 또한, 이사야 예언자도 지혜문학적인 훈계를 시작할 때 교사가 학생을 부르는 형태(사 2-3장)나 비유(사 5:1-7; 28:23-29), 격언(사 2:22; 3:10-11) 등을 사용했다.

예언자로서 예수도 지혜전승과 지혜문학의 양식을 사용했다. 예를 들자면, 나단 예언자가 우리야의 아내 밧세바를 빼앗은 다윗에게 비유를 사용하면서 회개를 촉구하는 것처럼(삼상 12:1-5), 예수도 선한 사마리아 사람의 비유를 통해서 당시 편협하고 위선적인 종교 지도자들을 꾸짖었다(눅 10:25-37). 또한, 예언자들이 하나님의 말씀을 선포하기 위하여 비유를

---

4 Anthony R, Ceresko, *Introduction to Old Testament: A Spirituality for Liberation* (Maryknoll: Orbis, 1999), 171.

5 천사무엘, "지혜문학과 예언문학의 관계," 박준서 교수 헌정 논문집 편집위원회 편,『구약과 신학의 세계』(서울: 한들출판사, 2001), 290-306.

사용했던 것처럼, 예수도 비유를 통하여 하나님의 나라가 도래했음을 선포했다.

둘째로, 지혜교사(wisdom teacher)로서의 예수 역시 지혜문학에서 사용하는 문학 양식을 사용했다. 예를 들면, 비유, 격언, 축복문, 훈계 등이다. 이를 통하여 그는 하나님 나라를 묘사하고 가르쳤다. 따라서 그를 따랐던 사람들도 예수를 가리켜 지혜를 가르치는 "랍비" 혹은 "선생"이라 칭했다. 예를 들면, 예수는 산상수훈에서 다음과 같이 말했다.

"너희 가난한 사람들은 복이 있다.
하나님의 나라가 너희의 것이다.
너희 지금 굶주리는 사람들은
복이 있다.
너희가 배부르게 될 것이다.
너희 지금 슬피 우는 사람들은
복이 있다.
너희가 웃게 될 것이다"(눅 6:20-21).

여기에서 "복이 있다"(blessed)는 "행복하다"(be happy)로도 번역할 수 있는 말인데, 지혜문학에서 사용하는 축복문(beatitude) 양식이다. 또한, 그는 고대 이스라엘의 현자들처럼 비유를 사용했는데, 공관복음서에서 그가 사용한 비유가 약 30개 정도 있다. 지혜문학 양식이 교훈을 주는 목적이 있는 것처럼, 예수도 비유를 통하여 청중들을 가르치거나 결단하도록 촉구했다.

지혜교사로서의 예수의 가르침은 칠십인역 구약성서의 지혜문학인 집
회서 저자이자 지혜교사인 벤 시라(Ben Sira)의 그것과 특히 유사하다.[6]
물론 예수는 벤 시라처럼 서기관 그룹에 속하지도 않았고, 토라에 대한
전문적인 교육을 받았다고 스스로 주장하지도 않았으며, 사회-경제적 면
에서도 벤 시라보다 더 낮은 계층에 속해 있었다. 또한, 벤 시라의 가르침은
"현상유지"(status quo)를 확인하는 전통적인 지혜를 가르친 반면, 예수는
전통지혜의 틀을 깨고 새로운 질서를 추구하는 지혜를 가르쳤다(막 7:1-2,
5).[7] 그럼에도 불구하고 이 둘 사이에는 유사성이 있다.

인색한 부자

예수와 벤 시라 모두 인색한 부자를 비판했다. 그들은 부자가 언제 죽을
지도 모르면서 재산을 모으는 데만 애쓴다고 비판했던 것이다.

〔벤 시라〕

"애를 쓰고 인색하게 굴어서 치부하는 사람이 있지만 결국 그가 얻는 보상
이 무엇이겠느냐? '나는 이제 편안히 쉬며 내 재산으로 잘살 수 있다'고
그는 말하겠지만, 그것이 얼마나 오래갈지를 그는 모르고 있다. 그는 자
기 재산을 결국 남에게 남겨 놓고 죽어 갈 것이다"(집회서 11:18-19).

---

6 Ben Witherington, III, *Jesus the Sage: The Pilgrimage of Wisdom* (Minneapolis:
Fortress, 1994), 143-44.

7 벤 시라에 대해서는 천사무엘,『구약외경의 이해』(천안: 한국신학연구소, 1996), 108-109를
보라.

〔예수〕

"어떤 부자가 밭에서 많은 소출을 거두었다. 그래서 그는 속으로 '내 소출을 쌓아 둘 곳이 없으니, 어떻게 할까?' 하고 궁리하였다. 그는 혼자 말하였다. '이렇게 해야겠다. 내 곳간을 헐고서 더 크게 짓고, 내 곡식과 물건들을 다 거기에다가 쌓아 두겠다. 그리고 내 영혼에게 말하겠다. 영혼아, 여러 해 동안 쓸 많은 물건을 쌓아 두었으니, 너는 마음 놓고, 먹고 마시고 즐겨라.' 그러나 하나님께서 말씀하셨다. '어리석은 사람아, 오늘밤에 네 영혼을 네게서 도로 찾을 것이다. 그러면 네가 장만한 것들이 누구의 것이 되겠느냐?' 자기를 위해서는 재물을 쌓아 두면서도, 하나님께 대하여는 부요하지 못한 사람은 이와 같다"(눅 12:16-21).

지혜의 멍에

벤 시라는 지혜의 멍에를 메고 기쁨과 안식을 얻으라고 가르쳤다. 이와 유사하게 예수도 자신이 가르치는 가르침의 멍에를 메고 배우면 쉼을 얻을 것이라고 가르쳤다.

〔벤 시라〕

"나를 원하는 사람들은 나에게로 와서,

나의 열매를 배불리 먹어라.

나의 추억은 꿀보다 더 달고,

나를 소유하는 것은 꿀 송이보다 더 달다"(집회서 24:19-20).

"밭을 갈고 씨를 뿌리듯이 지혜를 가꾸어라.

그리고 끈기를 가지고 지혜의 좋은 열매를 기다려라……

네 발을 지혜의 족쇄로 채우고

네 목에 지혜의 칼을 써라.

네 등을 구부려 지혜의 짐을 지고

그 속박에 짜증내지 말아라……

너는 그 지혜에게서 마침내 안식을 얻고

그 지혜는 너에게 기쁨이 되어 주리라.

그때……

지혜의 멍에는 황금의 장식이 되고

그 밧줄은 고귀한 옷 술이 된다"(집회서 6:19-30).

〔예수〕

"나는 마음이 온유하고 겸손하니,

내 멍에를 메고 나한테 배워라.

그리하면 너희는 마음에 쉼을 얻을 것이다.

내 멍에는 편하고, 내 짐은 가볍다"(마 11:29-30).

맹세

예수와 벤 시라 모두 맹세하지 말라고 제자들에게 가르쳤다. 헛된 맹세
를 하지 말라는 가르침은 구약성서에서 율법으로 규정하고 있다(레 19:12;
민 30:2; 신 23:21).

〔벤 시라〕

"네 입에 맹세하는 버릇을 들이지 말고

거룩하신 분의 이름을 함부로 입에 담는 것을 삼가라"(집회서 23:9).

〔예수〕

"옛 사람들에게 말하기를 '너는 거짓 맹세를 하지 말아야 하고, 네가 맹세한 것을 그대로 주님께 지켜야 한다' 한 것을, 너희는 또한 들었다. 그러나 나는 너희에게 말한다. 아예 맹세하지 말아라. 하늘을 두고도 맹세하지 말아라. 그것은 하나님의 보좌이기 때문이다. 땅을 두고도 맹세하지 말아라. 그것은 하나님께서 발을 놓으시는 발판이기 때문이다. 예루살렘을 두고도 맹세하지 말아라. 그것은 크신 임금님의 도성이기 때문이다. 네 머리를 두고도 맹세하지 말아라. 너는 머리카락 하나라도 희게 하거나 검게 할 수 없기 때문이다"(마 5:33-34).

용서

예수와 벤 시라 모두 이웃에 대해서 분노나 원한을 품지 말고 용서하라고 가르쳤다. 왜냐하면 인간은 모두 잘못을 범하고 하나님의 용서를 구해야 하기 때문이다.

〔벤 시라〕

"자기 이웃에 대해서 분노를 품고 있는 자가
어떻게 주님의 용서를 기대할 수 있으랴?
남을 동정할 줄 모르는 자가
어떻게 자기 죄에 대한 용서를 청할 수 있겠는가?
자기도 죄짓는 사람이 남에게 원한을 품는다면

누가 그를 용서해 주겠는가?
네 종말을 생각하고 미움을 버려라
한번은 죽어 썩어질 것을 생각하고
계명에 충실하여라"(집회서 28:3-5).

〔예수〕

"그러나 나는 이렇게 말한다. 자기 형제나 자매에게 성내는 사람은, 누구나 재판을 받는다. 자기 형제나 자매에게 얼간이라고 말하는 사람은, 누구나 공의회에 불려갈 것이요, 또 바보라고 말하는 사람은 지옥 불 속에 던져질 것이다. 그러므로 네가 제단에 제물을 드리려고 하다가, 네 형제나 자매가 네게 어떤 원한을 품고 있다는 생각이 나거든, 너는 그 제물을 제단 앞에 놓아 두고, 먼저 가서 네 형제나 자매와 화해하여라. 그런 다음에 돌아와서 제물을 드려라"(마 5:22-24).

"우리가 우리에게 죄 지은 사람을 용서하여 준 것 같이
우리의 죄를 용서하여 주시고"(마 6:12).

자선

벤 시라는 재물을 쌓아 두지 말고 이웃에게 적선하는 데 사용하라고 가르쳤다. 마찬가지로 예수도 재물을 땅에 쌓아 두지 말고 하늘 창고에 쌓아 두라고 가르쳤다. 여기에서 하늘 창고에 쌓아 두라는 것은 가난한 사람들을 위해서 베푸는 데 사용하라는 것이다.

〔벤 시라〕

"지극히 높으신 분의 명령대로 네 재물을 써라.

그것이 황금보다도 너에게 더 유익하리라.

네 곳간을 적선으로 채워라.

그러면 네가 모든 불행에서 벗어나리라.

그것이 방패나 창보다도 더 강한 무기가 되어,

네가 원수와 싸울 때 네 편에 서 주리라(집회서 29:11-13).

〔예수〕

"너희는 자기를 위하여 보물을 땅에다가 쌓아 두지 말아라. 땅에서는 좀이 먹고 녹이 슬어서 망가지며, 도둑들이 뚫고 들어와서 훔쳐 간다. 그러므로 너희를 위하여 보물을 하늘에 쌓아 두어라. 거기에는 좀이 먹고 녹이 슬어서 망가지는 일이 없고, 도둑들이 뚫고 들어와서 훔쳐 가지도 못한다. 너의 보물이 있는 곳에, 너의 마음도 있을 것이다"(마 6:19-21).

이와 같이 예수가 가르치는 내용은 지혜교사가 제자들을 가르치는 교육 내용과 공통점이 있다. 물론 예수는 그의 제자들에게 지혜교사 이상으로 받아들여졌지만, 그의 교육방법이나 내용은 당시 유대 사회의 지혜교사의 것과 매우 유사했었다. 이것은 예수가 지혜전승의 영향을 매우 강하게 받았다는 것을 의미한다.

3. 예수의 어록

예수의 어록으로 알려진 Q 자료 혹은 Q 문서는 공관복음서의 내용을 비교연구한 학자들이 만들어 낸 가설적인 문서이다. Q 문서 가설을 주장하는 학자들에 의하면, 마가복음이 최초의 복음서인데, 나중에 쓰인 마태복음과 누가복음은 마가복음 혹은 이와 비슷한 자료를 사용하여 쓰였다. 이 과정에서 마태복음과 누가복음은 서로 알려지지 않았기 때문에 이 두 복음서는 거의 같은 내용을 진술하고 있다. 그런데 문제는 이 두 복음서에 마가복음에 나오지 않은 공통적인 내용이 있다는 것이다. 이것은 독립된 문서로 알려지지 않은 자료인데 Q 문서라 불린다. 이 Q 문서는 예수의 죽음 이후 처음 두 세대 이내에 팔레스틴 혹은 서부 시리아 지역에서 헬라어로 쓰여 기독교 공동체에서 회람되었다고 여겨진다.[8]

Q 문서에서 사용된 문학 양식으로는 지혜문학 양식이 지배적인데, 축복문, 비유, 잠언, 격언 등이다. 이것은 Q 문서 자체가 지혜문학적이라는 것을 의미한다.[9] 또한, 문헌적인 면에서 Q 문서는 미쉬나 등 유대 현자나 지혜교사들의 문집, 헬라어로 된 지혜 격언 모음집, 현자들의 짤막한 생의 장면들과 유사하다.[10]

Q 문서는 예수를 지혜(Sophia)의 종말론적 메신저(messenger), 사절

---

[8] N. Perrin and D. C. Duling, *The New Testament: An Introduction*, 박익수 역,『새로운 신약성서개론』(천안: 한국신학연구소, 1991), 167-68.

[9] M. J. Borg, "The Teaching of Jesus Christ," *ABD*, Vol. 3, 806; 소기천, "지혜문학 장르로 출발한 예수말씀 복음서,"「기독교사상논단 1」(1999), 25-26, 37.

[10] H. Conzelmann and A. Lindenmann, *Arbeitsbuch zum Neuen Testament*, 박두환 역,『신약성서 어떻게 읽을 것인가?』(서울: 한국신학연구소, 2001), 132.

(envoy), 혹은 대변인으로 제시한다.[11]

"내 아버지께서는 모든 것을 저에게 맡겨 주셨습니다. 아버지 밖에는 아들을 아는 이가 없고, 아들과 또 그가 아버지를 계시하려고 택한 사람들 밖에는 아버지를 아는 이가 없습니다"(마 11:27).

여기에서 예수는 계시의 원천인 지혜를 이 세상에서 제일 잘 아는 자이고, 지혜의 진리를 사람들에게 전달하는 자로 여겨진다. 그리하여 예수는 구약에서 최고의 지혜자로 여겨지는 솔로몬보다 더 위대하다고 묘사된다.

"심판 때에 남방 여왕이 이 세대와 함께 일어나서, 이 세대를 정죄할 것이다. 그는 솔로몬의 지혜를 들으려고, 땅 끝에서부터 찾아왔기 때문이다. 그러나 보아라, 솔로몬보다 더 큰 이가 여기에 있다"(마 12:42; 눅 11:31).

이것은 Q 문서가 예수를 세상의 그 어떤 사람과도 비교할 수 없는 최고의 지혜자로 여긴다는 것을 의미한다. Q 문서가 제시하는 예수는 완전한 지혜교사라는 것이다.

---

11 M. J. Suggs, *Wisdom, Christology, and Law in Matthew's Gospel* (Cambridge, MA: Harvard University Press, 1970), 28. 예수가 지혜의 사절이라는 의미에서 Q 문서는 "지혜 기독론"의 방향으로 움직이고 있다고 석스는 주장한다. J. D. G. Dunn, *Christology in the Making* (Philadelphia: Westminster, 1980), 88, 200.

4. 기독론적 찬양시

바울 문서나 복음서가 쓰이기 이전에 형성된, 초기 기독론적 찬양시
(christological hymn)들이 있다. 빌 2:6-11; 골 1:15-20; 벧전 3:18-19, 22;
딤전 3:16; 엡 2:14-16; 히 1:3 등에 있는 내용들이다. 초대 교회가 예배에
서 사용했던 것으로 여겨지는 이 찬양시들은 헬라문화에 속한 이방세계의
영향을 받았다고 여겨지는데, 그리스도를 찬양하는 데 있어서 매우 유사
한 사고의 틀을 나타낸다. 그 틀이란 그리스도를 보다 높은 곳에서 이 땅에
내려와서 그의 구원 사역을 이루고 다시 높은 곳인 하늘의 영역으로 올라
간 자로 표현한다는 것이다.[12] 즉, 여기에는 그리스도의 선재(pre-ex-
istence), 그리스도와 하나님의 친밀한 관계, 그리스도의 하늘에서의 통치
와 찬양 등의 개념이 들어 있다.

"그는 하나님의 모습을 지니셨으나,
하나님과 동등함을
당연하게 생각하지 않으시고,
오히려 자기를 비워서
종의 모습을 취하시고,
사람과 같이 되셨습니다.
그는 사람의 모양으로 나타나셔서,
자기를 낮추시고,

---

12 N. Perrin and D. C. Duling, 『새로운 신약성서개론』, 143-45.

죽기까지 순종하셨으니

곧 십자가에 죽기까지 하셨습니다.

그러므로 하나님께서는

그를 지극히 높이시고,

모든 이름 위에 뛰어난 이름을

그에게 주셨습니다.

그리하여

하늘과 땅 위와 땅 아래 있는

모든 것들이

예수의 이름 앞에 무릎을 꿇고,

모두가 예수 그리스도는

주님이시라고 고백하여,

하나님 아버지께 영광을 돌리게 하셨습니다"(빌 2:6-11).

"그 아들은

보이지 않는 하나님의 형상이시요,

모든 피조물보다

먼저 나신 분이십니다.

만물이 그분 안에서 창조되었습니다.

하늘에 있는 것들과 땅에 있는 것들,

보이는 것들과 보이지 않는 것들,

왕권이나 주권이나

권력이나 권세나 할 것 없이,

모든 것이

그분으로 말미암아 창조되었고,

그분을 위하여 창조되었습니다.

그분은 만물보다 먼저 계시고,

만물은 그분 안에서 존속합니다"(골 1:15-17).

"그리스도께서는 하늘로 가셔서 하나님의 오른쪽에 계시니, 천사들과 권세들과 능력들이 그에게 복종하고 있습니다"(벧전 3:22).

이러한 찬양시들은 유대 지혜문학에 나오는 지혜 찬양시들과 매우 유사하다(잠 8장; 집회서 24장; 솔로몬의 지혜서 7-8장). 지혜를 찬양하는 유대 지혜전승에 의하면, 지혜도 모든 창조물보다 먼저 창조되었고, 창조의 조력자였으며, 이 땅에서 가르쳤고, 지금도 하늘에서 다스린다. 이것은 초대 교회 기독론의 형성에 구약성서와 신구약중간 시대의 지혜문학에 나오는 의인화된 지혜의 개념이 매우 중요한 역할을 했다는 것을 의미한다. 이제 그 실례를 구체적으로 살펴본다.

1) 가장 먼저 창조된 존재

초대 교회의 기독론적 찬양시들은 그리스도를 모든 피조물보다 먼저 나신 분(골 1:15)으로 묘사한다. 또한, 모든 만물은 예수를 통해서 창조되었다고 언급한다(골 1:16). 이것은 지혜문학에서 묘사하는 지혜의 창조과정과 매우 유사하다. 지혜문학에 의하면, 지혜는 모든 창조물보다 먼저 창조

되었고, 태초에 하나님께서 온 세상을 창조하실 때 조력자로서의 역할을
했다고 가르친다.

"주님께서 일을 시작하시던
그 태초에,
주님께서 모든 것을 지으시기 전에,
이미 주님께서는
나를 데리고 계셨다.
영원 전, 아득한 그 옛날,
땅도 생기기 전에,
나는 이미 세움을 받았다.
……
주님께서 하늘을 제자리에 두시며,
……
땅의 기초를 세우셨을 때에,
나는 그분 곁에서
창조의 명공이 되어,
날마다 그분을 즐겁게 하여 드리고,
나 또한 그분 앞에서
늘 기뻐하였다.
그분이 지으신 땅을 즐거워하며,
그분이 지으신 사람들을
내 기쁨으로 삼았다(잠 8:22-31).

나는 지극히 높으신 분의 입으로부터 나왔으며

안개와 같이 온 땅을 뒤덮었다.

……

바다의 파도와 온 땅과

모든 민족과 나라를 나는 지배하였다"(집회서 24:3-6).

2) 하나님의 형상

기독론적 찬양시들은 그리스도를 보이지 않는 하나님의 형상(골 1:15)으로 묘사한다. 이것은 지혜문학에서 지혜를 묘사하는 것과 일치한다. 이집트 알렉산드리아 유대인 공동체에서 쓰여진 것으로 여겨지는 솔로몬의 지혜서에 의하면, 지혜가 하나님의 선하심을 보여 주는 형상이라고 주장한다(솔로몬의 지혜서 7:26).

"지혜는 영원한 빛의 찬란한 광채이며

하나님의 활동력을 비쳐 주는 티 없는 거울이며

하나님의 선하심을 보여 주는 형상이다"(솔로몬의 지혜서 7:26).[13]

---

[13] 알렉산드리아의 필로도 지혜를 하나님의 형상이요, 비전이라 언급한다(Leg. All. I.43). J. D. G. Dunn, *Christology in the Making*, 165.

3) 하나님과의 친밀성

기독론적 찬양시들은 그리스도와 하나님의 관계가 매우 친밀하다고 언급한다. 이것은 지혜문학에서 지혜와 하나님의 관계를 묘사하는 것과 같다. 또한, 기독론적 찬양시들은 그리스도와 하나님의 밀접성을 강조하기 위하여 그리스도를 하나님의 위격(hypostasis)으로 묘사했다. 이러한 위격화 역시 지혜문학, 특히 솔로몬의 지혜서에서 하나님과 지혜의 관계를 언급할 때 사용되었다. 솔로몬의 지혜서에서 지혜는 하나님으로부터 방출(emanation)된 하나님의 바람으로 빠르게 움직이면서 모든 것을 통찰하고 인간의 삶을 돕는 빛이다.[14]

"지혜는 지극히 높으신 분을 모신 모임에서 입을 열고,
전능하신 분 앞에서 자기의 영광을 드러낸다"(집회서 24:2).

"그분은 시간이 있기 전에 나를 만드셨다.
그런즉 나는 영원히 살 것이다"(집회서 24:9).

지혜는 하나님께서 떨치시는 힘의 바람이며
전능하신 분께로부터 나오는 영광의 티 없는 빛이다……
하나님은 지혜와 더불어 사는 사람만을 사랑하신다"(솔로몬의 지혜서 7:25-28).

---

14 천사무엘, 『구약외경의 이해』, 141.

4) 역사적 성육신

  기독론적 찬양시들은 그리스도의 역사적 성육신을 언급한다. 이것은
지혜문학에서 지혜의 역사적 성육신을 언급하는 것과 일치한다. 이들에
의하면, 지혜나 그리스도의 성육신의 목적은 하나님의 뜻을 이 땅에서 가
르치고 펼치는 것이다.

  "나는 이 모든 것들 틈에서 안식처를 구했으며
  어떤 곳에 정착할까 하고 찾아다녔다.
  온 누리의 창조주께서 나에게 명을 내리시고
  나의 창조주께서 내가 살 곳을 정해 주시며 ……
  그분은 시간이 있기 전에 나를 만드셨다.
  그런즉 나는 영원히 살 것이다.
  그분이 계신 거룩한 장막 안에서 나는 그분을 섬겼다.
  이렇게 해서 나는 시온에 살게 되었다.
  주님은 사랑하시는 이 도읍에 나의 안식처를 마련하셨고,
  예루살렘을 다스리는 권한을 주셨다"(집회서 24:7-11).

  "당신의 거룩한 하늘에서 지혜를 빨리 내려 주시고
  영광스러운 당신 왕좌로부터 보내 주소서.
  그리하여 내 곁에서 나와 함께 일하게 하시고
  당신을 기쁘게 해 드리는 일이 무엇인가를 깨닫게 해 주소서"
  (솔로몬의 지혜서 9:10).

"이렇게 해서 지혜는 이 세상에 사는 사람의 길을 곧게 만들어 주었고 사람들에게 당신을 기쁘시게 해 드리는 일을 가르쳐 주었으며 사람들을 구원해 주었습니다"(솔로몬의 지혜서 9:18).

5) 우주의 통치자

기독론적 찬양시들은 그리스도가 모든 권세를 가지고 하늘에서 온 우주를 다스리고 계신다고 가르친다. 이것 역시 지혜의 현재적 통치를 묘사하는 지혜문학의 내용과 일치한다.

"지혜는 세상 끝에서 끝까지 힘차게 펼쳐지며

모든 것을 훌륭하게 다스린다"(솔로몬의 지혜서 8:1).

이상에서 보는 바와 같이 초대 교회 그리스도인들의 그리스도를 찬양하는 시들에는 지혜문학에 지혜를 묘사한 개념들이 매우 활발하게 사용되었다. 즉, 지혜의 선재, 창조 사역의 조력자로서의 지혜의 역할, 이 땅에서의 지혜의 활동, 하늘로 다시 올라간 지혜의 개념 등이 그리스도에게 그대로 적용되어 지혜와 그리스도를 일치시키고 있다. 이와 같은 유사성으로 인하여 초기 기독교의 기독론적 찬양시들을 유대-헬라적 지혜신학(Jewish-Hellenistic wisdom theology)으로부터 영향을 받은 "지혜-기독론"(Sophia-christology)이라고 부르기도 한다.[15]

---

[15] 여기에서는 예수 그리스도의 구원을 우주적으로 표현한다. E. S. Fiorenza, *In Memory*

5. 마태복음

마태복음은 구약에 대해서 해박한 지식을 가지고 있었던 유대 서기관 출신의 저자가 약 90년경에 기록한 것으로 여겨진다. 마태복음이 쓰여진 대상은 헬라화된 이방도시에서 살고 있으면서 유대교와 밀접한 관계를 맺고 있는 기독교 공동체이다. 이 공동체의 구성원들은 대부분 유대인이었을 것으로 보인다.[16] 헬라적 유대인들에게 예수를 구원자로 제시하는 마태복음에는 지혜문학에서 사용된 용어나 개념들이 매우 강하게 나타나 있다.

1) 참된 지혜로서의 예수

Q 문서에서 예수는 지혜의 사절이지만, 마태복음은 이를 더욱 발전시켜 예수를 지혜 그 자체로 여긴다(마 11:28-30).[17] 그리하여 집회서에서 지혜교사가 지혜의 멍에를 메라고 학생들을 초대하는 것처럼, 마태복음에서는 예수가 사람들에게 바로 자신의 멍에를 멜 것을 권고한다. 또한, 지혜문학에서 의인화된 지혜가 모든 사람들을 초대하는 것처럼(잠 9:1-6; 집회서 24:19-22; 51:26), 마태복음의 예수는 유대인이건 이방인이건 모두 그에

---

of Her: A Feminist Theological Reconstruction of Christian Origins (New York: Crossroad, 1986), 189.

16 N. Perrin and D. C. Duling, 『새로운 신약성서개론』, 412-16.

17 M. J. Suggs, *Wisdom, Christology, and Law in Matthew's Gospel*, 58. 석스에 의하면, 마태복음 11:28-30의 내용이 유대 지혜 문학에 의존하고 있다는 것은 일반적으로 받아들여지고 있다; J. D. G. Dunn, *Christology in the Making*, 198-201.

게 오라고 초대한다(마 11:28-30).

"수고하며 무거운 짐을 진 사람은 모두 내게로 오너라. 내가 너희를 쉬게 하겠다. 나는 마음이 온유하고 겸손하니, 내 멍에를 메고 나한테 배워라. 그리하면 너희는 마음에 쉼을 얻을 것이다. 내 멍에는 편하고, 내 짐은 가볍다"(마 11:28-30).

실제로 마태복음의 예수는 사람들의 신분을 가리지 않고 그들과 함께 음식을 먹었다. 그는 심지어 바리새파 사람들이 함께 어울리기를 꺼려하는 세리와 버림받은 사람들 혹은 사회적으로 소외된 사람들과 식사를 나누었다.

"예수께서 집에서 음식을 드시는데, 많은 세리와 죄인이 와서, 예수와 그 제자들과 자리를 같이하였다. 바리새파 사람들이 이것을 보고, 예수의 제자들에게 말하였다. '어찌하여 당신네 선생은 세리와 죄인과 어울려서 음식을 드시오?'"(마 9:10-11).

이와 같은 예수의 식사는 지혜문학에서 묘사하는 지혜의 잔치와 일치한다. 지혜 역시 사람의 신분이나 계층을 가리지 않고 누구든지 자신의 잔치에 참여하도록 초청했다.

"지혜가 일곱 기둥을
깎아 세워서 제 집을 짓고,

짐승을 잡고, 포도주를 잘 빚어서,

잔칫상을 차린 다음에,

시녀를 보내어,

성읍 높은 곳에서 외치게 하였다.

'어수룩한 사람은 누구나

이리로 발길을 돌려라'

지각이 모자라는 사람도

초청하라고 권하였다(잠 9:1-4).

"나를 원하는 사람들은 나에게로 와서,

나의 열매를 배불리 먹어라"(집회서 24:19-22).

"네 목에 지혜의 멍에를 씌워라.

그리고 네 마음에 지혜의 가르침을 받아라.

지혜는 바로 네 곁에 있다.

눈을 바로 뜨고 보아라.

내가 얼마나 적은 노력으로 큰 평화를 얻었는가를!"(집회서 51:26-27).

이것은 마태복음이 예수를 지혜 그 자체로 여긴다는 것을 의미한다. 또한, 집회서에서 지혜는 토라(=율법, 오경)를 통하여 이 땅에 내려왔다. 이것은 토라가 곧 지혜라는 것을 의미한다(집회서 24장). 유대 지혜전승에서 토라와 율법을 완전히 동일시한 것은 집회서가 처음이다.[18] 집회서가 지혜와 토라를 동일시하는 것처럼, 마태복음의 산상수훈에서는 지혜 그

자체인 예수를 "참된 토라"(True Torah)로 여긴다(마 5:17; 7:24-25).[19]

"내가 율법이나 예언자들의 말을 폐하러 온 줄로 생각하지 말아라. 폐하러 온 것이 아니라, 완성하러 왔다"(마 5:17).

2) 지혜 사절로서의 예수의 제자들

Q 문서에서 예수는 지혜의 사절로 이 땅에 왔다. 마태복음은 이를 더욱 발전시켜 예수를 지혜로 그리고 그의 제자들을 예수의 사절로 묘사한다. 즉, 마태복음에서는 지혜 그 자체인 예수가 자신의 제자들을 세상에 사절로 보내어 임무를 수행하게 한다는 것이다(마 5:13-16; 23:34).[20]

"그러므로 내가 예언자들과 지혜 있는 자들과 율법학자들을 너희에게 보낸다. 너희는 그 가운데서 더러는 죽이고, 더러는 십자가에 못 박고, 더러는 회당에서 채찍질하고, 이 동네 저 동네로 뒤쫓으며 박해할 것이다"(마 24:34).

3) 거부된 지혜로서의 예수

---

18 토라와 지혜를 동일시하려는 움직임은 신명기 저자에게서 이미 시작되었다고 볼 수 있지만 (신 4:6 참조), 집회서에서는 이 둘이 분명하게 동일시되고 있다.

19 K. M. O'Conner, *The Wisdom Literature* (Wilmington: Michael Glazier, 1988), 188.

20 M. J. Suggs, *Wisdom, Christology, and Law in Matthew's Gospel*, 126-27.

유대 지혜문학에 의하면, 사람들은 지혜를 거부했다. 이와 유사하게 마태복음도 사람들이 예수를 거부했다고 언급한다.[21] 특히 에녹일서에 의하면, 지혜는 하늘로부터 지상으로 내려와 처소를 마련하려고 했지만, 타락한 인간 세상에서 자리를 잡지 못하고 다시 본래의 자리로 돌아가서 천사들이 있는 곳에 자리를 마련했다고 한다. 이것은 예수의 죽음 및 승천에 대한 마태복음의 묘사와 일치한다.

"예루살렘아, 예루살렘아, 네게 보낸 예언자들을 죽이고, 돌로 치는구나! 암탉이 병아리를 날개 아래 품듯이, 내가 몇 번이나 네 자녀들을 모아 품으려 하였더냐! 그러나 너희는 원하지 않았다"(마 23:37).

"지혜는 인간의 자녀들 사이에서 자신의 거처를 만들기 위해서 왔지만, 거처할 만한 장소를 찾지 못했다"(에녹일서 42:2).

6. 요한복음

요한복음은 1세기 말엽인 90-100년경에 헬라어로 쓰였을 것이라 추정된다.[22] 이때 요한공동체의 구성원들은 유대교로부터 분리되었을 것으로

---

21 J. D. G. Dunn, *Christology in the Making*, 203-204.

22 N. Perrin and D. C. Duling, 『새로운 신약성서개론』, 522. 집필 장소는 에베소, 시리아, 사마리아 등이 제시되지만 확실하게 말할 수 없다. H. Conzelmann and A. Lindenmann, 『신약성서 어떻게 읽을 것인가?』, 541.

여겨진다. 역사적 예수와 그의 가르침인 하나님 나라를 강조하는 공관복음서와는 달리, 요한복음은 예수를 사람들에게 빛과 진리, 영생을 주기 위하여 높은 곳에서 내려와 성육신한 계시의 말씀으로 제시하면서 그의 신성을 부각시켰다. 이를 위하여 요한복음은, 주로 비유를 사용하는 공관복음과는 달리, 긴 대화나 강화의 형태를 사용하면서 예수가 자신을 "나는 ……이다"(I am)라는 문학양식으로 표현하게 했다.[23]

요한복음은 예수의 사역을 묘사할 때 구약 역사서의 전통을 따르기보다는 지혜 문학 전승을 사용했다. 그리하여 요한복음은 예수의 원형을 모세나 다윗에서 찾거나 그의 사역을 출애굽 사건 등과 연관시키기보다는 지혜문학에서 묘사하는 지혜의 본성과 역할을 예수와 연관시키고자 했다. 물론 이러한 연관은 이전부터 시도되었지만, 요한복음은 더욱 적극적으로 이를 심화, 발전시켰다.[24] 즉, 요한복음은 유대 지혜문학에 나타난 지혜개념을 기독론적으로 변형시켜 역사적 예수에 적용했고 지혜의 비신화화를 시도했다는 것이다. 이제 그 구체적인 실례를 살펴본다.

1) 로고스 기독론

요한복음 서문(1:1-18)은 요한복음이 쓰여지기 이전에 요한 공동체에서 형성되고 사용되었던 그리스도 찬양시이다.

---

23 R. E. Brown, *The Gospel According to John I-XII* (Garden City: Doubleday, 1966), CXXII.

24 Ibid., CXXII-CXXV.

"태초에 '말씀'이 계셨다.

그 '말씀'은 하나님과 함께 계셨다.

그 '말씀'은 하나님이셨다.

그는 태초에 하나님과 함께 계셨다.

모든 것이 그로 말미암아 창조되었으니,

그가 없이 창조된 것은 하나도 없다.

창조된 것은

그에게서 생명을 얻었으니, 그 생명은 사람의 빛이었다"(요 1:1-4).

이것은 신약성서에서 가장 강력한 로고스-기독론(Logos-christology), 즉 말씀-기독론(Word- christology)으로 여겨진다. 창세기 1장의 창조 이야기를 연상시키는 이 본문에 의하면, 말씀(Word)인 로고스(Logos)는 창조 이전부터 하나님과 함께 있었고, 창조 사역의 조력자 역할을 했는데, 이제 이 땅에 육신으로 나타났다. 즉, 예수는 선재한 로고스(Logos) 혹은 말씀(Word)이 육체를 입고 이 땅에 왔다는 것이다.

앞서 언급한 것처럼, 창조 이전의 선재, 창조의 조력자, 성육신 개념 등은 지혜문학에서 지혜에 적용되었던 것이다(잠 8:22-23; 집회서 24:9; 솔로몬의 지혜서 6:22). 또한, 하나님의 영원한 빛, 인간의 길을 밝혀 주는 빛 등도 역시 헬라적 유대 지혜문학에서 지혜를 묘사하기 위해서 사용되었던 개념이다(솔로몬의 지혜서 6:26; 7:10, 29). 뿐만 아니라 유대 지혜문학 전통에서 로고스는 소피아(Sophia)와 동의어로 사용되었다. 이것은 예수가 지혜의 성육신(incarnate)이라는 것을 함축한다. 이와 같은 지혜문학과의 밀접한 연관성은, 아마도 이 본문이 기독교 이전에 존재했던 지혜 찬양시를

요한 공동체에서 그리스도 찬양시로 개작했었을 것이라는 추측을 가능케
한다.[25]

2) 하늘에서 내려온 인자

요한복음에 의하면, 예수는 하늘에서 땅으로 내려온 인자(Son of Man)
이다(요 1:14; 3:31; 6:38; 16:28). 그러나 그는 이 세상에 잠시 머물다가 아버
지께로 되돌아갔다. 이것은 지혜문학에서 지혜를 사람들과 함께 살기 위
하여 하늘에서 내려왔다가 하늘로 되돌아갔다고 묘사하는 것과 유사하다
(바룩 3:29; 솔로몬의 지혜서 9:16-17).

"하늘에서 내려온 이 곧 인자 밖에는 하늘로 올라간 이가 없다"(요 3:13).

"누가 하늘에 올라가 지혜를 잡았는가?
누가 지혜를 구름 아래로 끌어 내렸는가?"(바룩 3:29).

"당신께서 주시는 지혜를 받지 않고,
당신께서 하늘에서부터 보내시는 성령을 받지 않고
누가 당신의 의도를 알 수 있겠습니까?"(솔로몬의 지혜서 9:17).[26]

---

[25] H. Conzelmann, "Wisdom in the NT," *IDBS* (1976), 958.

[26] 솔로몬의 지혜서에서 "지혜", "성령" 등은 동의어로 사용된다. 왜냐하면 이들은 하나님으로
부터 흘러 나왔다는 "위격"(hypostasis) 개념으로 사용되기 때문이다.

3) 예수의 사역

요한복음에서 묘사하는 예수의 사역은 지혜문학에서 가르치는 지혜의 기능과 유사하다. 예를 들자면, 지혜문학에서 지혜는 사람들 가운데 와서 위에 것을 가르치고(욥 11:6; 솔로몬의 지혜서 9:16-18), 진리를 말하며(잠 8:7; 솔로몬의 지혜서 6:22), 하나님을 기쁘게 하는 것이 무엇이고 그의 뜻을 따라 사는 것이 무엇인지를 알려 주어(솔로몬의 지혜서 8:4; 9:9-10), 사람들이 생명(잠 4:13; 8:32-35; 집회서 4:12; 바룩 4:1)과 불멸(솔로몬의 지혜서 6:18-19)을 얻게 한다. 이것은 요한복음에서 묘사하는 예수의 모습이다.

또한, 지혜문학에서 지혜는 일인칭으로 자신을 지칭하면서 그의 청중들에게 긴 강화(discourse)를 말한다. 이것도 역시 요한복음이 예수의 사역을 제시하기 위하여 채용한 방식이다. 뿐만 아니라 지혜문학은 상징을 사용하여 지혜가 먹을 것과 마실 것을 준다고 청중들을 잔치에 초대하는데 이것은 단순한 잔치가 아니라 지혜의 가르침을 즐겁게 받으라는 것을 나타낸다(잠 9:2-5; 집회서 24:19-21). 마찬가지로 요한복음에서 예수는 그의 계시를 나타내기 위하여 이러한 상징을 사용한다(요 6:35, 51ff; 4:13-14). 또한, 지혜가 큰 소리로 사람들을 부르며 가르치는 것처럼(잠 1:20-21; 8:1-4; 솔로몬의 지혜서 6:16), 예수도 공공장소에서 큰 소리로 사람들을 불러 모아 가르친다(요 7:28, 37; 12:44).

"지혜가 일곱 기둥을 깎아 세워서 제 집을 짓고,

짐승을 잡고, 포도주를 잘 빚어서, 잔칫상을 차린 다음에,

시녀들을 보내어, 성읍 높은 곳에서 외치게 하였다.

어수룩한 사람은 누구나 이리로 발길을 돌려라.

지각이 모자라는 사람도 초청하라고 하였다.

와서 내가 차린 음식을 먹고, 내가 잘 빚은 포도주를 마셔라"(잠 9:2-5).

"예수께서 성전에서 가르치실 때에, 큰 소리로 말씀하셨다. '너희는 나를 알고, 또 내가 어디에서 왔는지를 알고 있다. 그런데 나는 내 마음대로 온 것이 아니다. 나를 보내신 분은 참되시다……'"(요 7:28).

4) 예수와 제자들의 관계

요한복음에 나타난 예수와 제자들의 관계 역시 지혜문학에서 지혜와 그의 가르침을 받고자 따르는 제자들의 관계와 유사하다. 즉, 지혜가 그의 제자들을 "자녀"(children)라고 부르는 것처럼(잠 8:32-33; 집회서 4:11; 6:18), 예수 역시 그의 제자들을 "소자"(little children)라고 부른다(요 13:33). 또한, 지혜가 제자들을 시험하고(집회서 6:20-26), 그들이 지혜를 사랑하고(잠 8:17; 집회서 4:12; 솔로몬의 지혜서 6:17-18) 하나님의 친구가 될 때까지 가르치는 것처럼(솔로몬의 지혜서 7:14, 27), 예수도 그의 말씀과 진리로 가르치고 훈련시켜서(요 15:3; 17:17) 그들을 시험하고(요 6:67) 그를 사랑하는 친구로 만든다(요 15:15; 16:27). 또한, 지혜를 거부하는 사람들이 있는 것처럼(잠 1:24-25; 바룩 3:12; 에녹일서 42:2), 요한복음에서도 진리를 가르치는 예수를 거부하는 사람들이 있다(요 8:46; 10:25). 지혜문학에서 지혜를 거부하는 사람들은 죽음과 멸망이 있는 것처럼, 요한복음에서 예수의 가르침을 거부하는 사람들도 그러하다.

7. 바울

신약성서에는 21개의 편지가 있다. 이 중 바울을 발신자로 표기한 소위 "바울서신"은 13개이다. 그러나 이 서신들이 모두 바울에 의해서 쓰인 것인지 혹은 그가 죽은 이후에 그의 제자들이나 그의 추종자들에 의해서 쓰인 것인지에 대한 학자들의 논란은 계속되고 있다. 일반적으로 7개의 문서들 즉 로마서, 고린도전서, 고린도후서, 갈라디아서, 빌립보서, 데살로니가전서, 빌레몬서를 "진정한 바울서신"(Authentic Pauline Letters)이라고 부른다. 이 서신들에서 바울은 지혜개념이나 지혜전승을 사용하였는데, 그 주요 내용만 몇 가지 살펴본다.

1) 기독론적 찬양시의 활용

앞에서 지적한 대로, 바울은 지혜전승을 사용하여 그리스도의 성육신을 묘사한 기독론적 찬양시를 빌립보서에서 인용했다(빌 2:6-11). 이 찬양시는 바울 이전에 초대 교회에서 널리 퍼져 있었던 것이다.[27] 이것은 바울이 초기 기독교 공동체 예배에서 사용되던 지혜 기독론을 자연스럽게 받아들였으며, 그의 기독론 형성에 지혜전승의 영향이 있었다는 것을 의미한다.

---

[27] J. D. G. Dunn, *Christology in the Making*, 114-15.

2) 스승과 제자의 관계

고린도전서에서 바울은 자신을 고린도교회의 참된 교사로 묘사했다.
그리하여 지혜문학에서 선생이 제자들을 부르는 것처럼, 바울은 고린도교
회 교인들을 "내 사랑하는 자녀"로 여겼다. 또한, 자신과 교인들의 관계를
"아버지와 아들"의 관계로 이해했다(고전 4:14-17).

"내가 이런 말을 쓰는 것은 여러분을 부끄럽게 하려는 것이 아니라, 나의
사랑하는 자녀들같이 훈계하려는 것입니다. 그리스도 안에서 여러분에
게는 일만 명의 스승이 있을지 몰라도, 아버지는 여럿이 있을 수 없습니
다. 그리스도 예수 안에서 복음으로 내가 여러분을 낳았습니다"(고전
4:14-15).

3) 하나님의 숨겨진 지혜

바울은 고린도전서에서 세상의 지혜와 하나님의 지혜, 지혜와 어리석
음을 구분했다(고전 1:18-2:16). 그에 의하면 사람들이 가르치는 세상의
지혜를 통해서는 하나님을 알 수 없고 그의 경륜이나 그가 보낸 그리스도
를 이해할 수 없다. 반면에 하나님의 지혜는 숨겨져 있는데 성령을 통하여
우리에게 나타난다.

"그러나 우리는 성숙한 사람들 가운데서는 지혜를 말합니다. 그런데 이
지혜는, 이 세상의 지혜나 멸망하여 버릴 자들인 이 세상 통치자들의 지혜

가 아닙니다. 우리는 비밀로 감추어져 있는 하나님의 지혜를 말합니다. 그것은, 하나님께서 우리를 영광스럽게 하시려고, 영세 전에 미리 정하신 지혜입니다. 이 세상 통치자들 가운데는, 이 지혜를 아는 사람이 하나도 없습니다…… 하나님께서는 성령을 통하여 이런 일들을 우리에게 계시해 주셨습니다……"(고전 2:6-10).

바울에 의하면, 그리스도 십자가의 도는 성령을 통해서 주시는 하나님의 숨겨진 지혜를 통해서만 이해하고 깨달을 수 있다. 따라서 그리스도 사건은 세상의 지혜를 통해서는 어리석게 보일 수 있다. 그러나 그것은 사람들이 하는 일보다 지혜로우며(고전 1:25), 세상에 지혜 있다는 자들을 부끄럽게 만드는 사건이다(고전 1:27; 3:18-20).

바울은 그리스도가 하나님의 지혜 그 자체라고 선언했다(고전 1:24, 30). 참된 지혜 그 자체인 그리스도를 통하여 하나님과 올바른 관계를 맺을 수 있기 때문이다.

"우리는 십자가에 달리신 그리스도를 전합니다. 그리스도가 십자가에 달리셨다는 것은 유대 사람에게는 거리낌이고, 이방 사람에게는 어리석은 일입니다. 그러나 부르심을 받은 사람에게는, 유대 사람에게나 그리스 사람에게나, 이 그리스도는 하나님의 능력이요, 하나님의 지혜입니다"(고전 1:23-24).

"그러나 여러분은 하나님의 자녀로서 그리스도 예수 안에 있습니다. 그는 우리에게 하나님으로부터 오는 지혜가 되시며, 의와 거룩함과 구원이 되셨습니다"(고전 1:30).

이와 같이 바울은 유대 지혜전승에서 가르치는 선재한 지혜를 그리스도와 동일시했다. 또한, 그는 지혜문학에서 지혜가 인간에게 자유와 해방을 준다는 가르침을 그리스도와 십자가 사건에 적용시키면서, 이를 통하여 인간은 하나님과 바른 관계를 맺을 수 있고 참된 자유와 해방을 얻을 수 있다고 했다.

4) 지혜의 신비

로마서에서 바울은 하나님의 지혜는 심오하여 인간이 다 헤아릴 수 없다고 언급했다(롬 11:33). 즉, 하나님의 지혜는 인간의 지혜를 넘어서 있기 때문에 인간이 모두 깨달을 수 없다는 것이다.

"하나님의 부유하심은
어찌 그리 크십니까?
하나님의 지혜와 지식은
어찌 그리 깊고 깊으십니까?
그 어느 누가
하나님의 판단을 헤아려 알 수 없으며,
그 어느 누가
하나님의 길을 더듬어
찾아낼 수 있겠습니까?"(롬 11:33).

또한, 로마서 1:18-19에서 바울은 이방인들이 하나님을 알지 못하는 죄에 대해서 언급한다. 이것은 솔로몬의 지혜서 13-15장에 나오는 이방인들의 우상숭배에 대한 비판과 유사하다.

"이 세상 창조 때로부터, 하나님의 보이지 않는 속성, 곧 그분의 영원하신 능력과 신성은, 사람이 그 지으신 만물을 보고서 깨닫게 되어 있습니다. 그러므로 사람들은 핑계를 댈 수가 없습니다"(롬 1:20).

"피조물의 웅대함과 아름다움으로 미루어 보아 우리는 그들을 만드신 분을 알 수 있다"(솔로몬의 지혜서 13:5).

"사람들은 하나님을 알면서도, 하나님을 하나님으로 영화롭게 해 드리거나 감사를 드리기는커녕, 오히려 생각이 허망해져서, 그들의 지각없는 마음이 어두워졌습니다"(롬 1:21).

"하나님을 모르는 자들은 모두 태어날 때부터 어리석어서 눈에 보이는 좋은 것을 보고도 존재하시는 분을 알아보지 못하였고, 업적을 보고도 그것을 이룩하신 분을 알아보지 못하였다"(솔로몬의 지혜서 13:1).

8. 기타

1) 제이 바울서신

신약성서에 바울을 발신자로 표시한 13개의 서신들 중 바울의 제자들이나 그의 추종자들이 썼을 것으로 추정되는 것들을 "제이 바울서신"(Deutero-Pauline Letter)이라 부른다. 골로새서, 에베소서, 데살로니가후서, 디모데전서, 디모데후서, 디도서가 이에 속한다. 이 중 골로새서, 에베소서, 디모데전서는 초기 기독교 공동체에서 사용되었던 기독론적 찬양시를 반영하고 있다. 또한, 골로새서와 에베소서는 "기독교 지혜문학"이라 불릴 만큼 지혜개념을 사용하고 있다.[28] 골로새서는 거짓교사들의 "철학이나 헛된 속임수"(골 2:8)에 빠지지 말라고 교훈한다.

> "누가 철학이나 헛된 속임수로, 여러분을 노획물로 삼을까 조심하십시오. 그런 것은 사람들의 전통과 세상의 유치한 원리를 따라 하는 것이요, 그리스도를 따라 하는 것이 아닙니다"(골 2:8).

여기에서 "철학이나 헛된 속임수"는 단순히 인간의 전통에 의존하는 "헛되고, 속이는 철학"을 의미한다.[29] 따라서 본문의 의미는 거짓교사들이 가르치는 사람을 속이는 지혜에 현혹되지 말라는 것이다.

---

[28] H. Conzelmann, "Wisdom in the NT," 960.

[29] P. T. O'Brien, *Colossians, Philemon* (Waco: Word, 1982), 102.

에베소서는 빛과 어두움을 대비시키면서 그리스도인들이 빛의 자녀답게 지혜롭게 살아야 한다고 가르친다(엡 5:15).

"그러므로 여러분은 어떻게 살아가야 할지를 살피십시오.
지혜롭지 못한 사람처럼 살지 말고,
지혜로운 사람답게 살아야 합니다"(엡 5:15).

여기에서 지혜롭게 산다는 것은 하나님의 뜻이 무엇인가를 분별하면서 산다는 것을 의미한다(엡 5:17). 또한, 하나님의 뜻을 분별하는 빛의 자녀들은 빛의 열매를 맺는 삶을 사는데, 그들의 삶을 통하여 나타나는 것은 선하고 의롭고 진실한 것이다(엡 5:9). 지혜문학에 의하면, 이러한 삶은 지혜로운 자들이 나타내는 것이다.

또한, 에베소서 6:13-17은 신앙인의 삶의 자세를 무장한 전사처럼 비유한다. 이것은 솔로몬의 지혜서 5:17-20이 묘사하는 무장하신 하나님의 모습과 매우 유사하다.

"그러므로 하나님이 주시는 무기로 완전히 무장하십시오. 그래야만 여러분이 악한 날에 이 적대자들을 대항할 수 있으며 모든 일을 끝낸 뒤에 설 수 있을 것입니다. 그러므로 여러분은 진리의 허리띠로 허리를 동이고 정의의 가슴막이로 가슴을 가리고 버티어 서십시오. 발에는 평화의 복음을 전할 차비를 하십시오. 이 모든 것에 더하여 믿음의 방패를 손에 드십시오. 그것으로써 여러분은 악한 자가 쏘는 모든 불화살을 막아 꺼버릴 수 있을 것입니다. 그리고 구원의 투구를 받고 성령의 검 곧 하나님의 말씀을 받으십시오"(엡 6:14-17).

"주님은 당신의 열렬한 사랑을 갑옷으로 삼으시고
당신의 원수들을 징벌하기 위하여 피조물로 무장시키실 것이다.
또 정의를 가슴받이로 삼으시고
어김없는 심판을 투구로 쓰실 것이다.
주님은 거룩하심을 무적의 방패로 잡으시고
준엄한 분노를 날카로운 칼처럼 가실 것이다.
그러면 온 세상은 주님과 함께
미친 자들과 더불어 싸우러 나갈 것이다"(솔로몬의 지혜서 5:17-20).

이것은 에베소서 저자가 유대 지혜문학의 내용을 적극적으로 활용하고 있다는 것을 보여 준다. 그에게 지혜문학은 초대교인들의 삶을 교훈하기 위하여 메시지를 만드는 데 매우 유용한 도구였다는 것이다.

2) 야고보서

야고보서가 강조하는 것 가운데 하나는 바로 행함이 있는 믿음이다(약 2:14-17). 여기에서 행함이란 그리스도인들의 바른 행동인데, 지혜문학에서 가르치는 의롭고 지혜로운 행동과 일치한다. 또한, 야고보서는 하늘로부터 오는 선한 지혜와 세상적인 악한 지혜를 대비시키면서 전자를 따를 것을 권고한다(약 3:13-18).

"이러한 지혜는 위에서 내려온 것이 아니라, 땅에 속한 것이고, 육신에 속한 것이고, 악마에게 속한 것입니다…… 그러나 위에서 오는 지혜는 우선 순결하고, 다음으로 평화스럽고, 친절하고, 온순하고, 자비와 선한 열매가 풍성하고, 편견과 위선이 없습니다"(약 3:15-17).

또한, 야고보서에는 집회서의 영향이 두드러지게 나타나는데, 그 실례를 들자면 다음과 같다.

【시험에 대한 대처】
"나의 형제자매 여러분, 여러 가지 시험에 빠질 때에, 그것을 더할 나위 없는 기쁨으로 생각하십시오. 여러분은 믿음의 시련이 인내를 낳는다는 것을 알고 있습니다"(약 1:2-3).

"아들아, 네가 주님을 섬기려면
스스로 시련에 대비하여라.
네 마음을 곧게 가져 동요하지 말며
역경에 처해서도 당황하지 말아라"(집회서 2:1-2).

【하나님은 시험하지 않으시는 분】
"시험을 당할 때에, 아무도 '내가 하나님께 시험을 당하고 있다' 하고 말하지 마십시오. 하나님께서는 악에게 시험을 받지도 않으시고, 또 시험하지도 않으십니다. 사람이 시험을 당하는 것은 각각 자기의 욕심에 이끌려서, 꾐에 빠지기 때문입니다"(약 1:13-14).

"'내가 죄를 짓는 것은 주님의 탓이다' 하고 말하지 말아라.

주님께서 당신이 싫어하시는 것을 하실 리가 없다.

'그분이 나를 빗나가게 만드셨다' 하고 말하지 말아라.

주님께 죄인이 무슨 필요가 있겠느냐?

……

네가 마음만 먹으면 계명을 지킬 수 있으며

주님께 충실하고 않고는 너에게 달려 있다"(집회서 15:11-15).

【병자를 위한 기도】

"여러분 가운데 병든 사람이 있습니까? 그런 사람은 교회의 장로들을 부르십시오. 그리고 그 장로들은 주님의 이름으로 그에게 기름을 바르고, 그를 위하여 기도하여 주십시오. 믿음으로 간절히 드리는 기도는 병든 사람을 낫게 할 것이니, 주님께서 그를 일으켜 주실 것입니다. 또 그가 죄를 지은 것이 있으면, 용서를 받을 것입니다"(약 5:14-15).

"들어라. 너는 병중에서 주님을 떠나지 말아라.

항상 기도하면 주님께서 고쳐 주실 것이다"(집회서 38:9).

3) 히브리서

히브리서 11장은 고대 이스라엘의 영웅들의 믿음을 찬양하는 내용이다. 믿음의 선조들을 찬양하는 내용은 집회서 44-55장에서 찾아볼 수 있는데, 이 본문은 역사전승과 지혜전승이 최초로 결합된 실례로 여겨진다.

이 두 본문은 문학양식에서 영웅 찬양양식에 속하며, 그리스 수사학(Greek rhetoric)의 영향을 받은 것이다. 그리스 수사학에서는 이러한 문학양식을 "에피데익틱 장르"(epideictic genre) 혹은 "엔코미아"(encomia)라고 부르며, 위대한 영웅 등 어떤 것을 찬양할 때 사용한다. 아마도 그리스 수사학의 영향을 받은 집회서가 믿음의 선조들을 찬양하는 히브리서의 모델 역할을 한 것 같다.[30]

9. 맺는말

구약성서에서 지혜문학의 특징은 역사전승이나 묵시문학, 예언문학 등과 구별된다. 그러나 구약 지혜문학전승은 신구약 중간시대를 거치면서 역사전승, 묵시문학전승, 예언문학전승 등과 결합되어 서로 분리할 수 없을 정도가 되었다. 이러한 전승들의 결합은 신약성서에도 그대로 반영되어 있다. 따라서 신약성서에서 구약의 지혜문학전승이 사용되어 있지만 거기에는 다른 전승들이 결합되어 새로운 사상과 의미가 창출되었다. 즉, 구약지혜문학이 예수 그리스도와 초대 교회의 관점에서 재해석되어 받아들여졌던 것이다.

첫째로, 예수는 구약지혜문학이 제시하는 지혜 그 자체이며 그의 가르침은 곧 지혜의 말씀으로 이해되었다. 그는 하늘로부터 이 땅에 내려와서

---

[30] 이에 대한 연구는 T. R. Lee, *Studies in the Form of Sirach* 44-55 (Atlanta: Scholars, 1986)를 보라.

하늘의 참된 지혜를 가르쳤다. 그러나 그는 구약성서에서 지혜가 사람들로부터 거부당한 것처럼 배척을 당하여 이 땅에 머물 수가 없었다. 그리하여 하늘로 다시 돌아간 지혜처럼 예수는 그가 전에 머물렀던 곳으로 다시 돌아갔다.

둘째로, 구약지혜문학이 가르치는 삶의 올바른 길은 신약성서에서 그리스도인들이 행해야 하는 올바른 행동으로 재해석되었다. 즉, 지혜문학이 제시하는 훈계와 교훈은 참된 지혜인 예수를 따르는 그리스도인들이 받아들여야 하는 삶의 규범이자 지혜로운 행동을 위한 훈계로 재해석되었다는 것이다.

셋째로, 구약지혜문학이 지혜와 어리석음을 구분하는 것처럼, 신약성서도 이 둘을 그리스도의 관점에서 구분했다. 그리하여 그리스도를 알지 못하는 것은 위로부터 내려온 하늘의 지혜를 깨닫지 못하는 것이며 어리석은 것이라고 한다. 신약성서에 의하면, 세상의 지혜로는 그리스도를 이해할 수 없다. 이것은 세상에서 지혜롭다고 하면서도 그리스도를 깨닫지 못하는 자들이 어리석은 반면에 그들이 어리석다고 여기는 그리스도인들이 지혜롭다는 것을 의미한다.

제 4 장

민간전승과 지혜전승

1. 민간전승과 구약해석

지난 2세기 이상 동안 진행되어 온, 구약성서에 대한 소위 역사비평적 연구는 구약본문의 많은 부분들이 문자로 고정되기 전, 구전전승(oral tradition) 단계에 있었음을 확인했다. 구약본문들은 대부분 직접 쓰인 것이 아니라, 입에서 입으로 그 내용이 전달되는 구비문학(oral literature)이었으며 그 전달 과정에서 변형도 가능했다는 것이다. 이러한 연구에는 양식비평방법과 전승사비평방법이 적용되었다. 그리하여 원래 구전형태로 존재했던 내용이 구전단계를 거치면서 어떻게 변형되었고, 문자화되기까지 본문의 역사가 어떻게 재구성될 수 있으며, 변형된 각 단계의 역사적·사회적 상황이 무엇인지를 추측하고자 했다.

구약본문의 많은 부분들이 원래 구비문학이었다는 연구결과는 독일을 비롯한 유럽의 민간전승(folklore) 연구가들에게서 영향을 받은바 크다. 19세기 벨하우젠(J. Wellhausen)이 호머나 일리아드에 대한 그리스문학 연구가들의 문서비평적 연구에 영향을 받아 오경의 문서설을 수립한 것처럼,[1] 이제 구약학자들은 유럽의 민간전승 연구가들의 영향을 받아 구약성서의 구비문학적인 요소들을 체계적으로 연구하는 데 관심을 가졌던 것이다. 이러한 연구는 고고학의 발달로 발견된 고대근동문서와 구약성서의 비교연구를 통하여 많은 도움을 받았으며, 최근에는 구조주의(Structuralism)적 민담연구로부터 새로운 도전을 받고 있다.

민간전승(folklore)에 대한 정의는 학자들에 따라 다르지만,[2] 민간전승 연구가들이 일반적으로 관심을 갖고 있는 연구대상은 크게 둘로 나눌 수 있다.[3] 첫째는 민간의(popular) 관습과 관습적인 행동 그리고 그러한 것들의 사회적 의미이다. 둘째는 민간에 구전되어 내려오는 구비문학의 기원과 발달과정 등인데, 여기에는 신화, 전설, 민담, 격언, 속담, 수수께끼 등이 포함된다. 이러한 민간전승 연구의 구약학에 대한 영향은, 앞서 지적한 구약본문의 구전전승에 관한 연구가 가장 깊이 있게 영향을 받았지만, 지금까지 행해져 온 구약학자들의 다양한 연구경향을 크게 셋으로 나눌 수 있다.[4]

---

1 I. M. Kikawada and A. *Quinn, Before Abraham Was* (San Francisco: Ignatius, 1985), 9-15. 오늘날 호머 연구에서 문서설은 별로 중요하게 고려되지 않는다. 최근 호머 연구에 대해서는 H. Clarke, *Homer's Readers* (Newark: University of Delaware Press, 1981)를 참조하라.

2 민간전승의 정의에 대해서는 S. Niditch, *Folklore and the Hebrew Bible* (Minneapolis: Fortress, 1993), 3-4를 보라. 나이디취에 의하면, 많은 민속학자들이 주장하는 "참된 민간전승이란 과정 중에 있거나 실행 중에 있는 전승"이라고 한다.

3 J. R. Porter, "Folklore," in *A Dictionary of Biblical Interpretation*, eds., R. J. Coggins & J. L. Houlden (London: SCM, 1990), 238.

4 구약성서해석에서 민간전승을 활용한 그동안의 연구에 대해서는 다음을 참조하라: J. W. Rogerson, *Anthropology and the Old Testament* (Oxford: Basil Blackwell, 1978), 66-85; R. C. Cully, "Exploring New Directions," in *The Hebrew Bible and Its Modern Interpreters*, eds., D. A. Knight & G. M. Tucker (Philadelphia: Fortress, 1985), 180-184; P. G. Kirkpatrick, *The Old Testament and Folklore Study* (Sheffield:

첫째는, 구약성서를 민간전승 그 자체로 해석하려는 경향인데, 프레저 (J. G. Frazer)를 대표적인 학자로 들 수 있다.[5] 프레저는 19세기 후반 유행하던 진화론적인 입장에서 민간전승을 문화적으로 살아남은 것이라고 규정하면서, 구약의 내용은 원시적(primitive)이라고 주장했다. 예를 들자면, 야곱의 여러 가지 이야기들은 실제로 일어난 것이라기보다는 세계 도처에서 발견될 수 있는, 특히 원시적인 민족들에게서 찾아볼 수 있는 민간신앙과 원시적 관습의 반영이라고 했다. 그에게 원시적이라 함은 부정적인 의미로 사용되어, 야만적이고 미신적이라는 말과 동일시될 수 있다. 이러한 프레저의 견해는 문화적·시간적 차이를 간과했다는 비판을 받았다.[6] 게스터(T. H. Gaster)는 이러한 비판을 감안하여 프레저의 견해를 새롭게 다듬었다. 그리고 구약성서의 민간전승적 요소들과 신앙체계를 긍정적으로 평가했다. 그는 이러한 요소들이 모든 시대의 사람들에게 타당성을 가지고 있다고 주장했다.[7]

둘째는, 구약성서가 문자화되기 이전의 구전전승에 대한 연구인데, 궁켈(H. Gunkel)을 대표적인 학자로 꼽을 수 있다.[8] 독일의 민간전승을 연구

Sheffield Academic Press, 1988), 17-18; D. Ben-Amos, "Folklore in the Ancient Near East," *ABD*, Vol. 2, 818-819.

5 J. G. Frazer, *Folk-Lore in the Old Testament*, 3 vols (London: Macmillan, 1918). 이것은 구약성서에 민간전승적인 요소들이 들어 있다는 것을 체계적으로 지적한 처음 책이다.

6 J. R. Porter, "Folklore."

7 T. H. Gaster, *Myth, Legend, and Custom in the Old Testament* (New York: Harper & Row, 1969).

8 민간전승의 연구결과들 중 지금까지 구약학에 가장 큰 영향을 준 분야는, 궁켈에 의해서 시작되었다고 볼 수 있는 구전전승에 관한 연구이다.

한 학자들, 즉 그림 형제(J. L. C. and W. C. Grimms)와 뮐러(M. Meuller) 등의
영향을 받은 궁켈은 이들의 연구 중 민간전승에서의 문학적 장르와 구전전
승과정에 특히 관심을 갖고, 창세기 이야기들의 문학적 장르와 문자화 이
전의 구전 단계를 연구했다.[9] 그에 의하면, 창세기 이야기들의 문학적인
장르는 전설로 분류될 수 있으며, 이들은 문자화되기 이전부터 오랫동안
구전되어 온, 잘 알려진 민담들이라고 볼 수 있다. 그리고 1901년에 출판된
그의 창세기 주석에서 이러한 방법론을 적용시켰다.[10]

궁켈은 문자화되기 이전의 구전전승과 문자로 고정된 본문을 구분하여
이들을 발전론적인 관점에서 보았다.[11] 그에 의하면, 구약본문은 단순히
민간전승이 모아진 것이 아니며, 후대에 발전된 신앙을 반영하고 있다.
즉, 구전단계에서 구약의 이야기들은 민담적인 원시성과 단순성 그리고
에피소드적인 면이 있었지만, 문자화되고 성서로 발전되면서 단편적인
이야기들이 통합되고 일관성 있는 종교문학으로 발전되었다는 것이다.

궁켈의 업적은 이후 학자들에게 크게 두 갈래의 반향을 불러 일으켰
다.[12] 첫째는 구전전승에 대한 연구를 발전시킨 것인데, 대표적인 예가 나

---

[9] H. Gunkel, *Scheopfung und Chaos in Urzeit und Endzeit* (Geottingen: Vandenhoeck
und Ruprecht, 1895).

[10] H. Gunkel, *Genesis* (Macon: Mercer University Press, 1997). 이 책은 제3판을 번역한
것이다; H. Gunkel, *The Legends of Genesis* (New York: Schocken, 1964); *The
Stories of Genesis* (Berkeley: Bibal, 1994). 이 책은 궁켈의 창세기 주석의 서문을 번역
한 것인데, 올브라이트(W. F. Albright)의 서문이 있는 전자는 초판을, 후자는 3판을 번역한
것이다.

[11] 최근 나이디취는 구전단계와 문자화단계를 엄격히 구분하는 궁켈의 견해를 비판하면서,
이야기의 구전성과 문자성은 상호작용한다고 지적했다. S. Niditch, *Oral World and
Written Word: Ancient Israelite Literature* (Louisville: Westminster John Knox,
1996), 3-5.

이버그(H. S. Nyberg), 엥그넬(I. Engnell), 닐슨(E. Nielsen) 등 스칸디나비아학파로 불리는 학자들이다.[13] 둘째는 현대 민간전승 연구의 관점에서 그의 견해의 타당성을 검토하고 새로운 방식으로 구전전승을 연구하는 것이다. 여기에서는 특히, 구전단계에서 이야기꾼들(story-tellers)들의 창조적인 역할, 즉 청중들의 기대와 필요성에 따른 이야기꾼들의 구전전승의 재창조와 융통성이 강조되었다. 이러한 연구 결과 중의 하나는 커크패트릭(P. G. Kirkpatrick)이 지적하는 것처럼, 우어텍스트(Urtext), 즉 원본에 대해서 말하는 것을 무의미하게 하기도 한다.[14]

  셋째는, 구조주의(Structuralism)적인 관점에서 민담이나 신화 등 민간전승을 연구하는 방법을 구약성서의 이야기 분석에 적용하는 것이다.[15] 언어의 불변하는 심층구조(deep structure)를 발견하고 묘사하려는 소쉬르(F. de Saussure)의 시도는 구조주의의 시작으로 볼 수 있다. 소쉬르의 방법론은 프롭(V. Propp)에 의해 러시아의 민담을 분석하는 데 사용되어 소위 러시아 형식주의(Russian Formalism)를 낳게 되었다.[16] 프롭은 1928년에 출판된 민담의 형태론(Morphology of the Folktale)에서, 민담에는 전

---

12 J. R. Porter, "Folklore."

13 스칸디나비아 학파에 대해서는 다음을 참고하라: D. A. Knight, *Rediscovering the Traditions of Israel: The Development of the Traditio-Historical Research of the Old Testament, with Special Consideration of Scandinavian Contributions* (Missoula: Scholars, 1973), 217-399; P. G. Kirkpatrick, *The Old Testament and Folklore Study*, 45-49.

14 P. G. Kirkpatrick, *The Old Testament and Folklore Study*, 116.

15 구조주의와 러시아 형식주의의 히브리 설화 연구 적용에 대해서는 장일선, 『히브리 설화의 문학적 이해』(서울: 대한기독교출판사, 1985), 199-254를 보라.

16 M. W. G. Stibbe, "Structuralism," in *A Dictionary of Biblical Interpretation*, eds., R. J. Coggins and J. L. Houlden (London: SCM, 1990), 651.

형적으로 나타나는 인물 형태와 이야기의 흐름이 있다고 주장했다. 예를 들자면, 민담들에서 나타나는 인물들의 이름은 각기 다르지만, 그들의 기능은 영웅, 악인, 돕는 자 등으로 분류될 수 있다는 것이다. 또한, 민담의 내용들은 각기 다르지만, 그 흐름은 문제의 시작과 이에 대한 해결 등이 전형적으로 나타난다는 것이다. 프롭은 이러한 분석을 통하여 모든 민담이 따르고 있는 불변의 심층구조(permanent, deep structure) 혹은 원리(grammar)가 있다는 것을 인정했다.

구조주의적 민담분석방법은 구약성서의 이야기 분석에 적용되었다.[17] 예를 들자면, 야손(H. Jason)은 다윗 이야기를 분석하여 다윗의 초기생애 부분, 즉 미갈과의 결혼(삼상 18:17-23)까지만 프롭의 민담형태론이 적용될 수 있다고 했다.[18] 또한, 바르트(R. Barthes)는 야곱과 천사의 씨름 이야기(창 32:23-33)를,[19] 그리고 블렌킨솝(J. Blenkinsopp)은 야곱의 생애(창 25:19-50:14)와 외경의 토비트를 분석하였다.[20] 또한, 사손(J. M. Sasson)은 룻기를,[21] 그리고 밀네(P. J. Milne)는 다니엘 1-6장에 적용하였다.[22] 최근에는 민담분석에 대한 프롭의 방법과 다른 학자들의 방법이 종합된 연구형태

---

[17] D. Ben-Amos, "Folklore in the Ancient Near East," 822.

[18] H. Jason, "The Story of David and Goliath: A Folk Epic?," *Biblica* 60 (1979), 36-70.

[19] R. Barthes, "The Struggle with the Angel: Textual Analysis of Genesis 32:23-33," in *Structural Analysis and Biblical Exegesis: Interpretational Essays* (Pittsburgh: Pickwick, 1974).

[20] J. Blenkinsopp, "Biographical Patterns in Biblical Narrative," *JSOT* 20 (1981), 27-46.

[21] J. M. Sasson, *Ruth: A New Translation with a Philological Commentary and a Formalist-Folklorist Interpretation* (Baltimore: Johns Hopkins University Press, 1979).

[22] P. J. Milne, *Vladimir Propp and the Study of Structure in Hebrew Biblical Narrative* (Sheffield: Sheffield Academic Press, 1988).

가 나타나고 있다. 예를 들자면, 나이디취(S. Niditch)를 실례로 들 수 있는
데, 그녀는 구약성서 이야기들의 독특성과 보편성을 함께 고려하면서 각
저자의 메시지를 찾아내려 한다.[23]

이상에서 살펴본 대로, 구미 구약학자들은 민간전승 연구가들의 연구
방법과 결과들을 구약성서 연구에 적용함으로써 구약을 해석하는 데 많은
공헌을 하였다. 그들은 자신들의 역사와 문화를 통해서 내려오는 민담,
신화, 전설 등 민간전승의 연구결과를 구약해석에 적극 활용함으로써, 구
약형성과정에서 있었지만 오랫동안 잊혀 왔던 구전전승단계를 재발견했
고, 구약의 이야기들 속에 담겨져 있지만 아직 찾지 못한 메시지들을 발견
해 냈다. 또한, 구약성서 이야기들이 지니고 있는 독특성 그리고 다른 문화
에서 만들어진 이야기들과 공유하고 있는 보편성 등을 찾아냈다. 이것은
구약성서를 자신들의 시각에서 해석한 것이고, 하나님의 계시와 이에 관
한 해석에 대하여 새로운 시각을 열어 주는 것이었다.

일반 민간전승연구에 대한 구미 구약학자들의 활용은 한국 구약학자들
에게 시사하는 바가 크다. 우리는 한국의 민간전승과 이에 대한 연구결과
를 구약성서를 해석하는 데 어떻게 활용할까? 한국의 문화와 사고가 담겨
진 우리의 민담이나 전설이 구약의 이야기들과 만났을 때, 우리가 얻을
수 있는 해석학적인 통찰력은 무엇인가? 한국문화뿐만 아니라, 우리 문화
의 배경이 되는 동아시아 그리고 더 나아가 아시아의 민간전승의 연구는

---

[23] S. Niditch, *Oral World and Written Word: Ancient Israelite Literature*, 21-22. 그녀는
자신의 방법론을 "겹치기 지도"(overlay map) 기술이라고 부른다. 그녀에 의하면, 이 방법
은 각 저자의 메시지, 그들의 독특한 상황과 문제뿐만 아니라, 성서전승, 이스라엘의 문화와
역사 그리고 더 나아가 고대 근동 및 인류가 함께 나누고 있는 이야기 형태들에서 되풀이되
는 주제들을 찾아내어, 성서 이야기의 내용과 구조를 이해하려는 것이다.

구약을 해석하는 우리에게 어떠한 아시아적 통찰력을 주는가? 이러한 질문들은 우리로 하여금 한국과 아시아의 민간전승 연구에 관심을 기울이게 하고, 이를 성서해석에 적극 활용하는 방법을 모색하게 한다.

민간전승연구는 성서의 지혜전승이나 지혜문학을 연구하는 데 공헌할 수 있다. 왜냐하면 민간전승과 지혜전승은 매우 밀접하게 연관되어 있기 때문이다. 지혜문학의 관점에서 보면, 민간전승은 전통사회에서 축적된 바람직한 삶의 방식, 즉 지혜를 가르치기 위하여 만들어지고 전해졌다. 여기에는 가족지혜나 씨족지혜 혹은 민속지혜 등이 포함되어 있다. 민중들은 자신들이 터득한 삶의 지혜를 민담이나 속담, 격언 등 민간전승을 통하여 표현하고 전달했다는 것이다. 그러기 때문에 민간전승의 관점에서 성서를 다시 읽는 것은 잊혀진 삶의 지혜를 재고하게 하는 것이고, 교리적이고 신학적으로 고정된 해석의 관점에 유연성을 갖게 하는 것이다.

본 장에서는 한국민간전승을 활용하면서 창세기의 소돔과 고모라 이야기(창 19:1-29)를 해석해 보고자 한다. 그리고 이 과정에서 본문에 나타나 있는 지혜문학적인 관점을 찾아보고자 한다. 이러한 연구는 비지혜문학에서 지혜문학적인 요소를 발견하는 데 기여할 것이다.

2. 한국민간전승의 신학적 활용

한국민간전승과 이에 대한 연구를 어떻게 신학연구에 활용할 수 있을까라는 문제는 한국의 기독교 신학자들에게 큰 관심의 대상이 되지 못해 왔다. 여기에는 신학자들의 한국전통문화에 대한 무관심 때문이기도 하지만, 그들이 가지고 있는 스스로의 편견이 크게 작용했다고 볼 수 있다. 즉, 구미신학의 내용과 방법론의 이해에 더 많은 관심을 기울여 왔던 현실 속에서, 전통문화의 원시성과 기독교의 우월성에 대한 강조는 한국의 문화와 민간전승에 대하여 무관심하게 되었고 이러한 것들을 신학의 재료로 사용하는 것을 꺼리게 되었다. 또한, 신학의 재료로 활용할 수 있는 적절한 방법론의 부재도 한 원인이라고 볼 수 있다. 한국민간전승의 활용에 대한 한국기독교신학의 전반적인 무관심에도 불구하고, 신학하기(doing the-ology)의 한 재료로써 민간전승의 활용을 모색했던 학자들이 있다.

1) 조직신학적 활용

한국민간전승에 대한 관심은 조직신학적인 관점에서 먼저 이루어졌다. 이러한 연구는 크게 둘로 나누어 볼 수 있는데, 토착화 신학적인 활용과 민중신학적인 활용이다.

첫째로, 토착화 신학적인 활용을 살펴본다. 1960년대 토착화 신학에 대한 논의가 시작되면서, 윤성범 교수는 기독교적 관점에서 단군신화를 해석했다. 그는 주장하기를, "단군신화는 기독교의 삼위일체 교리가 동북 시베리아의 샤머니즘 세계에 전해 들어오고, 그리고 한국에 와서야 비로소 그 뚜렷한 모습으로 정착케 된 것이다"라고 주장했다.[24] 기독교 삼위일체 교리의 세 위격, 즉 성부, 성자, 성령에 대한 흔적을 단군신화에 나오는 환인, 환웅, 환검에서 찾아볼 수 있다는 것이다. 한국 민간전승(folklore)

---

24 윤성범, "단군신화는 Vestigium Trinitatis이다," 「기독교사상」 (1963/10), 16.

의 기독교적 해석이라고 볼 수 있다.

윤 교수와 방법론적으로 반대되는 연구경향은 한국무교를 연구한 유동식 교수에게서 발견된다. 한국무교에 나타난 민간전승에 관심을 기울인 그는 "한국무교의 원형을 풍류에서 찾고 풍류의 역사적 전개를 한국종교사에서 발견하며 다시 기독교의 복음을 풍류의 빛에서 해석했다."[25] 그리하여 풍류도는 한국에 이미 있었던 기독교 이전의 복음이라고 보았다.[26] 문화적 배경이 서로 다른 성서와 한국민간전승에 나타나 있는 사상적 공통점을 지적하고 이의 신학적·선교적 활용을 모색한 것이다.

둘째는, 민중신학적인 활용이다. 민중신학의 선구자였던 서남동 교수는 한국역사 속에서 전해오는 전설, 민담, 판소리, 탈춤, 민간신앙, 소설 등을 억눌린 민중의 관점에서 해석했다.[27] 그에 의하면, 한국민간전승에는 약한 민중의 자기 정체성과 강자에 대한 저항의식이 나타나는데, 이것은 성서와 기독교 역사에 나타나 있는 민중전통과 일맥상통한다. 민중신학적인 관점에서 성서의 이야기와 한국민간전승을 해석하고 사회–경제적 공통점을 찾아낸 것이다.

조직신학적인 관점에서의 한국민간전승에 대한 관심은 기독교 신학적인 메시지를 한국사상에서 찾아내거나 반대로, 한국사상적인 관점에서 기독교의 가르침을 해석하려는 시도에서 이루어졌다고 볼 수 있다. 이것

---

25 김광식, "한국토착화신학 형성사,"『한국의 문화와 신학』, 기독교사상 편집부 편 (서울: 대한기독교서회, 1992), 97.

26 유동식 교수의 무교연구와 풍류신학에 대해서는 다음을 참고하라:『한국무교의 구조와 역사』(서울: 연세대학교 출판부, 1975);『풍류신학으로의 여로』(서울: 전망사, 1988).

27 서남동, "두 이야기의 합류,"『민중과 한국신학』, NCC 신학연구위원회 편 (서울: 한국신학연구소, 1982), 237-276;『민중신학의 탐구』(서울: 한길사, 1983).

은 양자의 공통점을 지적하면서 주로 이루어졌는데, 기독교 신학이나 한국민간전승 중 어느 한편에서 다른 편을 이해하고자 했던 시도라고 말할 수 있다.

2) 선교적 활용

한국민간전승의 선교적 활용은 성서 이야기와 한국민담을 비교연구한 박정세 교수에게서 찾아볼 수 있다.[28] 기독교대학의 교목으로서 선교와 성서교육의 관심에서 한국민간전승을 연구한 그는 우주와 인간의 기원, 홍수 이야기, 악인에 대한 처벌, 인신 희생제의, 구원자에 관한 예언, 아기 구주의 탄생과 부모, 희생자와 부활, 종교 체험, 마지막 심판 등 아홉 가지 주제에 따라, 성서와 한국민담 그리고 외국민담을 각각 하나씩 골라 이들에 대한 비교연구를 했다. 그는 이 연구를 통하여 이 세 종류의 이야기들 속에 나타나 있는 공통점과 차이점을 제시했다. 예를 들자면, 제1장 "우주와 인간의 기원"에서는 창세기의 창조 이야기와 한국의 천지왕 분풀이 그리고 바빌론의 창조 서사시를 각각 다루고 난 뒤, 이 세 이야기들을 상호 비교하면서 공통점과 차이점을 지적했다. 그리고 한국의 민담은 기독교의 신의 형상개념이나 동정녀 탄생교리 등을 한국인들이 자연스럽게 받아들일 수 있는 기반을 제공했다고 주장했다.[29]

---

28 박정세, 『성서와 한국민담의 비교연구』(서울: 연세대학교 출판부, 1996). 이 책은 그의 목회학 박사학위 논문을 번역, 보충한 것이다. Chung-Se Park, *A Model of Cross-Cultural Mission in Korea: A Comparative Study of Bible Studies and Korean Legends* (D. Min. dissertation in San Francisco Theological Seminary, 1990).

29 박정세, 『성서와 한국민담의 비교연구』, 52.

박 교수는 책의 마지막 결론에서, 자신의 비교연구가 가장 특징 있게 보여 주는 것은 각 이야기에 나타나 있는 신관의 차이라고 지적했다. 성서 이야기를 지배하고 있는 신관은 유일신관인 반면, 한국민담이나 외국민담에서는 다신교적이고 다령숭배적인 요소가 짙게 나타나 있다는 것이다.

"이상의 비교를 통해서 분명하게 파악할 수 있는 것은, 각각의 이야기를 다르게 하는 가장 중요한 요소로서 각각의 신 인식, 즉 초월적인 존재에 대한 이해와 관계를 지적하지 않을 수 없다는 것이다. 성서의 경우에는 분명한 유일신관에 의거하여 모든 것이 체계화되어 있다. 그러나 바빌론의 경우 등에서는 구체적이고 분명한 여러 신들을 섬기게 됨으로써 갈등과 무원칙으로 뒤범벅되어 있다. 한편, 한국의 경우에는 다신교적이면서도 다령숭배적 요소가 짙으므로 어떤 분명한 원칙이 서 있는 것도 아니지만 또 아무런 원칙이 없는 것도 아닌, 신비성이나 모호성이 부각된다고 하겠다."[30]

그에 의하면, 각각의 이야기에 나타나 있는 신관의 차이 때문에 성서의 이야기는 고통스러운 현실에 대한 인식과 현실의 대안으로서의 미래에 대한 일관성 있는 원리와 원칙을 제시하고 있지만, 한국민담과 외국민담은 그렇지 못하여 현실 중심적 사고에 머물러 있다는 것이다.[31] 이러한 그의 연구결론은 일반민담을 기독교 교리적인 관점에서 이해함으로써,

---

30 Ibid., 320-21.
31 Ibid., 321.

성서 이야기의 사상적 우월성을 강조하고 있다는 비판을 면하기 어렵다.

3) 구약해석학적 활용

한국민간전승의 성서해석학적인 활용은 박종수 교수에게서 찾아볼 수 있다.[32] 박 교수는 성서를 서구 사고 중심적으로 해석하는 것에 대한 대안으로써 각 민족의 문화적 독특성이 인정되는 지역 신학적 해석이 필요하다고 지적했다. 그는 그동안 조직신학자들이 이론적 토착화 신학을 제시했다면 이제는 그 업적을 토대로 성서본문의 실제적 해석과 그 적용을 시도해야 한다고 제안했다.

"이런 취지에서 구약학을 연구과제로 삼고 있는 필자는 이제 성서의 메시지와 한국인의 지혜가 만나는 장을 마련하고자 한다…… 이는 구비문학에 뿌리를 두고 있는 성서가 우리의 이야기와 많은 유사성을 공유한다는 보편성에서 출발한다. 즉, 성서의 이야기와 한국인의 이야기를 통해 문화의 보편성과 특수성을 함께 고려하면서 성서 이야기를 우리문화의 역동성 안에서 해석하고자 하는 것이다."[33]

박 교수는 자신의 성서해석을 문화통전적 방법(trans-cultural interpretation)이라고 부른다. 그에 의하면, 이 방법을 통한 성서해석을 위해서

---

32 박종수, 『히브리 설화 연구: 한국인의 문화통전적 성서이해』(서울: 글터, 1995).
33 Ibid., 20-21.

는 그동안 진행되어 온 성서학자들의 히브리 설화 연구와 국문학자들의 한국 설화 연구를 토대로 하여 두 문화의 독특성을 인정하고 이 둘 중의 어느 하나에 대한 편견이나 우월성을 갖지 않아야 한다고 제안한다. 그리고 성서가 가지고 있는 문화적 보편성과 독특성을 찾으면서 그 의미를 이해해야 한다고 주장한다.

박 교수의 방법론적 적용은 그의 책『히브리 설화 연구』(1995) 제3장 "히브리 설화의 유형과 구조: 히브리 설화와 한국 설화의 만남"에서 시도되었다. 그는 여기에서 히브리 설화의 유형을 크게 셋으로 구분하여 신화, 전설, 민담이라고 하면서, 이 장르들에 대한 국문학자들과 성서학자들의 이론을 제시하고 각 장르의 종류에 따라 성서의 이야기들과 이와 유사한 고대 근동 및 한국의 설화들을 비교했다. 그리고 이들의 공통점과 차이점을 찾으면서 성서의 내용을 설명하고자 했다. 예를 들자면, 창세기의 창조 설화를 신화의 범주에서 이해하면서, 바벨론과 이집트의 창조신화들과 한국무속의 창세가를 비교하면서, 다음과 같이 결론한다.

"결국 창조에 대한 여러 이야기는 우주만물의 생성기원에 대한 인간의 호기심을 반영하며, 현재 보고 느끼고 있는 신비한 자연의 조화를 신적인 힘의 소산으로 그리고 있다. 그것을 우리는 원인론적인 설화라고 부르기도 한다."[34]

박종수 교수의 이러한 시도는 한국민간전승과 이에 대한 학자들의 연

---

[34] Ibid., 50.

구결과를, 현재 성서해석학계에서 사용되고 있는 설화비평(narrative criti-cism)적 관점에서 수용했다고 볼 수 있다.

3. 한국민간전승의 구약해석학적 활용의 새로운 모색

한국민간전승학의 연구대상은 다양하다. 그중에서 국문학자들이 주로 관심을 갖고 연구하는 구비전승 혹은 구비문학만 보더라도 신화, 전설, 민요를 포함하는 설화와 민요, 무가, 판소리, 그리고 가면극과 인형극을 포함하는 민속극, 속담, 수수께끼 등 여러 가지 형태가 있다.[35] 이 중에서 설화와 속담, 수수께끼 등은 구약성서에서 익숙하게 나오는 장르이기 때문에 구약본문 연구에 직접적인 도움을 받을 수 있다. 또한, 구약성서의 시들이 원래 노래 형태였고, 산문들도 리듬을 가지고 있었다는 것을 고려한다면, 민요, 무가, 판소리 등에서도 구약해석을 위한 통찰력을 얻을 수 있다. 물론 오늘날 히브리문학에서 시와 산문의 구별이 무의미하다는 것을 고려한다면, 한국구비전승의 거의 모두와 이에 대한 연구가 구약해석에 가치 있는 도움을 줄 수 있는 자료라고 여겨진다.

한국민간전승을 하나의 자료로 사용하면서, 히브리인들의 민간전승이 반영되어 있는 구약성서를 해석할 때 어떻게 해야 하는가? 그동안 구약학자들이 본문을 해석할 때 남겨 둔 어려운 문제를 해결하거나 구약본문에 대한 새로운 해석의 가능성을 위해서 한국민간전승을 활용할 때, 고려해

---

[35] 장덕순 외 3인, 『구비문학개설: 구비전승의 한국문학적 고찰』 (서울: 일조각, 1983) 참조.

야 할 사항들은 무엇인가? 그것은 무엇보다도, 어느 하나에 대한 편견이나 우월성을 가능한 배제하는 것이다. 우리는 구약성서를 읽을 때 현대적인 편견을 가짐으로써 본문을 그릇되게 이해하거나 잘못 해석하는 경우들을 본다. 구약성서가 쓰인 시대적 상황과 문화적 배경을 무시한 경우이다. 마찬가지로 우리가 어떠한 편견을 가질 때 구약해석의 자료로 사용할 수 있는 한국민간전승을 잘못 이해할 수 있으며, 그 반대도 마찬가지이다.

둘째로, 단순 비교연구를 지양해야 한다. 우리의 궁극적인 목적은 구약성서해석이며, 구약해석의 새로운 가능성을 찾는 것이다. 따라서 공통점과 차이점, 유사점과 다른 점 등을 지적하는 연구로만 끝난다면 별 의미가 없다. 왜냐하면 인류의 모든 유산은 공통점과 차이점이 있게 마련이고, 이러한 것들의 발견은 구약학 혹은 성서해석학의 과제가 아니기 때문이다.

셋째로, 한국민간전승 연구가들의 연구결과에 주목하고 거기에서 성서해석에 활용할 수 있는 내용과 방법을 찾아내는 것이다. 성서해석자가 한국민간전승의 심도 있는 연구에 뛰어든다는 것은 무리일 수 있다. 따라서 이 분야에 관한 전문가들의 연구결과를 적절히 수용, 적용, 응용하는 것이 바람직하다.

넷째로, 구약본문을 해석할 때, 그동안 구약학자들의 연구 성과와 그들이 가지고 있는 문제를 파악하는 것이다. 그리고 그러한 연구결과가 과연 그러한가라고, 해체주의적 질문을 하면서, 이에 대한 대답을 한국민간전승의 연구결과와 연관하여 찾아보는 것이다. 이것은 물론 구약학의 모든 문제해결방법이나 해답에 대한 실마리의 제공을 한국민간전승의 연구결과에서 찾을 수 있다는 것이 아니다. 오히려 이러한 연관(relating)을 통하여 얻을 수 있는 해석학적 통찰력을 찾아보자는 것이다. 이러한 노력을 통해서 몇 개의 문제에서만이라도 그 해결책을 찾을 수 있다면 큰 수확이 아닐 수 없다. 왜냐하면 여러 가지 주석방법의 적용에서 보듯, 하나의 성서 해석방법이 모든 본문에 다 적용되는 것은 아니기 때문이다.

다섯째로, 이와 같은 연구는 특성상 비교분석적인 방법을 필연적으로 동반하기 때문에 비교연구를 무시할 수 없다. 따라서 비교연구가 필요한 경우에는 구조주의를 비롯한 여러 가지 문학비평방법을 통하여 각 이야기 들에 나타나 있는 인물들의 성격과 활동내용, 그리고 그러한 표현을 가능 하게 한 문화적·사회적 배경을 살펴보면서, 구약본문의 새로운 해석을 위하여 얻을 수 있는 통찰들이 무엇인지를 파악해야 한다.

구약해석에서 한국민간전승과 이에 대한 연구를 활용하는 목적은 결국 해석학적 상상력(interpretive imagination)을 얻는 것이다. 그리하여 구약 성서의 새로운 해석의 가능성을 모색해 보고, 한국적 그리고 더 나아가 동아시아나 아시아적 전통의 사고를 반영하는 성서해석을 시도해 보자는 것이다. 뿐만 아니라 구미 학자들의 연구결과를 검토하고 그 대안적인 해 석과 아직도 숨겨져 있는 하나님의 계시를 찾아보자는 것이다. 이것은 아 시아에서 형성된 히브리 성서를 아시아적인 사고로 다시 읽는 데 필요한 작업이며, 고대인들의 사고를 반영하고 있는 구약성서를 고대적인 사고로 다시 보기 위해서 요청되는 연구이다.[36]

---

36 장일선 교수는 그의 책,『생명나무와 가시덤불』(서울: 대한기독교서회, 1998), 34에서 다음 과 같이 말한다: "필자는 강의 첫 시간에 구약성서는 동양책이다는 논지를 설파하였다. 우리 는 그동안 고대 그리스의 철학을 반영한 서양 학자들에 의해서 구약성서를 하늘(신)과 인간 이란 이원론을 다룬 서양 고전으로 인정해 왔으나 원래 히브리적 사상은 하늘, 인간, 자연의 원만한 삼각관계를 다룬 동양 고전 사상과 유사함을 인정해야 할 것을 강조하였다." 필자는 장 교수의 견해에 전적으로 동의하지만, 용어에서 동양보다는 아시아라는 단어를 선호한다.

성서해석에서 해석자의 상상력은 매우 중요하다.[37] 해석자는 상상력을 통하여 예언자들의 세계에 들어가기도 하고, 스스로 성서 이야기의 주인공이 되어 보기도 한다. 또한, 본문이 해석될 수 있는 가능성들을 설정해 보기도 하고, 전승과정에서의 변형 가능성들을 그려보기도 한다. 뿐만 아니라 해석학적 상상력은 성서본문에 나타나 있는 애매한 내용이나 모호한 표현들을 여러 가지 가능성으로 적절하게 메우게 함으로써, 본문이 오늘날도 우리의 독서와 해석 속에서 살아 움직이게 한다. 그리고 옛 언어와 문화 속에서 형성된 성서가 오늘 우리를 향하여 새롭게 다가오게 한다.

구약해석에서 해석학적 상상력의 중요성이 필요하다는 것을 구약 이야기들의 특성을 보면 더 분명해진다. 구약성서의 설화를 연구한 스턴버그(M. Sternberg)에 의하면, 구약설화의 문학적 기교는 크게 두 가지 요소로 구성되어 있는데, 간격 메우기(gap-filling)와 반복(repetition)이다.[38] 이 중 간격 메우기는 독자나 해석자가 스스로 해야 할 몫이다. 즉, 구약성서에 쓰어 있는 많은 설화들은 문학적인 특성상 해석자나 독자로 하여금 모호한 내용이나 미처 언급되지 않은 내용을 채우기 위하여, 충분한 상상력을 발휘하도록 요청하고 있다는 것이다. 구약의 이야기는 그 흐름이 전개되면

왜냐하면 동양과 서양이라는 개념은 아프리카 등을 배제하는 또 다른 차별을 암시하고 있기 때문이다.

37 구약성서신학에서 상상력의 중요성에 대해서는 L. G. Perdue, *The Collapse of History: Reconstructing Old Testament Theology* (Minneapolis: Fortress, 1994), 263-298을 참고하라.

38 M. Sternberg, *The Poetics of Biblical Narrative* (Bloomington: Indiana University Press, 1985), 227-28. 스턴버그가 지적하는 구약성서의 이야기들에 나타나는 두 가지 기교, 즉 간격 메우기와 반복에 대해서는, 장일선,『다윗왕가의 역사 이야기: 신명기 역사서 연구』(서울: 대한기독교서회, 1997), 96-98을 참조하라.

서 도중에 중간 중간 간격을 만들어 정보를 생략하거나 독자들이 알고 싶어 하는 내용을 언급하지 않는데, 이것을 채우는 몫은 독자나 해석자의 몫이라는 것이다. 이 간격을 메우기 위해서는, 한국문화나 다른 문화에서 발견되는 유사한 이야기와 연관하면서 상상력을 발휘하는 것이 매우 효과적인 방법일 수 있다. 그리고 그 이야기들이 많으면 많을수록 좋다. 우리는 내용에서 혹은 주제에서 성서 이야기와 유사한 한국의 민담들과 이에 대한 연구결과들의 도움을 받아 해석학적 상상력을 발휘함으로써 그 간격 메우기를 시도해 볼 수 있다.

4. 소돔과 고모라 이야기의 재고

이상에서 제시한 방법론을 활용할 수 있는 실례로, 소돔과 고모라의 이야기(창 19:1-29)를 들 수 있다.[39] 이 이야기는 구약성서에서 아브라함 사이클(cycle)의 한 부분으로 구성되어 있는데, 한국의 민담 중 장자못 전설과 매우 유사하다.[40] 그리고 그 유사성은 매우 밀접하여 후자를 전자의 한국판이라고 부를 수 있을 정도이다. 이제 장자못 전설을 간단하게 요약하자면 다음과 같다.

---

[39] 이에 대한 자세한 내용은 S. Cheon, "Gap-filling the Story of Lot's Wife (Gen. 19:1-29)," 「구약논단 5」 (1998/10), 203-214를 보라.

[40] 이 두 이야기에 대한 비교연구는 박정세, 『성서와 한국민담의 비교연구』, 93-120과 박종수, 『히브리 설화 연구』, 56-58에서 이미 다루어졌다.

"인색한 부자가 동냥 온 중을 학대하여 쫓아 보내는 것을 본 그집 며느리가 비밀리에 그 중을 위로하고 공양을 주었다. 그 중은 보답으로 예언하기를 몇 날 며칠 그 집이 망할 것이니 그때 집을 나와 도망치되 뒤를 돌아보지 말라고 당부한다. 그날이 되어 며느리는 산으로 도망치는데 벼락 치는 소리가 나서 돌아보니 그 큰 부잣집은 없어지고 그 자리는 못이 되었으며, 며느리는 등에 업힌 아기와 함께 돌이 되어 버렸다. 그래서 오늘날 그 집터를 장자못이라고 부른다고 한다."

소돔과 고모라 이야기의 새로운 해석을 위한 시도로써, 이 두 이야기의 연관(relating)을 통하여 얻을 수 있는 해석학적 통찰력과 그 가능성을 몇 가지 언급하면 다음과 같다.

첫째로, 소돔과 고모라 이야기는 그동안 구약학에서 롯을 주인공으로 삼는 관점에서 주로 해석되어 왔다. 그리하여 이름을 알 수 없는 롯의 아내에 대해서는 관심 밖이었고, 데이비드 건(D. M. Gunn)이 지적한 대로 "롯의 아내가 왜 뒤를 돌아보았는가?"에 대한 질문조차 해본 적이 없다.[41] 그러나 장자못 전설에 대한 연구는 롯의 아내의 관점에서 소돔과 고모라의 이야기를 다시 읽고 해석하게 한다.

둘째로, 장자못 전설을 고려하면서, 소돔과 고모라의 이야기를 롯의 아내의 이야기로 다시 읽을 때 생겨나는 질문들은 다음과 같다. 왜 그녀는 뒤를 돌아다보았는가? 의인으로 구출 받은 사람들 중, 하필 왜 그녀가 천사

---

41 D. M. Gunn, "설화비평," *To Each Its Own Meaning*, eds., S. R. Haynes & S. L. McKenzie,『성서비평 방법론과 그 적용: 역사비평에서 사회학적 비평을 거쳐 해체주의비평까지』, 김은규, 김수남 공역 (서울: 대한기독교서회, 1997), 295-296.

들의 명령을 어긴 사람으로 선택되었는가? 그녀를 선택한 설화자의 의도는 무엇인가? 이 이야기는 그녀가 소돔과 고모라 사람들처럼 그렇게 악한 존재임을 암시하는가? 그녀가 하나님의 명령을 어겼다고 해서 소돔과 고모라 사람들과 같은, 악한 그룹에 속한 인물로 분류해야 하는가? 롯의 아내를 나타내는 소금기둥의 의미는 무엇인가? 그것은 단지 인과응보적인 산물인가? 아니면 인과응보 법칙을 반박하는 소위 지혜문학적인 저항(즉, 욥기나 전도서에서처럼)을 나타내는가?

셋째로, 왜 롯의 아내는 뒤를 돌아보아 소금기둥이 되었는가에 대한 질문이다. 누가복음 17:32은 그녀가 물질적인 욕심이 있었음을 암시한다. 그러나 중세 유대교 랍비전승은 그녀가 소금으로 죄를 지었기 때문에 소금이 되었다고 한다. 즉, 롯은 천사들에게 줄 소금을 가져올 것을 그의 아내에게 부탁했는데 그녀가 거절했다는 것이다. 그리고 소금기둥이 된 것은 이에 대한 응분의 대가라는 것이다.[42] 이러한 대답들은 모두 인과응보적인 대답이라고 볼 수 있다.

구약 설화에 언급되지 않은 독자가 메워야 할, 롯의 아내가 뒤를 돌아다본 이유로 여러 가지를 상상해 볼 수 있다. 즉, 물질적인 욕심 때문에, 두고 온 친척이나 친구들에 대한 연민 때문에, 그녀의 뒤를 따라오는 자녀들 때문에, 그리고 단순한 호기심 때문에 등등이다. 그러나 그 대답이 무엇이든지간에, 그녀를 단순히 소돔과 고모라 사람들처럼 악인으로 분류하는 것은 너무나 가혹한 것 같다. 따라서 의인으로 분류되어 구출되었던 그러

---

[42] A. Cohen, ed., *The Soncino Chumash: The Five Books of Moses with Haphtaroth* (London: Soncino, 1983), 97.

나 하나님의 명령위반으로 남편 및 딸들과 함께 갈 수 없는 그녀를 우리는 의인과 악인의 중간에 놓을 수밖에 없다. 마치 광야에서 반역한 세대가 가나안에 들어가지 못하고 약속의 세대는 가나안에 들어가지만, 모세는 한 번의 실수로 인하여(민 20:1-13) 혹은 자기와 같은 세대 때문에 하나님의 분노를 사(신 1:37; 3:26; 4:21), 시내광야와 가나안 땅의 중간인 느보산에서 약속의 땅을 바라보며 죽은 것처럼 말이다. 여기에서 우리는 히브리 설화자에게서 의인과 악인을 엄격하게 구분하는 이분법적 사고를 발견하기 힘들다. 즉, 의인과 악인에 대하여 인과응보의 법칙을 엄격하게 적용시키는 잠언적 사고에 대한 회의주의가 소돔과 고모라 이야기에서 발견되며, 이러한 가능성은 구약의 다른 설화에서도 찾아볼 수 있다는 것이다.

넷째로, 롯의 아내가 이러한 악역을 맡은 이유가 무엇인가이다. 롯, 그의 아내와 두 딸, 즉 네 사람 중 롯의 아내가 선택된 적절한 이유가 무엇인가이다. 이 질문은 소돔과 고모라의 이야기를 듣는 청중들이 그녀의 출신을 어디로 상상하겠는가를 생각하게 한다. 그리고 이에 대한 가능한 대답의 하나로, 청중들에게 그녀는 이방 여인 즉, 가나안 여인으로 생각되었을 가능성이 있다고 상상해 볼 수 있다. 가나안에 적대감을 가지고 있는 청중들에게 며느리였던 롯의 아내는 그러한 악역을 맡은 인물로 무리 없이 받아들일 수 있었다는 것이다. 이러한 추측은 장자못 전설에 등장하는 착한 며느리와의 역할 대비를 통하여 가능하다.

5. 맺는말

지난 한 세기 동안 구약해석학에 대한 민간전승연구의 영향은 매우 크다. 구약역사 비평학의 주요 방법들인 양식비평이나 전승사비평은 바로 여기에서 도입된 것이며, 오늘날도 구조주의나 설화비평적인 관점에서 정립된 일반민간전승에 대한 연구가 구약학에 새롭게 도입되고 있다. 이러한 연구사는 한국인인 우리로 하여금 우리의 전통적인 한국민간전승에 눈을 돌리게 하고, 이에 대한 연구를 통하여 구약해석학의 새로운 지평을 찾도록 독려한다. 한국민간전승에 대한 관심을 통하여 얻은 발견 중의 하나는 오랫동안 구약학에서 도외시되어 왔던 지혜문학적인 관점 중 하나인 욥기나 전도서에 나타나 있는 전통지혜에 대한 회의적 시각이 비지혜문학에서도 발견될 수 있다는 것이다.[43] 즉, 전통적 인과응보 사상과 대치되는 관점이 오경과 역사서 등 비지혜문학에서도 발견될 수 있다는 것이다. 그 동안 구약의 설화를 해석하기 위하여 즐겨 사용되어 왔던 인과응보의 법칙에, 오경과 역사서 등의 모든 설화들이 반드시 적용될 수 있는 것이 아니라는 말이다. 히브리 설화를 해석하기 위해서는 의인과 악인을 엄격하게 구분하는 인과응보적 이분법의 사고가 재고되어야 한다는 것이다.[44]

---

[43] 구약학에서 지혜문학의 소외에 대해서는 천사무엘, "구약성서의 지혜문학과 창조신앙," 「기독교문화연구 2」 (1997), 307-15를 참고하라.

[44] 뢰머는 입다의 딸 이야기를 희랍의 민간전승과 비교연구하면서, 이 안에 전도서의 회의주의적 요소가 있다고 했다. T. C. Reomer, "Why Would the Deuteronomists Tell About the Sacrifice of Jephthah's Daughter?" *JSOT* 77 (1998), 27-38. 한국민간전승의 관점에서 이를 해석하여 지혜문학적인 관점을 제시한 글은 S. Cheon, "Reconsidering Jephthah's Story in Asian Perspective," *JAAAT* 6 (2003-2004), 30-45.

제 3 부

지혜문학 이해

고대 이스라엘의 지혜문학으로는 구약성서에 있는 잠언, 욥기, 전도서와 구약외경에 있는 집회서와 솔로몬의 지혜서가 있다. 잠언은 전통적 지혜문학에 속하고, 욥기와 전도서는 전통적 지혜사상에 대한 회의론을 반영하는 신정론적 지혜문학이다. 집회서는 고대 이스라엘의 전통적 지혜사상과 같은 맥락에서 쓰인 지혜교사의 교과서로서 잠언과 매우 유사하다. 솔로몬의 지혜서는 유대 지혜전승과 헬라문화가 매우 밀접하게 결합된 헬라주의적 유대지혜문학(Hellenistic Jewish Wisdom Literature)이다.

제 1 장

잠언 연구 동향

1. 들어가는 말

잠언은 욥기, 전도서 등 다른 지혜문학과 함께 오랫동안 성서학자들의 연구 관심에서 벗어나 있었다. 이들을 제외한 구약의 책들은 대부분 역사와 연관성이 있어 고대 이스라엘의 역사 재구성이나 역사 속에서 활동하시는 하나님에 대한 신학 등을 서술하기 위하여 연구되었지만, 지혜문학은 역사와 관련성이 없다고 여겨졌기 때문에 논의의 대상에서 소외되었던 것이다. 그리하여 계약, 역사, 선택 등의 개념을 고대 이스라엘의 신앙과 초기 유대교의 전형적인 요소로 간주해 왔던 구약학자들은 지혜문학을 연구의 걸림돌로 여기거나 무시해야 되는 것으로 분류했다.

지혜문학 연구의 핵심에 서 있는 잠언 연구 역시 이러한 구약학계의 학문적인 경향을 피할 수 없었다.[1] 다른 지혜문학들처럼 잠언에도 족장들

---

[1] B. S. Childs, *Introduction to the Old Testament as Scripture* (Philadelphia: Fortress, 1979), 547. 차일즈는 잠언을 지혜문학 연구의 일차적인 자료로, 그리고 욥기와 전도서를 이차적인 자료로 여기는데, 이는 잠언이 지혜문학 연구에서 차지하는 비중이 매우 크다는 것을 의미한다.

에 대한 약속, 출애굽 전승, 시내산 계약, 다윗 계약, 구속사 등 전통적으로 고대 이스라엘 신앙의 특징으로 여겨지는 개념들이 없을 뿐만 아니라 이들과 연관시킬 만한 내용도 없다고·여겨졌다.[2] 또한 고대근동문학과의 비교연구는 잠언의 기원이 고대 이스라엘의 야웨 신앙에 있는 것이 아니라, 세속적이고 비이스라엘적이라고 판단하게 했다. 즉, 고대 근동의 지혜문학이 이스라엘로 도입되어 야웨 신앙으로 토착화되었다는 것이다.[3] 특히 잠언에 대한 고대 근동의 대표적인 영향으로 거론되는 이집트의『아멘엠오페』(Amenemope)와 잠 22:17-24:22의 비교연구는 잠언 자료들의 세속성과 비이스라엘성을 강조하게 만들었다.[4] 잠언에 대한 이러한 인식은 양식비평 등을 통하여 더 오래된 고대 이스라엘의 전승이나 자료를 찾고 거기에 중요성을 더 부여하려는 구약학계의 경향과 맞물려 잠언을 연구, 평가하는 데 부정적으로 작용했다.[5]

---

2 R. E. Murphy, *The Tree of Life: An Exploration of Biblical Wisdom Literature* (New York: Doubleday, 1990), 1. 지혜문학에서 역사, 계약, 선택 개념들이 등장하는 것은 구약 외경에 속하는 집회서 44-50장과 솔로몬의 지혜서 11-19장에서 찾아볼 수 있는데, 이 책들은 매우 후대의 문서들이다.

3 R. N. Whybray, *Wisdom in Proverbs: The Concept of Wisdom in Proverbs* 1-9 (Chatham: SCM, 1965), 104; R. E. Clements, *Wisdom in Theology* (Grand Rapids: Eerdmans, 1992), 94; J. D. Currid, *Ancient Egypt and the Old Testament* (Grand Rapids: Baker, 1997), 205.

4 R. N. Whybray, "Book of Proverbs," in *Dictionary of Biblical Interpretation*, Vol. 2, ed., J. H. Hayes (Nashville: Abingdon, 1999), 321; K. J. Dell, *The Book of Proverbs in Social and Theological Context* (Cambridge: Cambridge University Press, 2006), 65. 기원전 1200-100년경에 만들어진 이 이집트 문서는 1920년대 초에 발견되었는데, 아돌프 어만(Adolf Erman)의 논문(Eine ägyptische Quelle der "Sprüche Salomos," *SPAW* 15 〈1924〉, 86-93)을 시작으로 잠언과의 비교연구가 활발하게 이루어졌다. 이에 대해서는 G. E. Bryce, *A Legacy of Wisdom: The Egyptian Contribution to the Wisdom of Israel* (Lewisburg: Bucknell University Press, 1979), 15-56을 보라.

다른 지혜문학처럼 잠언도 오랫동안 학자들의 연구 관심 밖에 있어 왔지만, 20세기 후반 이에 대한 연구가 활발하게 이루어졌다.[6] 구약성서의 통일성에 대한 강조, 계시중심 신학의 탈피, 창조신학에 대한 새로운 인식의 필요성, 다원화 세계에 대한 관심 등 20세기 후반과 21세기 초반의 신학적 경향과 요청은 구약학자들로 하여금 잠언을 포함한 지혜문학 연구에 관심을 갖게 만들었다. 그리하여 최근 잠언에 대한 논문과 책들도, 차일즈(B. S. Childs)가 표현하는 것처럼 "홍수"(flood)를 이룰 정도로 많아졌다.[7]

본 장의 목적은 최근 잠언 연구에서 제기되는 주요 해석학적 과제들을 비판적으로 검토하는 것이다. 이를 통하여 최근 잠언 연구의 경향을 파악할 수 있고 앞으로의 연구과제를 생각해 볼 수 있을 것이다. 이를 위하여 여기에서는 잠언의 문학적 통일성, 지혜개념, 사회적 상황, 신학적 경향 등의 문제들을 중점적으로 다루고자 한다.

2. 문학적 구조의 통일성

잠언은 하나의 책으로 정경에 포함되어 있지만, 오랫동안 여러 부류의

---

5 잠언의 자료비평적인 연구는 19세기 후반에야 일어났는데, 그때까지 솔로몬의 저작권설은 유지되었다. 구약의 자료비평적 연구가 18세기 후반부터 시작된 것을 고려한다면 이는 매우 늦은 것이다. G. von Rad, *Wisdom in Israel* (London: SCM, 1972), 8.

6 J. A. Emerton, "Wisdom," in *Tradition and Interpretation: Essays by Members of the Society for Old Testament Study*, ed., G. W. Anderson (Oxford: Clarendon, 1979), 214.

7 B. S. Childs, *Introduction to the Old Testament as Scripture*, 547.

사람들에 의해서 형성된 다양한 문서들의 모음집(collection)이다. 잠언에 있는 각 표제들(1:1; 10:1; 22:17; 24:23; 25:1; 30:1; 31:1)은 이 책이 이스라엘 뿐만 아니라 외국의 문서들도 함께 편집한 책이라는 것을 보여 준다.

   (1) "다윗의 아들 이스라엘 왕 솔로몬의 잠언"(1:1)

   (2) "솔로몬의 잠언"(10:1)

   (3) "지혜 있는 사람의 말씀"(22:17)

   (4) "이것도 지혜 있는 사람의 말씀"(24:23)

   (5) "이것도 솔로몬의 잠언으로, 유다왕 히스기야의 신하들이 편집한 것"(25:1)

   (6) "마싸 사람 야게의 아들 아굴이 말한 말씀"(30:1)

   (7) "마싸왕 르무엘의 말씀, 곧 그의 어머니가 그에게 교훈한 것"(31:1)

또한, 잠언에 있는 교훈(instruction), 격언(saying), 알파벳 시(acrostic poem) 등은 잠언이 서로 다양한 장르의 문서들을 엮어 놓은 책이라는 것을 말해 준다. 잠언은 이와 같이 다양한 자료와 장르를 매우 느슨한 형태로 편집한 것이기 때문에 그 내용의 연속성이나 통일성을 파악하기가 매우 어렵다. 따라서 잠언을 어떻게 통일성을 갖춘 하나의 책으로 이해할 수 있는지, 최종 편집자가 한 권으로 편집한 의도는 무엇인지에 대한 문제가 제기되어 왔다.

잠언의 문학적 구조의 통일성을 찾으려는 시도는 먼저 스케한(P. W. Skehan)의 이론을 들 수 있다.[8] 그는 잠언의 줄(line) 개수가 하나의 편집자에 의하여 계획적으로 배열되었다고 주장했다. 즉, 잠언은 솔로몬의 성전과 연결된 3층 건물(왕상 6:10)을 모델로 하여 설계된 소위 "지혜의 집"(잠 9:1) 형태로 구성되었고, 각 단락(column)의 줄(line) 개수는 건축물의 기둥을 나타내는 것처럼 일정한 형태로 배열되었다는 것이다.

"지혜가 일곱 기둥을 깎아 세워서 제 집을 짓고……"(잠 9:1).

첫째로, 잠언의 줄 개수는 총 930개이다. 이 숫자는 잠언 1:1에 나오는 세 이름, 즉 솔로몬, 다윗, 이스라엘의 히브리어 자음들을 숫자로 환산하여 합할 때 나오는 숫자이다.

"이것은 다윗의 아들 이스라엘 왕 솔로몬의 잠언이다"(잠 1:1).

예를 들면, 히브리어 알파벳은 숫자로도 사용되었기 때문에 솔로몬이란 히브리어 단어는 숫자로 환산하면 375, 다윗은 14, 이스라엘은 541의 수가(numerical value)가 나온다. 그리고 이를 합하면 총 930이란 숫자가 나오는데, 이 숫자는 시 형태로 되어 있는 잠언의 각 단락의 줄 개수를 합한 것과 일치한다.

375(솔로몬) + 14(다윗) + 541(이스라엘) = 930(총 줄 개수).

---

8 P. W. Skehan, *Studies in Israelite Poetry and Wisdom* (Washington, D.C.: CBAA, 1971), 9-45.

둘째로, 잠언은 크게 세 부분으로 구성되어 있다.

(1) 1-9장: 서문

(2) 10:1-22:16: 첫 번째 모음집

(3) 22:17-31:31: 두 번째 모음집

이 세 부분은 각각 15개의 단락으로 나눌 수 있는데 여기에서 단락은 건축물의 기둥에 해당한다. 즉, 각 층마다 15개의 기둥이 배열된 3층 건물에 총 45개의 기둥이 있는 형태이다. 첫째 부분(1-9장)은 259개의 줄로 구성되어 있는데, 15개의 단락 중 22개의 줄을 가진 7개의 단락(9:1)이 중앙에 배열되어 있다. 둘째 부분(10:1-22:16)은 표제(10:1)에 있는 솔로몬이란 히브리어의 수가(numerical value)처럼 375개의 줄로 이루어져 있는데, 15개의 단락 모두 25개의 줄로 구성되어 있다. 셋째 부분은(22:17-31:31) 296개의 줄로 구성되어 있다. 즉, 잠 22:17-24:32과 30:7-33은 표제(22:17; 24:23)의 "지혜자들"을 의미하는 히브리어 하카밈의 수가(118)에 맞게 118개의 줄로 이루어져 있고, 잠언 25-29장은 표제에 나오는 히스기야의 히브리어 수가(140)에 맞게 140개의 줄로 구성되어 있다.

이와 같이 스케한은 히브리어의 수가와 줄의 개수에 의존하면서 잠언 전체가 치밀한 계획에 의해서 최종 편집되었다고 주장했다. 그러나 총 930개의 줄 개수를 세는 그의 방식은 의도적으로 짜 맞춘다는 비판을 면하기 어렵다. 예를 들면, 그는 총 930개의 줄에 잠언 1:16; 8:11; 24:33-34을 후대에 첨가된 것으로 여기면서 제외시켰다.[9] 또한, 각 표제들(1:1; 10:1; 22:17; 24:23; 25:1; 30:1; 31:1)도 줄의 개수를 세는 데 포함시키지 않았다. 또한,

잠언을 건축물과 비교하면서 최종 편집자의 의도된 계획하에 치밀하게 구성되었다는 그의 주장은 각 단락이 내용상 어떻게 치밀하게 연관되어 있고, 연속성과 통일성을 유지하고 있는지에 대해 설명하기에는 부족하다. 그럼에도 불구하고 스케한의 이론은 잠언서가 최종 편집자에 의해 치밀하게 구성되었다고 결론하는데 도움을 준다.[10]

잠언의 문학적 구조의 통일성을 추구하는 또 다른 시도는 멕케인(W. McKane)의 주장을 들 수 있다.[11] 그는 잠언의 내용을 크게 둘로 나누어 교훈(instruction)과 지혜문장(wisdom sentence)으로 분류하고 잠언 1-9장; 22:17-24:22; 31:1-9은 전자에 그리고 잠 10:1-22:16; 24:23-34; 25-29장은 후자에 속한다고 보았다.[12] 그에 의하면, 교훈 부분에 속하는 내용은 아마도 솔로몬 시대에 이집트에서 이스라엘에 소개된 국제적인 장르인데, 이집트에서는 관리교육을 위해 사용되었지만 이스라엘에서는 일반화된 세속교육을 위해 사용되었다. 반면에 지혜문장 부분에 속하는 내용은 이스라엘에서 개인이나 공동체의 교육을 위해 전통적으로 사용되던 것으로 각각의 지혜문장은 하나의 완전한 실재(complete entity)를 나타낸다.

멕케인은 이 두 종류의 지혜전승이 예언자들의 야웨 신앙 안에서 하나

---

9 스케한이 잠 1:16; 8:11; 24:33-34의 4줄을 제외시키는 이유는, 잠 1:16의 경우 일부 칠십인역 사본들에 없고, 잠 8:11은 1인칭을 사용하는 8장의 다른 본문들과는 달리 3인칭으로 나오며, 잠 24:33-34은 잠 6:10-11을 반복하는 데 잠 24:30-32의 인칭 사용과 비교해 볼 때 부자연스럽다는 것이다.

10 R. E. Murphy, *The Tree of Life*, 28.

11 W. McKane, *Proverbs* (London: SCM, 1970).

12 멕케인은 잠 30장; 31:10-31은 이 두 범주에서 넣지 않고 "시들과 숫자 격언들"(poems and numerical sayings)로 분류했다.

로 통합되어 야웨 신앙을 전파하는 도구가 되었다고 주장했다. 세속적인 지혜전승들이 야웨 신앙에 의하여 하나로 결합되어 잠언을 형성했다는 것이다. 그러나 지혜전승을 종교적인 것과 세속적인 것으로 구분하고 전자를 후자보다 더 늦은 시대의 것이라는 멕케인의 주장은 근거가 희박하다는 비판을 받아왔다. 예를 들면, 최근에도 윅스(S. Weeks)는 지혜문학 안에 종교적인 요소가 결합된 것은 이집트나 다른 비이스라엘 지혜문서에 이미 나타나 있다고 지적했다. 즉, 이집트의 지혜문학이 이스라엘에 수입되기 이전에 이미 종교적인 요소들이 지혜문학 안에 들어 있었다는 것이다.[13]

최근 델(K. J. Dell)은 멕케인과 유사하게 잠언을 교훈(instruction; 잠 1-9장; 22:17-24:22; 30:1-14; 31장)과 격언(saying; 잠 10:1-22:16; 24:23-34; 25-29장; 30:15-33)으로 분류했다.[14] 그녀에 의하면, 이집트 문서들과 유사한 전자는 교육적 상황을 더 강조한 반면, 가족, 부족, 민속 등의 구전전승이 문서로 된 후자는 윤리적 상황을 더 강조한다. 그러나 델은 전자에서 종교적인 요소를 후대의 첨가로 보는 멕케인에 반대하면서, 종교적인 요소는 윤리적·교육적 요소들과 쉽게 함께할 수 있으며, 야웨와 지혜도 서로 바꿔 쓸 수 있는 개념이라고 주장했다. 이것은 전자와 후자가 비록 다른 사회적 상황 속에서 형성되었지만, 신학적으로 이질적인 것이 아니라는 것을 의미한다. 잠언의 다양한 모음들이 상호연관성이 있다는 주장은 김시남의 연구에서도 발견된다.[15] 그는 잠언을 구성하는 여러 모음들에 공통

---

13 S. Weeks, *Early Israelite Wisdom* (Oxford: Oxford University Press, 1994), 73.

14 K. J. Dell, *The Book of Proverbs in Social and Theological Context*, 88-89.

15 S. Kim, *The Coherence of the Collections in the Book of Proverbs* (Eugene: Pickwick, 2007).

적으로 나타나는 단어와 구절들을 제시하면서 이들 사이에 밀접한 연관성이 있다고 주장했다.

잠언의 통일성을 찾으려는 또 다른 시도는 차일즈(B. S. Childs)의 정경해석방법을 들 수 있다.[16] 차일즈는 잠언을 1-9장과 10-31장으로 나누어 전자가 후자를 이해하기 위한 해석학적 지침을 부여한다고 주장했다.[17] 즉, 지혜를 하나님의 선물로 묘사하는 1-9장이 지혜를 인간의 합리적인 지적 활동으로 묘사하는 10-31장의 서론으로 읽혀져야 한다는 것이다. 이것은 후기의 편집으로 여겨지는 전자의 신학적 프리즘을 통하여 더 오래된 세속적 지혜전승인 후자를 읽을 때 정경 안에서 잠언 전체 내용은 하나님의 계시의 말씀으로 이해될 수 있고 경전의 일부로 받아들여질 수 있다는 것을 의미한다. 이와 같은 관점에서 차일즈는 지혜의 형태를 종교적인 것과 세속적인 것으로 엄밀하게 나누는 멕케인 등의 시도가 부적절하다고 주장했다. 즉, 지혜는 하나님의 선물이자 동시에 인간의 합리적인 지적활동이기 때문에 이 둘을 엄밀하게 이분법적으로 구분하지 말아야 한다는 것이다. 또한, 그러기 때문에 지혜는 이 둘 사이에서 변증법적으로 추구되는 것으로 이해해야 된다고 차일즈는 주장했다.

차일즈는 정경의 일부로서 잠언 전체를 하나님의 자기계시라는 고백적관점에서 이해하려고 했다. 그는 잠언에 있는 다양한 자료들과 전승들을

---

[16] B. S. Childs, *Introduction to the Old Testament as Scripture*, 520-34.

[17] 머피, 폭스 등도 잠 1-9장이 잠언 전체의 서론으로 읽혀져야 한다고 주장했다. R. E. Murphy, *Seven Books of Wisdom* (Milwakee: Bruce, 1960), 9; M. V. Fox, "Ideas of Wisdom in Proverbs 1-9," *JBL* 116/4 (1997), 613. 그러나 산도발은 잠언의 서언(prologue)인 잠 1:2-6(7)이 잠언 전체의 서론일 뿐만 아니라 해석학적 키를 제공한다고 주장한다. T. J. Sandoval, "Revisiting the Prologue of Proverbs," *JBL* 126/3 (2007), 456.

신정통주의적 계시신학의 관점에서 하나님의 자기계시의 말씀으로 받아들여, 잠언을 정경의 일부로 여기는 데 걸림돌을 제거하고자 했던 것이다. 차일즈의 이러한 주장은 잠언의 특징인 다양성을 진지하게 고려하지 않았다는 비판을 받는다. 즉, 다양한 문서들을 함께 편집한 잠언 편집자의 의도를 간과했고, 이 다양성으로 인해 제기되는 여러 문제들을 무시했다는 것이다.

이상과 같이 최근 잠언의 문학적 구조에 대한 연구는 이 책의 통일성을 강조하고 이를 입증할 근거를 제시하는 데 노력하고 있다. 잠언은 자료들을 단순하게 모아놓은 것이 아니라, 분명한 의도와 계획을 가지고 최종 편집되었다는 것이다. 잠언의 자료와 그 양식이 매우 다양하기 때문에 이러한 구조적 통일성을 설득력 있게 제시하는 작업은 결코 쉽지 않지만, 잠언을 통전적으로 이해하기 위한 해석학적인 과제로 본문의 신학적 · 문학적 · 언어학적 연관성을 찾으려는 노력은 지속되어야 한다.

3. 지혜의 기원

잠언에서 지혜는 여성으로 의인화되어 어머니 혹은 매력적인 여인으로 묘사되어 있다. 이러한 지혜는 태초의 창조물이자 창조의 조력자이며(잠 8:22-31), 예언자를 연상시키는 어투로 선포하기도 한다(잠 1:20-33). 이러한 지혜가 어디에서 유래되었고 어떻게 형성되었는지에 대한 논란이 있어 왔다.

먼저 잠언의 지혜가 이집트의 영향이라는 주장이다. 카야츠(C. Kayatz)

는 잠언 8장을 연구하면서 잠언의 지혜개념이 고대 이집트의 신들 특히 마아트(Maat) 여신 개념의 영향을 받아 형성되었다고 주장했다.[18] 카야츠 의 주장을 받아들이면서 폰 라드도 잠언의 지혜가 이집트에서 유래되었다 고 주장했다. 즉, 다윗-솔로몬 시대에 이스라엘의 궁중 학교 교사들이 이 집트에서 도입된 지혜문학의 영향을 받아 지혜개념을 표현했다는 것이다.

"······ 이스라엘 교사들이 이집트의 질서 여신에 관한 사고에 의존했고 특색 있는 개별적 표현들조차 빌려 왔다는 것은 의심의 여지가 없다."[19]

여기에 언급된 질서의 여신은 헬리오폴리스(Heliopolis)의 종교 체계에 속하는 마아트(Maat)를 의미한다. 마아트는 태양신(sun-god) 아툼(Atum) 의 딸로서 모든 사물에 바른 질서를 놓기 위하여 태초에 인간에게 내려와 이 세상에서 법, 세계질서, 정의 등을 구현한다고 여겨졌다. 이것은 잠언의 지혜개념이 고대 이스라엘에서 자생한 것이 아니라 이집트의 영향을 받아 왕국형성 이후에 형성되었다는 것을 의미했다.

잠언의 지혜개념이 이집트에서 유래되었다는 주장은 많은 도전을 받았 다. 특히 마아트를 잠언 지혜의 원형으로 여기려는 주장은 비판을 받았는 데, 이 둘의 공통점만 강조했지 그 차이는 간과했다는 것이다. 예를 들면, 지혜가 야웨의 자녀로 묘사되는 것처럼 마아트도 신의 딸로 묘사되지만, 마아트는 지혜처럼 어떠한 연설도 하지 않는다는 것이다.[20]

---

18 C. Kayatz, *Studien zu Proverbien* 1-9 (Neukirchen-Vluyn: Neukirchener, 1966), 93-119.

19 G. von Rad, *Wisdom in Israel*, 153.

지혜의 기원을 고대 이스라엘의 가정(family)이나 씨족(clan) 등에서 찾을 수 있다는 주장이 있었다.[21] 예를 들면, 게르스텐베르거(E. Gerstenberger)는 폰 라드가 주장하는 소위 "학교지혜"(school wisdom)가 있기 전에 "민속지혜"(clan wisdom) 혹은 "부족지혜"(tribal wisdom)가 이미 있었다고 주장했다.[22] 즉, 고대 이스라엘의 지혜는 반유목시대(the semi-nomadic period)와 문학이전의 사회(the pre-literate society)에 부족 안에서 형성되었던 자연적인 현상 혹은 토착적인 현상이었다는 것이다. 또한, 그는 잠언과 십계명을 비교하면서 법 형태(legal form)와 가족윤리 형태(family ethic form)가 매우 밀접하게 연관되어 있고 그 기원은 같다고 했다. 이것은 율법과 지혜가 전통적인 부족사회에서 기원되었다는 것을 의미한다.[23]

베스터만(C. Westermann)은 격언들(proverbs)이 궁중학교나 제의학교(cultic school) 등 상당히 높은 수준의 교육적 상황에서 만들어지는 것은 매우 불가능하다고 주장하면서, 마을이나 소도시에 살고 있는 일반인들의 경험을 반영한다고 제안했다.[24] 그는 아프리카의 부족 격언들을 연구하면

---

20 M. V. Fox, *Proverbs* 1-9 (New York: Doubleday, 2000), 335-36.

21 C. R. Fontaine, "The Sage in Family and Tribe," in *The Sage in Israel and the Ancient Near East*, ed., J. G. Gammie and L. G. Perdue (Winona Lake: Eisenbrauns, 1990), 155. 폰 라드도 부족지혜가 왕조시대 이전에 있었다는 것을 부인하지 않았지만, 그것을 규정하기는 매우 어렵기 때문에 연구대상에서 제외했다. G. von Rad, *Wisdom in Israel*, 11.

22 E. Gerstenberger, *Wesen und Herkunft des 'apodiktischen Rechts'* (Neukirchen-Vluyn: Neukirchener, 1965).

23 블렌킨숍도 전통사회에서 율법은 부족지혜를 단순히 전문화한 것이라고 주장했다. J. Blenkinsopp, *Wisdom and Law in the Old Testament: The Ordering of Life in Israel and Early Judaism* (Oxford: Oxford University Press, 1983), 80.

24 C. Westermann, *Roots of Wisdom: The Oldest Proverbs of Israel and Other Peoples*

서 잠언의 짧은 격언들이 문자를 사용하지 못하는 사람들에 의해서 만들어
졌다고 주장했다.

대부분의 학자들도 이스라엘의 국가 수립 이전에 민속지혜가 존재했으
며, 이러한 현상은 다른 문화에서도 찾아볼 수 있는 공통적인 현상이라고
인정했다. 이러한 민속지혜는 가정에서, 족장이나, 부모, 마을의 장로 등
지도자들에 의해서 전승되었는데, 세계 거의 모든 문화에서 일어나는 현
상으로 고대 이스라엘만 이 현상에서 제외할 수 없다는 것이다.[25]

잠언의 지혜가 이집트의 영향을 받았다는 주장은 교훈(instruction)으
로 분류되는 1-9장, 그중에서도 특히 8장의 지혜연구에 주로 그 근거를
두고 있다. 반면에 지혜가 고대 이스라엘의 부족 사회에서 기원되었다는
주장은 격언들의 모음인 10장 이하에 주로 근거하고 있다. 전자는 평행이
되는 이집트의 문서들과 비교연구되면서 교육적 상황에서 사용된 것으로
여겨지는 반면, 후자는 구전전승 가운데서 회자되다가 쓰인 격언이나 속
담들의 모음으로 여겨져 왔다. 즉, 전자는 학교지혜를 주로 반영하고 후자
는 부족지혜를 주로 반영한다는 것이다. 따라서 지혜개념의 기원을 이 둘
중 어느 하나로 여기는 것에 문제가 있다는 비판이 제기되었다. 예를 들면,
머피(R. E. Murphy)는 지혜는 교육적 상황 가운데서 형성되었기 때문에,
가족 혹은 부족, 궁중학교, 포로기 이후의 서기관 학교라는 세 가지 상황을
고려해야 한다고 주장했다.[26] 크렌쇼(J. L. Crenshaw)도 지혜의 종류를 가
족/부족 지혜, 궁중지혜, 서기관지혜 등으로 구분해야 한다고 주장했다.[27]

(Edinburgh: T & T Clark, 1995), 60.

[25] K. J. Dell, *The Book of Proverbs in Social and Theological Context*, 52.

[26] R. E. Murphy, *Wisdom Literature* (Grand Rapids: Eerdmans, 1981), 9.

이것은 잠언의 지혜개념 형성이 학교지혜 혹은 궁중지혜나 부족지혜 이
둘 모두의 영향이자 종합이라는 것을 의미한다.[28]

다른 한편, 랑(B. Lang)은 잠언의 의인화된 지혜가 원래 고대 이스라엘
의 여신들 중 하나였다고 주장했다.[29] 그는 그 여신이 교육과 훈련을 담당
하는 보호자로 서기관들에 의해서 숭배되었다고 주장했다. 그에 의하면,
이 지혜여신은 창조신 엘(El), 즉 야웨의 딸이었는데, 다신론 사회였던 고
대 이스라엘의 지성사회에서 이러한 지혜의 여신을 숭배하는 것은 자연스
러운 현상이었다. 그러나 고대 이스라엘의 여신으로서의 지혜는 유일신론
자들에 의해 비신화화되었고 단순한 시적 존재인 지혜로 변질되어 잠언에
남아 있다. 또한, 지혜가 이러한 시적 유형의 단순한 의인화로 이해됨으로
써 유일신론자들의 반대 없이 유대 경전으로 받아들여질 수 있었다.

랑의 이러한 주장은 올브라이트(W. F. Albright)의 제안을 발전시킨 것
으로 볼 수 있다. 올브라이트는 의인화된 지혜가 셈족 여신인 이쉬타르
(Ishtar)의 모습을 반영한다고 주장했었다.[30] 그러나 지혜의 기원이 여신이
라는 이와 같은 주장은 그 근거가 약하다는 비판을 받는다. 화이브레이(R.
N. Whybray)는 지혜의 기원을 묘사하는 단어들을 분석하면서, 신화적
(mythological)이라기보다는 비유적(metaphorical)으로 사용되었다고 주
장했다.[31] 또한, 폭스(M. V. Fox)는 고대 가나안의 신들 중 지혜의 여신으로

---

[27] J. L. Crenshaw, "Method in Determining Wisdom Influence upon 'Historical'
Literature," *JBL* 88 (1969), 130.

[28] R. E. Murphy, "Wisdom in the OT," *ABD*, Vol. 6, 921.

[29] B. Lang, *Wisdom and the Book of Proverbs: An Israelite Goddess Redefined* (New
York: Pilgrim, 1986), 126-36.

[30] W. F. Albright, "The Goddess of Life and Wisdom," *AJSL* 36 (1919-20), 258-94.

알려진 신이 없기 때문에 근거가 없다고 비판했다.[32]

최근 폭스는 잠언의 지혜 개념이 어느 하나의 모델에서 기원한 것이 아니라 여러 다양한 모델들이 융합된 것으로 간주하는 것이 더 타당하다고 주장했다.[33] 잠언의 지혜를 언급하는 내용들에는 여예언자(잠 1:20-33), 소식을 전하는 자(잠 1:20-33; 8:1-36), 이집트의 여신 마아트, 실제적인 여성, 교사 등 다양한 모습들을 연상하게 하는 것들이 내포되어 있기 때문에 여러 모델들이 합쳐진 존재로 이해되어야 한다는 것이다. 폭스의 이러한 주장이 틀린 것은 아니지만, 잠언의 지혜개념이 어디에서 기원했느냐에 대한 문제는 여전히 남아 있다. 지혜의 의인화는 단순한 문학적 고안인가? 지혜는 왜 여성으로 표현되었는가? 고대 근동의 지혜개념과의 관계는 무엇인가? 이러한 문제는 지혜의 기원 문제와 연관하여 여전히 제기되고 있다는 것이다.

지혜의 기원과 관련된 문제 중의 하나는 고대 이스라엘의 초기 지혜가 완전히 세속적이고 실용적이었는가 하는 것이다. 즉, 이스라엘의 종교적 신앙과는 무관하게 단지 자연 세계와 인간 사회의 질서만을 다루었는가 하는 점이다. 앞서 언급한 것처럼, 멕케인(McKane)은 이 문제에 대해 세속적 지혜와 신학적 지혜를 엄밀하게 나누려고 했다. 즉, 지혜는 원래 세속적인 것이었지만 후대에 야웨 신학과 접목된 신학화가 일어났다는 것이다. 그러나 종교와 삶이 밀접하게 연관된 고대 이스라엘 사회를 고려해 볼 때, 구전 단계의 격언들 속에 종교적 요소들이 반영되어 있었다는 것을 부인할

---

31 R. N. Whybray, *Wisdom in Proverbs*, 103.

32 M. V. Fox, *Proverbs* 1-9, 335.

33 Ibid., 333-41.

수 없다.[34] 고대 이스라엘의 가장 초기 격언이나 지혜전승은 종교적인 요소를 내포하고 있었다는 것이다. 그렇지만 그 종교적인 요소가 어떤 종류의 것이었느냐에 대한 문제는 여전히 남아 있다. 또한, 그것이 야웨 종교라 할지라도 어떤 종류의 야웨 종교냐는 문제도 제기될 수 있다.

4. 사회적 배경

고대 이스라엘의 지혜전승의 기원이 고대 근동이든 혹은 이스라엘 내부이든 간에 잠언에 모아진 문서들이 어떤 사회적 배경에서 문서화되고 현재의 형태로 편집되었는지에 대한 문제가 있다. 이것은 지혜전승을 문서화하고 편집한 사람들의 정체성과도 연관된 문제이다. 또한, 이것은 고대 이스라엘의 궁중에 지혜학교가 있었는지, 지혜자들은 누구인지에 대한 질문과도 연관되어 있다.

1) 지혜학교는 존재했는가?

전도서와 집회서에 의하면, 적어도 기원전 3세기나 2세기 초에 전문 교사들이 지혜를 가르치는 학교가 존재했었다는 것도 분명하다. 그러나 왕조 시대 예루살렘 궁중에 지혜학교가 존재했었다는 증거는 구약성서나

---

[34] R. N. Whybray, "Book of Proverbs," 322; K. J. Dell, *The Book of Proverbs in Social and Theological Context*, 123.

고대 이스라엘의 다른 자료들에서 찾아보기 어렵다. 따라서 이에 대한 학자들의 견해는 극명하게 둘로 나뉜다.

먼저 지혜학교의 존재에 대해 부정적 입장을 취하는 학자들의 견해이다. 이들은 구약성서를 포함한 고대 이스라엘의 자료들에서 궁중 지혜학교의 존재를 인정할 수 있는 증거를 찾을 수 없다고 한다. 예를 들면, 화이브레이(Whybray)는 제2성전시대 후기까지 고대 이스라엘에 전문교사를 가진 학교의 존재를 확신할 수 없다고 주장했다.[35] 크렌쇼(Crenshaw)도 이스라엘의 궁중에 지혜학교는 없었으며 지혜교육은 가정에서 주로 이루어졌다고 주장했다.[36] 또한 그는 잠언이 일반지혜(popular wisdom)의 교육적 가치를 인식한 전문교사들, 즉 지혜자들이 서기관이나 신하가 될 사람들을 교육하기 위해 여러 문서들을 모아 만든 것이라고 추측했다.[37]

그러나 대부분의 학자들은 이집트나 메소포타미아 등 고대 근동의 다른 나라들에서처럼 이스라엘의 궁중에서도 지혜를 가르치는 학교가 있었을 것이라고 주장했다. 예를 들면, 르메어(A. Lemaire)는 고대 근동에서처럼 이스라엘의 제1성전시대에 궁중의 지혜학교가 있었고 잠언을 포함한 지혜문서는 지혜학교 교사들이 학생들을 가르치기 위해 만든 교과서였다고 주장했다.[38] 그에 의하면, 지혜문서들은 아마도 예루살렘에 위치한 학

---

[35] R. N. Whybray, *The Intellectual Tradition in the Old Testament* (Berlin: de Gruyter, 1974), 43.

[36] J. L. Crenshaw, "Education in Ancient Israel," *JBL* 104 (1985), 614.

[37] J. L. Crenshaw, "The Sage in Proverbs," in *The Sage in Israel and the Ancient Near East*, eds., J. G. Gammie and L. G. Perdue (Winona Lake: Eisenbrauns, 1990), 212, 216.

[38] A. Lemaire, "The Sage in School and Temple," in *The Sage in Israel and the Ancient Near East*, eds., J. G. Gammie and L. G. Perdue (Winona Lake: Eisenbrauns, 1990),

교에서 계속해서 만들어지고 읽혀지고 필사되고 전해졌는데, 지혜학교의 교사들은 지혜자(sage) 그 자체로 간주되는 것이 일반적이었다. 히튼(E. W. Heaton)도 고대 이집트의 경우와 연관시키면서 고대 이스라엘에 학교가 있었다는 것은 분명하며, 지혜문서는 바로 이 학교에서 만들어진 것이라고 주장했다.[39]

고대 이스라엘의 궁중 체계가 고대 근동, 특히 이집트의 것을 모방했다고 볼 때에, 예루살렘 궁중에 학교가 있었다는 것을 부인하기는 매우 어렵다. 만약 구약성서 본문에 증거가 없기 때문에 학교 존재를 부인한다면, 구약본문에 언급되지 않은 부엌, 화장실 등 일상생활과 연관된 것들의 존재도 인정하지 말아야 한다. 고대 이스라엘의 궁중에 학교가 있었다는 것을 부인하기 어렵지만, 그것이 오늘날 서구사회에서 존재하는 학교체계와 다르다는 것은 분명하다. 그 학교체계가 어떠했는가에 대한 문제는 여전히 연구과제로 남아 있다.

2) 지혜자 그룹은 있었는가?

지혜학교와 연관시켜서 제기될 수 있는 문제 중의 하나는 "지혜자들"(잠 22:17; 24:33; 렘 18:18)의 정체성에 관한 것이다. 즉, 고대 이스라엘에서 지혜자들은 제사장들이나 예언자들처럼 어떤 전문가 집단(professional group)을 형성하고 있었는지에 대한 것이다. 이 문제에 대해서 학자들의

165-181.

[39] E. W. Heaton, *The School Tradition of the Old Testament* (Oxford: Oxford University Press, 1994).

의견은 둘로 나뉜다. 지혜자 그룹이 있었다는 주장과 그런 전문직 그룹이 없었다는 주장이다. 예를 들면, 화이브레이는 지혜자들로 알려진 문서집 필가들이나 전문가계층의 존재를 입증할 만한 증거를 찾을 수 없다고 주장했다.[40] 그는 구약성서와 연관되어서 사용되는 "지혜자"란 말은 실제와 연관성이 없는 현대적 용어라고 주장했다. 그러나 크렌쇼는 지혜자라는 전문계층이 있었다고 주장하면서 그들은 서기관들이나 신하들을 교육시키는 전문교사들이라고 추정했다.[41] 머피도 지혜자들이 전문 계층을 형성했었다는 지적에 동의하지만, 그들의 정체성에 대한 정의는 불확실하게 남아 있다고 주장했다.[42]

"지혜자들"이 구체적으로 누구를 지칭하는지에 대한 문제는 여전히 논쟁의 여지로 남아 있다. 또한, 이 문제를 해결하는 데 이 단어가 사용된 문맥에 따라 그 의미가 달라질 수도 있다는 것도 고려되어야 한다. 예를 들면, 반 류벤(R. C. Van Leeuwen)은 렘 8:8-9의 지혜자들은 지혜로운 서기관들과 사람들일 수 있지만, 렘 18:18의 지혜자들은 왕의 고문관들(counselors)을 지칭한다고 지적했다.[43]

---

40 R. N. Whybray, *The Intellectual Tradition in the Old Testament*, 54.

41 J. Crenshaw, "The Sage in Proverbs," 212.

42 R. E. Murphy, *The Tree of Life*, 3.

43 R. C. Van Leeuwen, "The Sage in the Prophetic Literature," in *The Sage in Israel and the Ancient Near East*, eds., J. G. Gammie and L. G. Perdue (Winona Lake: Eisenbrauns, 1990), 304.

3) 지혜자가 속한 사회적 계층은?

이제 잠언의 사회적 배경의 문제를 살펴보자. 이것은 잠언의 최종 편집자(들)의 정체성과 연관된 문제이다. 즉, 여러 지혜문학 자료들을 한데 모아 한 권의 잠언으로 편집한 사람들은 누구인지 그리고 그들은 어떤 성향을 가진 자들이었는지에 대한 질문이다.

고르디스(R. Gordis)는 잠언을 포함한 지혜문학이 근본적으로 제2성전 시대 예루살렘에서 살았던 상류계층(upper class)의 산물이라고 제안했다.[44] 그에 의하면, 이 계층에는 지주들, 해외무역 거상들, 세금징수 청부인(taxfarmer) 등이 포함되는데 이들은 대제사장, 고위공직자 등과 결혼관계로 밀접하게 연합되어 있었다. 화이브레이(R. N. Whybray)는 잠언을 포함한 지혜문학을 고대 이스라엘의 지식계층의 산물로 규정하면서 그들은 교육을 잘 받은 다양한 지식계층 그룹에 속해 있었다고 지적했다.[45] 폰라드(G. von Rad)는 잠언의 내용이 단순히 궁중 지식의 산물이라고 여기는 것은 잘못되었다고 지적하면서 오히려 중류계층과 지주들이 제기하는 삶에 대한 문제와 더 깊이 연관되어 있다고 주장했다.[46] 이상과 같이 잠언의 출처에 대해서 학자들은 상류계층, 지식계층, 중류계층 등 다양하게 제시하고 있지만, 적어도 중류계층 이상이라는 데 동의한다. 잠언의 내용을

---

[44] R. Gordis, "The Social Background of Wisdom Literature," *HUCA* 18 (1943/44), 77-118.

[45] R. N. Whybray, *The Intellectual Tradition in the Old Testament*, 69-70. 이들은 지주들로 상류계층에 속했다.

[46] G. von Rad, *Wisdom in Israel*, 17.

고려할 때 어느 한 계층만의 산물로만 여기는 것은 바람직하지 않은 것 같지만, 이에 대한 논의는 계속되어야 하는 과제이다.

다른 한편, 페르시아 시대 유대사회를 구체적으로 제시하면서 잠언의 사회적 배경을 설명하려는 시도들이 있다. 예를 들면, 퍼듀(L. G. Perdue)는 페르시아 시대 유대사회를 크게 성직자파(The Hierocratic Party)와 선각자파 (The Party of the "Visionaries")로 나누었다.[47] 성직자파는 정치적·종교적 힘을 가진 사독 계열의 제사장들로 페르시아가 임명한 통치자들(governors), 온건한 예언자들(centrist prophets), 전통적 지혜자들(traditional sages) 등과 제휴관계에 있었다. 이들은 페르시아 시대 초기에는 대부분 바빌론 포로에서 돌아온 자들로 구성되어 있었다. 반면에 선각자파는 초기 묵시문학가들 (apocalypticists), 소외된 예언자들, 비판적인 지혜자들 등 권력에서 소외된 자들로 구성되어 있었는데, 몇몇 지도자들은 바빌론 포로에서 돌아온 사람들이었지만 바빌론이나 유대사회에서 모두 무시되었던 자들이었다.

퍼듀에 의하면, 잠언 1-9장은 아직 안정되지 않은 페르시아 시대 초반, 즉 기원전 6세기 후반과 5세기 초반 사이에 유대사회의 사회-정치적, 종교적 질서를 합법화하고 유지하며 통제하기 위해서 성직자파와 괘를 함께하는 전통적 지혜자들이 쓰고 편집한 것이다. 이 지혜자들은 서기관들을 양성하거나 교육시키는 성전학교(temple school), 가정 길드(family guild), 공공 교육기관(civil academy) 등 학교교육의 상황에서 가르치는 교사들이었는데, 유대사회 질서의 합법화를 위해 창조질서를 제시하고자 했다는

---

[47] L. G. Perdue, "Wisdom Theology and Social History in Proverbs 1-9," in *Wisdom, You Are My Sister: Studies in Honor of Roland E. Murphy*, O.Carm., *on the Occasion of His Eightieth Birthday*, ed., M. L. Barre (Washington, D.C.: CBAA, 1997), 78-101.

것이다.

여성신학적 관점에서 캠프(Camp)는 잠언에서 여성으로 묘사되는 지혜가 초기 페르시아 시대 사회에서 비교적 높은 신분의 여성의 이미지를 반영한다고 주장했다.[48] 그녀에 의하면, 경험이 풍부하고 지혜로운 여성들이 당시 가부장적 사회임에도 가정이나 공적인 장소에서 비공식적으로 중요한 역할을 담당했었는데, 지혜여성(Woman Wisdom)은 바로 이러한 여성의 사회적 영향력을 반영한다는 것이다.

잠언을 제2성전시대의 사회적 상황과 연관시키는 이러한 연구는 잠언의 사회학적 시각을 구체적으로 제시했다는 점에서 높이 평가될 수 있다. 잠언은 그동안 역사와는 거의 무관한 것으로 이해되어 왔다. 잠언에 내포되어 있는 내용들은 우주적 창조질서를 표현하는 것으로 어느 시대에나 적용될 수 있다고 여겨졌기 때문에 역사적·사회적 상황은 별로 중요하게 여기지 않았다. 그러나 잠언의 사회적 상황에 대한 연구는 지혜문서를 이해하고 해석하기 위해서도 역사적 배경을 고려해야 한다는 것을 말해 준다. 이것은 앞으로 더 진행되어야 할 연구과제이다.

5. 신학적 경향

잠언은 전통적인 인과응보의 신학을 반영하고 있다고 알려져 있다. 오

---

48 C. V. Camp, "The Female Sage in the Biblical Wisdom Literature," in *The Sage in Israel and the Ancient Near East*, eds., J. G. Gammie and L. G. Perdue (Winona Lake: Eisenbrauns, 1990), 190-194.

경이나 예언서들처럼 인간의 순종은 하나님의 복을 가져오고, 불순종은 하나님의 징벌을 가져온다는 가르침을 제시한다는 것이다. 그러나 잠언이 인과응보 법칙에 충실한지는 재검토해야 하는 문제이다. 예를 들면, 맥캔(J. C. McCann)은 잠언이 가난이나 불행을 하나님의 징벌로만 해석하지 않으며 반대로 모든 부(wealth)를 하나님의 보응으로 이해하지 않는다고 지적하면서, 잠언에 인과응보 이론을 기계적으로 적용하지 말아야 한다고 주장했다.[49] 잠언에 나와 있는 가난한 자에 대한 배려와 이들에 대한 하나님의 사랑 그리고 가난한 자에 대한 부자의 횡포 비난 등은 인과응보의 법칙을 넘어서 있다는 것이다. 또한, 부자를 하나님의 복 받은 자로 무조건 옹호하지 않는다는 것이다.

잠언에 인과응보의 법칙이 기계적으로 적용될 때, 하나님의 주권과 자유에 대한 문제가 제기될 수 있다. 즉, 모든 것이 인간의 행동에 의해 결정된다면, 하나님의 은총이나 개입을 말하는 것이 불가능하다는 것이다. 이것은 잠언의 신학적인 문제일 뿐만 아니라 모든 신학의 딜레마(dilemma)이기도 하다.

잠언의 신학적 연구의 또 다른 문제는 구약의 다른 책들과의 관계성에 관한 것이다. 앞서 언급한 것처럼, 잠언에는 계약, 출애굽, 약속 등 고대 이스라엘의 전통적 신앙 개념이 결여되어 있기 때문에 구약신학을 서술할 때 걸림돌이 되어 왔다. 그리하여 논의에서 잠언을 제외하거나 매우 간단

---

[49] J. C. McCann, "Wisdom's Dilemma: The Book of Job, the Final Form of the Book of Psalms, and the Entire Bible," in *Wisdom, You Are My Sister: Studies in Honor of Roland E. Murphy*, O.Carm., *on the Occasion of His Eightieth Birthday*, ed., M. L. Barre (Washington, DC: CBAA, 1997), 20.

하게 언급하고 넘어가기도 했다. 그러나 이러한 독특성에도 불구하고 양
자 사이에 연관성이 있다는 것을 입증하려는 연구가 이루어져 왔다. 즉,
잠언을 포함한 지혜문학이 구약의 다른 책들에서 어떠한 영향을 주었는지
그리고 이와는 반대로 오경이나 예언서 등 구약의 다른 책들이 잠언 형성
에 어떤 영향을 주었는지를 다루는 연구이다. 그동안 전자에 대한 연구는
매우 폭넓게 이루어져 왔고, 구약의 거의 모든 책들에서 지혜전승의 요소
들이 발견된다는 결론에 이르게 되었다.[50]

다른 한편, 최근 후자에 대한 연구도 심도 있게 이루어지고 있다.[51] 예를
들면, 해리스(S. L. Harris), 폭스(M. V. Fox) 등은 잠언 1:20-33이 예레미야,
스가랴 등 예언자들의 영향을 받아 형성되었다고 주장했다.[52] 델(K. J. Dell)
은 잠언 1-9장의 시 부분 특히 의인화된 지혜를 묘사할 때 예언적인 요소가
영향을 주었고, 교훈 부분은 신명기적 요소가 반영되어 있다고 주장했
다.[53] 또한, 퍼듀(L. G. Perdue)는 잠언 3:9-10; 10-31장 등에서 기도, 희생
제사, 제비, 서원 등 제의적인 요소가 발견된다고 주장했다.[54]

이상과 같은 잠언과 구약의 다른 책들의 연관성에 관한 연구는 잠언이
고대 이스라엘의 전통적인 신앙을 반영한다는 것을 보여 주었다. 또한,

---

[50] 이에 대한 연구는 D. F. Morgan, *Wisdom in the Old Testament Traditions* (Atlanta: John Knox, 1981)를 보라.

[51] 이에 대한 연구는 K. J. Dell, *The Book of Proverbs in Social and Theological Context*, 155-187을 보라.

[52] S. L. Harris, *Proverbs 1-9: A Study of Inner-biblical Interpretation* (Alpharetta: Scholars, 1996), 87-93; M. V. Fox, *Proverbs 1-9*, 104-105.

[53] K. J. Dell, *The Book of Proverbs in Social and Theological Context*, 167, 169.

[54] L. G. Perdue, *Wisdom and Cult* (Missoula: Scholars, 1977), 142-165.

잠언의 신학적 경향이 전통적 신앙으로부터 벗어나 있다는 일방적인 주장을 재고하게 만들었다. 이에 대한 연구는 앞으로 더 진행되어야 한다. 그리하여 잠언을 포함한 구약 전체의 신학적 통일성을 어떻게 정리해야 하는가에 대한 해답을 제시해야 한다. 또한, 이를 바탕으로 구속사 신학과 창조신학의 이분법적 구분을 극복하는 방법을 찾아야 한다.

6. 맺는말

잠언은 지혜문학 연구의 중심에 서 있기 때문에, 잠언 연구는 지혜문학 연구에 매우 밀접하게 연관되어 있다. 지혜의 기원과 개념은 무엇인가? 왕조시대인 고대 이스라엘에 학교는 존재했는가? 지혜문학을 만들어 낸 지혜자 그룹의 정체성은 무엇인가? 지혜운동과 야웨 신앙은 무관한가? 이러한 문제들은 고대 이스라엘의 지혜문학 연구에서 매우 뜨거운 논쟁거리로 남아 있으며, 이에 대한 논의결과는 잠언 해석에 매우 중요하게 작용하고 있다.

잠언 자체의 문학적, 사회학적, 신학적 문제도 주요 해석학적 과제로 남아 있다. 다양한 문서들로 구성된 잠언이 구조적 통일성을 함축하고 있다는 것은 분명하지만, 이를 입증하기는 쉽지 않다. 또한, 잠언이 페르시아 시대에 편집되었다는 것은 분명하지만, 다양한 고대 자료들의 사회적 상황과 최종 편집 단계에 반영된 사회적 요소들이 무엇인지에 대한 문제는 연구과제로 남아 있다. 잠언의 신학적 경향 역시 해결해야 할 과제이다. 잠언에 인과응보의 법칙이 작용하고 있다는 것은 일반적으로 받아들여지지만, 이 법칙을 모든 내용에 기계적으로 적용할 수 없기 때문에 이에 대한 대안이 필요하다. 또한, 잠언과 구약의 다른 책들과의 관계성에 관한 연구도 필요하다. 왜냐하면 이를 통하여 구약신학의 지평을 더 넓힐 수 있고, 통전적인 구약신학을 서술할 수 있기 때문이다. 이상과 같은 해석학적 과제들은 잠언을 공시적이고 통시적으로 폭 넓게 이해하기 위해 연구해야 할 대상이다.

제 2 장

지혜문학의 영성

1. 들어가는 말

지혜문학의 영성은 무엇인가? 욥기, 잠언, 전도서에 나타나 있는 영성은 무엇인가? 지혜문학의 영성을 한마디로 표현하기는 어렵다. 왜냐하면 이 세 권의 책은 어느 한 저자의 작품이 아니라 여러 사람들에 의해 쓰였거나 편집되었기 때문에, 그리고 고대 이스라엘뿐만 아니라 고대 근동의 전승들도 포함하고 있기 때문이다. 즉, 다양한 영성이 나타나 있기 때문이다. 그럼에도 불구하고, 이 작품들에 나타나 있는 영성을 논하려는 것은, 지혜문학이라는 독특성을 공유하고 있기 때문이다.[1] 즉, 인간의 이성과 경험을 통하여 명상하고 사색하면서 우주의 질서와 원리를 찾아 인간의 삶에 적용하여 보려는 경향을 공통적으로 가지고 있기 때문이다. 지혜문학의 저자들은 이러한 노력을 통하여 실용적이고 성공적인 삶을 추구하기를 원했었다.

---

1 고대 이스라엘 지혜문학의 일반적인 특징에 대해서는 J. L. Crenshaw, *Old Testament Wisdom: An Introduction* (Atlanta: John Knox, 1981),『구약 지혜문학의 이해』, 강성렬 역 (서울: 한국장로교출판사, 1993), 22-25를 보라.

지혜문학의 사고와 삶에 대한 자세는 오늘날과 유비적 관계에 있다. 예를 들면, 인간의 이성과 경험을 중요시하는 지혜문학의 사고는 과학적이고 합리적인 사고를 추구하는 오늘날과 매우 유사하다. 또한, 자연과 우주의 질서를 신뢰하고 확신하는 태도는 최근 환경과 생태계의 질서를 보존하려는 경향과 맥을 같이한다. 뿐만 아니라 모든 삶을 하나의 원리에 기계적으로 맞추기를 거부하고 그러한 태도에 대해 회의하는 자세는 삶의 다양성과 다원성을 인정하려는 오늘날의 경향과 유사하다. 이와 같은 유비적 관계는 지혜문학이 소위 포스트모던(post-modern) 사회를 살아가는 우리들의 영성을 위해 적절한 시각을 부여해 줄 수 있다는 것을 의미한다. 이제 지혜문학의 영성을 고찰하기 전 먼저, 영성이란 용어의 개념부터 정의해 본다.

2. 영성의 정의

전통적으로 하나님과 인간의 관계를 나타내는 용어로 신앙, 믿음, 경건 등이 사용되었다. 그러나 오늘날 이러한 용어보다는 영성이란 용어가 더 선호되고 있다. 전통적인 용어는 보수적이고 배타적인 색채가 내재되어 있는 것으로 보이기도 하고, 하나님과 인간의 관계를 포괄적으로 담아 내지 못한다고 여겨지기도 한다. 반면 영성이란 용어에는 에큐메니칼적이고 개방적이며 통전적이고 포용적인 분위기가 담겨져 있는 것으로 여겨진다.

하나님과 인간의 관계를 나타내는 전통적인 용어들이 다양하게 정의되듯이 영성이란 용어도 그러하다. 예를 들면, 영성이란 전통적으로 경건,

금욕주의, 신비체험, 수도생활 등을 나타내는 용어로 사용되었다. 그러나 최근 보다 더 포괄적으로 그리스도인의 삶(Christian life), 하나님과의 만남을 통하여 형성되는 인간의 능력(capacity), 하나님과의 교제(communion), 삶에 대한 인간의 태도, 특정 종교 현상과 같은 배타적인 개념이 아니라 통전적인 인간의 삶을 향한 성장 등으로 정의되기도 한다. 즉, 영성이란 용어는 개인적인 차원에서부터 사회적 차원까지 그리고 기독교적 차원에서부터 초기독교적 차원까지 다양하게 정의되고 있다.

영성이 다양하게 정의되고 있는 상황에서, 지혜문학의 영성을 논하기 위해 우리는 이 용어를 무어라 정의해야 하는가? 지혜문학의 영성을 논하는 목적은 무엇인가? 지혜문학의 영성을 고찰하면서 얻는 고유한 유익은 무엇인가?

디오게네스 알렌(Diogenes Allen)은 『영성신학』(Spiritual Theology)이란 책에서 오늘날 교회에는 다음 네 가지 공통점이 있다고 지적했다.[2] 첫째는 신앙부흥운동(revivalism)이고, 둘째는 기독교교육이며, 셋째는 목회상담이고, 넷째는 사회적 행동(action)이다. 그는 교회에서 신앙부흥운동이 기독교인으로 만들기 위한 개종 작업으로 인식된다고 지적하면서, 이것만으로는 교인들의 지속적인 영적 성장을 유지하는 데 충분치 않다고 주장했다. 또한, 신앙부흥운동의 한계성을 극복하기 위하여 교회에서는 기독교교육, 목회상담, 사회활동 등이 시도되고 있지만, 이들 역시 교회가 영적인 성장을 하는 데 충분치 않다고 했다. 개종한 사람들을 기독교교육

---

2 D. Allen, *Spiritual Theology: The Theology of Yesterday for Spiritual Help Today* (Cambridge: Cowley, 1997), 15.

을 통하여 가르치고, 교인의 삶의 문제에 대해 목회적인 상담을 하며, 사회복지나 사회정의 문제에 교회가 적극 참여하는 것들도 필요하지만, 또 다른 측면이 여전히 필요하다는 것이다.

알렌은 오늘날 신학자들이 별로 관심을 기울이지 않는 성화(sanctification)가 이러한 공백을 채울 수 있다고 제안했다.[3] 즉, 지속적인 신앙생활과 영적인 성숙을 위해서는 칭의(justification)와 불가분리의 관계에 있는 성화가 반드시 필요하다는 것이다. 그는 하나님의 거룩성을 추구하는 성화가 영성(spirituality)과 관련되어 있다고 지적했다. 성화를 추구하는 삶과 영성을 추구하는 삶은 그리스도인들이 개종 이후 죽음에 이를 때까지 신앙을 위해서 지속적으로 추구해야 한다는 점에서, 그리고 신앙의 성숙을 위해서 반드시 필요하다는 점에서 공통점이 있다는 것이다. 또한, 그는 영성 신학의 임무가 하나님과 이웃을 사랑하라는 명령에 순종하려는 사람들을 인도해 주는 것이라고 제안했다.[4]

영성과 성화를 연관시키는 알렌의 견해를 고려하면서 정의한다면, 영성이란 회심(conversion)에서부터 죽을 때까지 인간이 하나님과의 관계 혹은 하나님과의 만남을 유지하기 위해 필요한 능력 혹은 힘이라고 할 수 있다. 그리고 이 힘은, 구티에레즈의 말을 빌어 표현하자면, "모든 것을 포괄하고 종합하고 우리 생의 총체적인 면과 세부적인 면을 아울러 활기차게" 만드는 능력이다.[5] 즉, 영성이란 인간의 내적인 면과 외적인 면, 자연과 사회, 성과 속 등을 총체적이고 통전적으로 이해하고, 이 모두를 활력 있게

---

3 Ibid.

4 Ibid., 9.

5 G. Gutiérrez, 『해방신학: 역사와 정치와 구원』, 성념 역 (왜관: 분도출판사, 1977), 262.

만드는 능력이라는 말이다. 따라서 영성이란 위로 하나님과의 관계를 지속하는 힘이며, 동시에 아래로 인간의 삶과 이에 연관된 모든 것을 상호관계성 속에서 이해하고 활기차게 만드는 능력이라고 할 수 있다. 이런 의미에서 영성은 "성령의 지배"(dominion of the Spirit)이며,[6] "하나님과의 관계 속에서 우리의 삶을 통합하고 인도하는 신념이요 가치요 실천"이라고 말할 수 있다.[7] 그러므로 영성을 추구하는 사람은 하나님과의 관계가 증진될 수 있고, 자신뿐만 아니라 자신이 속한 공동체와 사회를 활기차게 만들 수 있으며, 자연의 질서를 보존할 수 있다. 영성은 신앙고백적인 측면에서 하나님의 선물로 주어지는 것이지만, 인간도 이를 얻기 위하여 부단히 훈련하고 노력해야 한다.

인간이 영성을 추구하는 방식이나 표현하는 방법은 다양하다. 기도, 예배, 수도생활, 금욕생활 등 전통적인 방법도 있지만, 해방신학자들처럼 가난, 불의, 폭력 등이 존재하는 삶의 현장에서 영성을 추구하거나 표현하는 방식도 있다. 마치 신앙이나 경건의 형태나 추구방식이 다양한 것처럼 영성도 그러하다는 것이다.

다른 한편, 신학이란 용어가 그리스도교 신학의 전유물이 아니듯이, 영성이란 용어도 그러하다. 그리하여 불교의 영성이나 이슬람의 영성이라는 용어가 사용되기도 하고, 심지어 비종교인들의 삶에 대한 통전적 자세와 태도까지도 영성이란 용어로 표현하기도 한다.

---

6 Ibid. 구티에레즈에 의하면, "영성은 성령의 영감을 받아 복음을 생활에 옮기는 구체적인 방도이다. 영성은 만인들과 유대를 이루어 '주님의 눈앞에서' 사는 길이며, '주님을 모시고' 인간들의 눈앞에서 사는 길이다."

7 J. Alexander, "What Do Recent Writers Mean by Spirituality?" *Spirituality Today* 32 (1980), 253.

그렇다면, 영성을 위하여 성서학자가 수행해야 하는 임무는 무엇인가? 성서학자는 영성을 위해 텍스트와 함께 무엇을 할 수 있는가? 그것은 오늘을 살아가는 개인과 공동체의 통전적인 삶을 위해서, 실용적이고 실천적인 메시지를 성서에서 찾아내는 것이다. 즉, 성서는 오늘의 세상을 살아가는 방식과 태도에 대해서 무어라 가르치는가, 하나님의 사랑과 보살핌에 대해서 무어라 응답하는가, 경험과 삶을 어떻게 이해하고 해석하는가 등에 대한 대답을 찾아내는 것이다.

3. 지혜와 영성

영성이 인간과 하나님의 관계를 유지하는 힘이요 모든 것을 활기차게 하는 능력이자 삶의 자세와 태도라고 한다면, 지혜문학에서 인간에게 추구하라고 가르치는 지혜개념과 동일시될 수 있는가? 지혜와 영성이란 개념은 상호연관성이 있는가? 이 둘의 관계는 어떻게 묘사될 수 있는가?

지혜문학에서 지혜라는 용어는 매우 유동적인 특성을 가진 말로 다양하게 이해될 수 있다. 마치 영성이란 용어가 유동적으로 사용되는 것과 마찬가지이다. 구약성서에서 지혜를 뜻하는 히브리어 "호크마"는 구약 전체에서 318회 사용되는데, 이 중 욥기, 잠언, 전도서 등 지혜문학에서 183회 나온다. 이 용어는 사고방식, 삶의 방식, 문학작품, 여러 가지 전문적인 기술이나 기교, 의미나 질서의 탐구, 일반적인 상식, 하나님에 대한 경외, 도덕적인 감수성, 지식 등을 언급할 때 사용된다. 또한, 호크마는 지혜를 여성형으로 의인화할 때 사용되기도 하는데, 이 의인화된 지혜는 창조주의 조력자(잠 8:22-31), 어머니(잠 31:1-9), 매력적인 여인, 애인, 현숙한 아내(잠 7:4; 31:10-31) 등으로 묘사되기도 한다.

기원전 2세기경에 쓰인 지혜문학이자 구약외경에 속하는 집회서(Ecclesiasticus)에서 지혜는 토라(=오경, 율법)와 동일시된다. 토라와 지혜를 동일시하려는 움직임은 신명기 저자에게서 이미 시작되었다고 볼 수 있으나(신 4:6), 집회서에서 이 둘은 분명하게 동일시되고 있다. 지혜가 바로 토라요, 하나님이 이스라엘에게 주신 말씀이며, 토라는 바로 지혜의 성육신(incarnation)이라는 것이다.

구약외경에 속하고 기원전 1세기 초에 쓰인 솔로몬의 지혜서(Wisdom of Solomon)는 헬라철학의 영향을 받아 지혜의 개념을 위격화(hypostatization)했다. 위격화란 지혜가 하나님으로부터 신성을 가지고 나왔으며 영적인 존재로 활동한다는 것을 뜻한다. 따라서 영적인 존재인 지혜와 하나님은 때로 구별되기도 하지만, 동일시되기도 한다(7:24-30). 또한, 지혜를 정의, 선, 주님의 영, 성령, 주님의 힘 등과 동일시하기도 한다.

솔로몬의 지혜서와 마찬가지로 구약위경에 속하는 에녹일서도 지혜를 영적인 존재로 언급한다. 그러나 솔로몬의 지혜서에서 영적인 지혜는 지상에서 활동하지만, 에녹일서에서는 활동하지 않는다. 왜냐하면 묵시문학적 세계관을 반영하고 있는 에녹일서에서 이 땅은 더 이상 하나님의 활동 영역이 아니기 때문이다. 그리하여 에녹일서는 영적인 지혜가 하늘로부터 지상에 내려와 처소를 마련하려고 했지만, 타락한 인간 세상에서 자리를 잡지 못하고 본래의 자리로 되돌아갔다고 한다(42:2).[8]

---

8 지혜전승과 지혜개념의 변천은 초기 기독교의 기독론과 성령론 형성에 지대한 영향을 주었다.

이와 같이 지혜문학과 지혜전승에서 지혜라는 말은 다양하고 매우 폭넓게 사용되고 있지만, 이러한 지혜개념에는 하나님의 우주질서와 창조에 대한 신뢰가 내포되어 있고, 지혜는 인간이 추구해야 한다는 것을 공통적으로 가르치고 있다. 따라서 영성과 관련하여 말하자면, 지혜란 하나님을 경외하게 하고 개인의 행동을 바르게 하며 사회를 정의롭게 하고 자연과 우주질서를 존중하게 하는 힘이자 능력이라고 정의할 수 있다. 또한, 지혜란 하나님과 관련하여 자연과 인생을 바라보는 태도이자 자세라고 할 수 있다. 이런 의미에서의 지혜개념은 영성과 동일시될 수 있다.

4. 만남의 영역

성서의 영성이 하나님과의 만남을 조건으로 한다면, 그러한 만남이 어디에서 이루어지는 것인가? 이 문제는 무엇보다 중요하다. 왜냐하면 하나님과 인간이 만나는 장소가 어디인가라는 문제에 대한 대답은 영성의 특징과 깊이 연관되어 있기 때문이다. 하나님을 만나고 체험하는 장소가 어디인가에 따라 영성의 내용이 달라질 수 있다. 예를 들면, 전통적인 교회에서 하나님을 만난 사람의 영성과, 가난한 사람들과 함께하는 사회참여적인 그리스도인의 영성은 분명히 차이가 있다. 전자는 전통적인 가치와 신앙

이에 관한 연구에 대해서는 R. L. Wilken, *Aspects of Wisdom in Judaism and Early Christianity* (Notre Dame: University of Notre Dame Press, 1975); K. M. O'Connor, *The Wisdom Literature*, 185-192; A. R. Ceresko, *Introduction to Old Testament Wisdom: A Spirituality for Liberation* (Maryknoll: Orbis, 1999), 171-180을 보라.

관을 중요시하지만, 후자는 오늘날 사회의 정의와 불의 그리고 빈부격차에 관심이 더 많을 수 있다. 그러기 때문에 개인구원이 먼저냐 사회구원이 먼저냐, 교회가 사회정의에 어느 정도까지 관심을 기울여야 하느냐 등의 문제가 매우 중요한 신학적 토론의 주제가 되기도 한다.

지혜문학은 하나님과 인간이 만나고 관계를 맺는 장소를 어디라고 하는가? 지혜문학은 하나님에 의하여 창조된 세상에서 살고 있는 인간의 일상적인 경험을 다룬다.[9] 여기에는 이스라엘 역사에서 활동하시는 하나님의 모습이나 구속사, 계약, 약속과 성취 등 오경이나 예언문학에서 중요하게 다루어지는 개념들이 나타나 있지 않다.[10] 오히려 지혜로운 사람들이 일상생활에서 공통적으로 느끼는 "간음의 위험이나 혀의 위험, 술의 위험, 수수께끼와도 같은 애매한 고통, 삶의 불공평함, 죽음의 궁극성 등"을 다룬다.[11] 하나님은 이러한 문제를 해결하기 위하여 지혜를 주시는 분이시며, 인간은 이성, 사색, 토론 등을 통하여 그 지혜를 찾고 해답을 얻어야 한다. 따라서 지혜문학이 하나님을 만나는 장소로 제시하는 곳은 바로 일상적인 인간의 삶이라고 할 수 있다.[12] 온갖 삶의 문제들과 부딪치는 일상적인 삶이 하나님과 관계를 맺는 영역이라는 말이다. 지혜문학에서 말하는 일상생활을 더 구체적으로 묘사하면 다음과 같다.

첫째로, 인간의 일상적인 삶에는 모든 것이 총체적으로 결합되어 있다.

---

9 R. E. Murphy, *The Tree of Life: An Exploration of Biblical Wisdom Literature* (New York: Doubleday, 1990), 1.

10 천사무엘, "구약성서의 지혜문학과 창조신앙," 「기독교문화연구 2」 (1997), 305-306.

11 J. L. Crenshaw, 『구약 지혜문학의 이해』, 24.

12 K. M. O'Connor, *The Wisdom Literature* (Wilmington: Michael Glazier, 1988), 15.

즉, 기쁨과 고통, 아름다움과 추함, 질서와 불확실성, 조화와 갈등, 공존과 투쟁, 성과 속, 정의와 불의 등이 통전적으로 내포되어 있다. 지혜문학은 이와 같은 삶의 여러 모습들 중 투쟁, 고통, 불확실성 등 소위 부정적인 면들은 인간이 도피해야 되는 대상이 아니라고 한다. 오히려 이러한 요소들은 삶의 한가운데에서 피할 수 없이 엄존하고 있는 현실이며, 소위 긍정적인 일상의 면들과 함께 삶의 일부분으로 받아들여야 하는 대상으로 여긴다. 왜냐하면 인간은 이 모든 요소들을 통하여 삶의 가치를 발견하고, 적절한 행동 방향을 결정할 수 있기 때문이다.

둘째로, 지혜문학에서 말하는 인간의 일상생활은 공동체를 떠나서는 이해할 수 없다. 공동체로부터 벗어나려는 시도나 공동체를 떠나 은둔하려는 삶을 지혜문학은 가르치지 않는다. 여기에서 공동체란 가족과 민족을 넘어서 이방인들까지도 포함한다. 공동체에는 다양한 종류의 사람들이 살고 있다. 왕과 신하, 백성, 부모, 자식, 형제, 누이, 가난한 자, 부자, 지혜자, 어리석은 자, 기술자, 이방인, 예술가, 학자, 학생 등이다. 개인의 일상적인 삶은 이들이 함께 살아가는 공동체 안에서, 그리고 공동체와 유기적인 관계를 통해서 이루어진다. 그리하여 공동체는 개인의 존재와 행동에 의미를 부여하고, 개인은 공동체의 구조 안에서 이해된다. 개인이 공동체를 떠난다는 것은 곧 죽음을 의미한다.

셋째로, 인간의 일상적인 삶은 인간들만의 삶이 아니다. 동물, 식물, 돌, 산, 물, 해, 달, 별, 바람, 비, 눈 등 자연과 환경에 연관되어 있다. 인간의 삶은 이러한 자연과 주변 환경에 영향을 받기도 하고 주기도 하면서 이루어진다. 인간이 자연과 환경을 떠나서 산다는 것은 불가능하다. 심지어 죽어서까지도 인간의 몸은 자연의 일부로 돌아간다.

넷째로, 인간의 일상적인 삶에는 하나님이 늘 관여하고 계신다. 하나님은 인간뿐만 아니라 모든 자연환경을 창조하셨고, 창조된 세계가 유지되도록 질서를 놓으셨다. 그리하여 하나님은 인간이 일상적인 삶에서 생명을 유지하면서 살 수 있도록 지탱하시고 돌보신다. 인간의 일상생활은 하나님 없이는 생각할 수 없으며, 그러기 때문에 삶의 온갖 불합리성을 느끼면서도 하나님이 주시는 지혜를 추구하고, 하나님이 놓으신 법과 질서에 순종하며 살아야 한다.

개인과 공동체, 하나님과 자연, 고통과 즐거움, 질서와 무질서 등이 함께 어우러져 있는 인간의 일상적인 삶은 마치 물건을 사고파는 시장(market)과도 같다.[13] 시장은 다양한 생각, 경험, 계층, 직업 등을 가지고 있는 수많은 사람들, 일상생활을 위해 모아 둔 수많은 물건들, 때로는 불필요하다고 생각되는 물건이나 행동 등으로 구성되어 있다. 여기에는 우글거림과 복잡함, 무질서와 시끄러움, 다툼과 속임 등이 있을 뿐만 아니라, 정돈, 질서, 침묵, 대화 등도 있다. 그리고 이러한 질서와 무질서의 복잡한 상황 속에서 시장 본래의 목적인 상거래가 이루어진다.

지혜문학은 시장과도 같은 우리의 일상생활이 하나님을 만나는 장소라고 한다. 하나님과 관계를 맺는 곳은 개인의 영혼, 예배나 기도 등 종교적 행동, 성전이나 수도원 등 특별한 장소에 제한되는 것이 아니라, 자연, 우주, 환경, 공동체 등을 포괄하는 일상적인 삶이라는 것이다. 따라서 삶의 한복판에서 하나님을 만나는 행위는 자연스러운 일이며, 이러한 일상적인 경험을 통해서 인간의 영성이 추구된다. 이것은 일상생활과 신앙생활이

---

13 Ibid., 14.

서로 분리되어 있는 것이 아니라 하나로 통합되어 있는 영역이요, 이 통합된 영역은 하나님의 창조를 통전적으로 경험할 수 있고 해야 하는 장소라는 것을 의미한다.

하나님을 만나는 장소가 일상생활이라는 지혜문학의 가르침은 신앙적, 신학적이 아니라 세속적이라는 오해를 받기도 한다. 실제로 지혜문학이 최근에 와서야 성서학자들의 관심 대상이 된 것은 이러한 오해 때문이었다. 그러나 고대 이스라엘 사회에서 성과 속의 구별은 존재하지 않는다. 성과 속의 이분법적 구분은 현대적 개념이요, 현대인의 일방적인 구별이다. 지혜문학은 일상생활의 경험으로부터 생기는 인간의 문제들에 대한 해답을 찾기 위하여 하나님을 배제하지 않는다. 오히려 하나님 앞에서 바른 인간이 된다는 것이 무엇을 의미하는 것인가라는 질문을 매일의 일상적인 삶에서 끝임 없이 제기하고 있는 것이다. 케슬린 오코너(Kathleen M. O'Connor)가 지적하는 것처럼, "지혜문학은 삶에 하나님을 강요하는 것이 아니라, 일상생활의 모든 면에서 하나님의 현존과 행동을 전제하고 있는 것이다".[14]

5. 영성 추구 방식

지혜문학에 의하면, 인간이 일상적인 삶에서 영성을 추구하는 방법은 다양하다. 즉, 하나님과의 관계에서 우리의 삶을 통합하고 인도하는 가치

---

[14] Ibid., 17.

나 신념 그리고 실천방법 등은 여러 가지 방식을 통해서 추구된다.

1) 관찰

인간은 관찰을 통해서 지혜를 발견하고 영성을 추구한다. 관찰의 대상은 인간이 일상생활에서 만나는 모든 것들이다. 예를 들면, 개미, 오소리, 메뚜기, 도마뱀 등 동물의 행동(잠 6:6-8; 30:24-28)이나 게으른 자의 삶(잠 6:10-11), 술을 좋아하는 자의 삶(잠 23:29-30), 수다스러운 행동(잠 10:19), 참는 자의 삶(잠 16:32) 등을 관찰하면서 가치 있는 삶의 태도나 행동방식을 발견한다.

【동물의 행동】

"땅에서 아주 작으면서도 가장 지혜로운 것이 넷이 있으니,

곧 힘이 없는 종류이지만 먹을 것을 여름에 예비하는 개미와,

약한 종류이지만 바위 틈에 자기 집을 짓는 오소리와,

임금은 없으나 떼를 지어 함께 나아가는 메뚜기와,

사람의 손에 잡힐 것 같은 데도 왕궁을 드나드는 도마뱀이다"

(잠 30:24-28).

【게으른 사람】

"'조금만 더 자야지, 조금만 더 눈을 붙여야지,

조금만 더 팔을 베고 누워 있어야지' 하면,

네게 가난이 강도처럼 들이닥치고,

빈곤이 방패로 무장한 용사처럼 달려들 것이다"(잠 6:10-11).

【술 취한 사람】

"재난을 당할 사람이 누구며, 근심하게 될 사람이 누구냐?

다투게 될 사람이 누구며, 탄식할 사람이 누구냐?

까닭도 모를 상처를 입을 사람이 누구며, 눈이 충혈될 사람이 누구냐?

늦게까지 술자리에 남아 있는 사람들,

혼합주만 찾아다니는 사람들이 아니냐!

잔에 따른 포도주가 아무리 붉고 고와도,

마실 때에 순하게 넘어가더라도, 너는 그것을 쳐다보지도 말아라.

그것이 마침내 뱀처럼 너를 물고, 독사처럼 너를 쏠 것이며,

눈에는 괴이한 것만 보일 것이며,

입에서는 허튼 소리만 나올 것이다.

바다 한가운데 누운 것 같고, 돛대 꼭대기에 누운 것 같을 것이다.

'사람들이 나를 때렸는데도 아프지 않고,

나를 쳤는데도 아무렇지 않다.

이 술이 언제 깨지? 술이 깨면, 또 한 잔 해야지' 하고 말할 것이다"

(잠 23:29-35).

【수다쟁이】

"말이 많으면 허물을 면하기 어려우나,

입을 조심하는 사람은 지혜가 있다"(잠 10:19).

【참는 사람】

"노하기를 더디 하는 사람은 용사보다 낫고,

자기의 마음을 다스리는 사람은 성을 점령한 사람보다 낫다"(잠 16:32).

이와 같이 지혜문학은 동물의 삶이나 자연현상, 그리고 온갖 특성을 가진 모든 사람들의 삶을 관찰하면서 조화로운 삶, 우주질서에 부합되는 삶의 방식을 찾는다. 그것이 긍정적인 것이든 부정적인 것이든, 대단한 것이든 하찮은 것이든, 권할 만한 것이든 비난받을 만한 것이든 가리지 않고 가장 바람직한 삶과 이를 위한 교훈을 제시한다.

2) 사색과 명상

지혜문학에서 영성은 사색과 명상을 통해서도 추구된다. 사색이나 명상의 대상 역시 일상적인 삶에서 만나는 모든 것이지만, 특히 해결하기 힘든 인생의 문제는 주요 대상이다. 예를 들면, 전도서는 깊은 사색과 명상을 통하여 그동안 당연시되어 왔던 우주질서에 대해 회의적인 사고를 전개한다. 그리하여 죽음은 의인의 삶이나 악인의 삶을 모두 헛되게 한다고 한탄한다(2:16-17).

"사람이 지혜가 있다고 해서 오래 기억되는 것도 아니다.

지혜가 있다고 해도

어리석은 사람과 함께 사람들의 기억에서 영원히 사라져 버린다.

슬기로운 사람도 죽고 어리석은 사람도 죽는다.

그러니 산다는 것이 다 덧없는 것이다.

인생살이에 얽힌 일들이 나에게는 괴로움일 뿐이다.

모든 것이 바람을 잡으려는 것처럼 헛될 뿐이다"(전 2:16-17).

또한, 인간이 아무리 지혜가 있다고 해도 하나님의 계획이나 세상에서 이루어지는 일을 완전히 알 수 없다고 한다.

"내가 마음을 다하여 지혜가 무엇인지를 알고자 하였을 때에, 그리고 땅 위에서 밤낮 쉬지도 않고 수고하는 사람의 수고를 살펴보았을 때에, 하나님이 하시는 모든 일을 두고서, 나는 깨달은 바가 있다. 그것은 아무도 이 세상에서 이루어지는 일을 이해할 수는 없다는 것이다. 그 뜻을 찾아보려고 아무리 애를 써도, 사람은 그 뜻을 찾지 못한다. 혹 지혜 있는 사람이 안다고 주장할지도 모르지만, 그 사람도 정말 그 뜻을 알 수는 없는 것이다"(전 8:16-17).

전도서가 제시하는 이러한 사색과 명상은 전통적인 지혜와 삶의 명제에 대해 회의적 태도를 취한다. 그러나 전도서의 이러한 회의주의는 전통적인 가치에 대한 전면적인 부정으로 끝나지 않는다. 오히려 우리가 사는 이 세상의 삶은 매우 복잡하고 역동적이라는 결론을 도출한다.

3) 대화와 토론

인간은 다른 사람들과의 대화와 토론을 통해서도 영성을 추구한다. 일상생활에는 침묵도 있지만, 대화와 토론도 있다. 인간은 일상적인 삶에서 다른 사람과의 대화와 토론을 통하여 자신의 생각을 표출하기도 하고 정리하기도 하면서, 옳고 그름을 판단할 수 있는 지혜와 지식을 얻는다. 예를 들면, 욥기에서 욥은 세 친구들과 악의 문제에 대해서 토론을 벌인다. 욥의 친구들은 인과응보의 교리에 의하여 욥의 고통이 죄악의 결과라는 것을 입증하려고 노력한다. 그러나 욥은 인과응보의 교리가 틀린 것은 아니지만 자신의 고통을 설명하기에는 충분하지 않다고 반박한다.

"욥이 대답하였다.
네가 언제까지 내 마음을 괴롭히며,
어느 때까지 말로써 나를 산산조각 내려느냐?
너희가 나를 모욕한 것이 이미 수십 번이거늘,
그렇게 나를 학대하고도 부끄럽지도 않으냐?
참으로 내게 잘못이 있다 하더라도,
그것은 내 문제일 뿐이고, 너희를 괴롭히는 것은 아니다.
너희 생각에는 너희가 나보다 더 낫겠고,
내가 겪는 이 모든 고난도 내가 지은 죄를 증명하는 것이겠지"(욥 19:1-5).

뿐만 아니라 욥은 하나님과 대화하면서 자신의 불행한 처지에 대해서 항변하기도 한다.

"주님, 내가 주님께 부르짖어도, 주님께서는 내게 응답하지 않으십니다.
내가 주님께 기도해도, 주님께서는 들은 체도 않으십니다.

주님께서는 내게 너무 잔인하십니다.

힘이 세신 주님께서, 힘이 없는 나를 핍박하십니다.

나를 들어 올려서 바람에 날리게 하시며,

태풍에 휩쓸려서 흔적도 없이 사라지게 하십니다.

나는 잘 알고 있습니다.

주님께서는 나를 죽음으로 몰아넣고 계십니다.

끝내 나를 살아 있는 모든 사람들이 다 함께 만나는

그 죽음의 집으로 돌아가게 하십니다.

주님께서는 어찌하여 망할 수밖에 없는 연약한 이 몸을 치십니까?

기껏 하나님의 자비나 빌어야 하는 것밖에는

아무것도 할 수 없는 보잘것없는 이 몸을,

어찌하여 그렇게 세게 치십니까?"(욥 30:20-24).

욥기에서 진행되는 대화와 토론은 비록 신정론에 머물고 말지만, 욥에게는 하나님과의 관계를 새롭게 맺을 수 있는 출발점이 되었다. 즉, 고통의 의미가 무엇인지, 하나님의 정의가 무엇인지 분명하게 대답하지 않지만, 이 고통을 통하여 하나님을 새롭게 만날 수 있었다는 것이다.

"욥이 주님께 대답하였다.

주님께서는 못하시는 일이 없으시다는 것을, 이제 저는 알았습니다……

잘 알지도 못하면서, 감히 주님의 뜻을 흐려 놓으려 한 자가 바로 저입니다……

주님이 어떤 분이시라는 것을, 지금까지는 제가 귀로만 들었습니다.

그러나 이제는 제가 제 눈으로 주님을 뵙습니다.

그러므로 저는 제 주장을 거두어들이고,

티끌과 잿더미 위에 앉아서 회개합니다"(욥 42:1-6).

이상과 같이 지혜문학에서 가르치는 영성추구의 방법은 일상적인 생활 방식에서 찾을 수 있는 것들이다. 우리의 삶이 시장과 비교될 수 있는 것처럼, 복잡한 모든 삶의 방식이 영성추구의 방법이 될 수 있다는 것이다. 이러한 영성추구 방법은 하나님이 우리의 모든 일상생활에 함께하시고 우리의 일상적인 삶은 하나님 없이는 존재하지 않다는 전제하에서 가능하다.

6. 해방을 위한 영성

지혜문학에서 추구하는 영성은 개인과 공동체가 어리석음의 속박으로부터 벗어나는 해방과 자유이다. 지혜문학에서 말하는 어리석음이란 지혜와 대비되는 말로서, 하나님과의 지속적인 관계 유지를 방해하고 개인과 공동체의 평화로운 삶을 위협하며 자연의 질서를 거스르는, 모든 사고와 행동을 뜻한다. 즉, 어리석음이란 게으름, 수다스러운 행동, 여자의 유혹에 빠짐, 알코올 중독, 고집, 교만, 탐욕, 삶의 무기력증 등 개인의 바람직하지 못한 행동과 동일시되기도 하지만, 사회적 불의, 악, 불신앙 등 보다 더 심각한 의미로 사용되기도 한다. 지혜문학은 인간이 이러한 어리석은 행동에서 해방되어 바람직한 삶의 태도와 행동을 취할 것을 권고한다. 이제 지혜문학에서 가르치는 삶에 대한 태도와 자세가 무엇인지를 살펴본다.

1) 패러독스의 삶

지혜문학에 의하면, 세상은 하나님의 창조물이기 때문에, 모든 것에는 질서와 원리가 있다. 우주에 질서가 있듯이, 인간의 삶에도 법칙과 원리가 있다. 인간은 어떻게 행동하느냐에 따라 성공하기도 하고 실패하기도 하는데, 성공을 위해서는 바른 삶의 법칙을 따라야 한다. 여기에서 삶의 법칙이란 어느 하나일 수는 없다. 인생은 어느 하나의 법칙을 빈틈없이 따라 살 수 있을 만큼 단순한 것이 아니기 때문이다. 오히려 인간의 삶은 서로 상반되는 삶의 방법들 혹은 진리들을 계속해서 취사선택하고 적용해야 하는, 복잡하고 역동적인 것이다. 따라서 어느 하나의 행동방식을 끝까지 고집하는 것이 아니라, 상황에 따라 적절한 행동을 할 줄 하는 분별력이 필요하다. 예를 들자면, 말을 할 때가 있고 침묵할 때가 있으며, 통곡할 때가 있고 기뻐할 때가 있다. 인간의 삶에는 시장처럼 다양한 요소들이 산재되어 있고 인생에서 제시되는 문제들은 단순하지 않기 때문에, 서로 대립되는 법칙들이 상황에 따라 선택되고 적용되어야 한다는 것이다.

인간의 삶에서 제시되는 모든 문제들은 인간이 발견한 다양한 삶의 법칙들, 즉 지혜만으로는 모두 해결되지 않는다. 인간의 일상적인 삶은 여전히 해결할 수 없는 문제들도 포함되어 있는 패러독스(paradox)이다. 지혜문학은 해결 불가능한 인생의 문제 때문에 곤경에 처할 필요는 없다고 가르친다. 왜냐하면 삶에는 분명한 것도 있지만, 그것을 넘어서 더 깊고 신비로우며 초월적인 세계와 진리도 있기 때문이다. 마치 욥이 친구들과의 토론을 통해서 문제를 해결하지 못하고, 신비로운 경험을 통해서 해답을 찾은 것처럼 말이다.

지혜문학은 인간의 일상적인 삶을 패러독스로 여긴다. 그러나 이것은 인간이 경험을 통해서 발견한 적절한 삶의 법칙을 포기하거나 회의주의에 빠지라는 뜻은 아니다. 오히려 인간의 한계성과 삶의 복잡성 그리고 신중한 선택의 필요성과 초월세계의 존재 등을 인식하라는 것이다. 이러한 인식을 통해서 인간은 삶의 문제에 대한 집착으로부터 자유할 수 있고, 하나님의 도움을 구할 수 있으며, 하나님과의 관계를 지속할 수 있다. 또한, 인간이 삶을 대하는 오만하고 이기적인 태도에서 벗어날 수 있다. 어리석은 삶의 방식에서 해방되어 하나님의 창조질서의 길을 따른다는 것이다.

2) 고통과 정의

인간이 경험하는 가장 큰 문제 중에 하나는 고통의 문제이다. 고통은 질병, 착취, 억압, 가난 등 육체적인 것도 있지만, 정신적, 심리적, 감정적, 영적, 혹은 사회적인 것도 있다. 그리하여 모든 인간이 고통을 경험하면서 산다고 해도 과언이 아니다.

고통이 개인과 연관되어 있든 공동체나 사회와 연관되어 있든 간에 그것은 인간의 삶과 생명을 위협하는 요소이다. 특히 인간이 경험하는 고통이 분명한 이유 없이 온 것이라고 여겨질 때, 왜 이러한 고통을 내가 혹은 우리가 당해야 하는 것인가라는 질문은 모든 사람들이 던지는 질문이요, 인간의 삶과 하나님에 대한 믿음을 혼란스럽게 만든다. 그리하여 과연 창조질서가 존재하는가, 하나님의 정의가 무엇이며 과연 존재하는가, 하나님은 악을 허용하는가, 인생은 의미 있는 것인가라는 근본적인 질문을 던지게 된다.

지혜문학은 이러한 질문에 대한 대답을 분명하게 제시하지 않는다. 예를 들면, 이유 없는 고통의 문제를 진지하게 다루고 있는 욥기는 인간이 원하는 합리적인 대답을 제시하지 않는다. 오히려 인과응보의 법칙 혹은 인간이 추구하는 합리성으로 고통의 모든 문제를 풀어보려는 시도가 잘못되었음을 보여 준다. 즉, 모든 고통의 원인을 인간의 잘못된 행동과 연관시켜보려는 시도는 적절한 방법이 아니라는 것이다. 물론 이것은 인간의 잘못된 행동을 정당화하거나 그러한 행동이 고통과 완전히 무관하다는 것을 의미하지 않는다. 오히려 인간이 추구하고 발견한 우주의 합리적인 원리에 의해서 모든 문제를 해결할 수 없다는 것을 보여 준다(욥 26:14). "우주가 합리성이라는 원리를 따라 운행된다고 보는 생각이 잘못되었음을 가르친다"는 것이다.[15]

"그러나 이런 것들은, 그분이 하시는 일의 일부에 지나지 않고,
우리가 그분에게서 듣는 것도 가냘픈 속삭임에 지나지 않는다.
하물며 그분의 권능에 찬 우레 소리를 누가 이해할 수 있겠느냐!"(욥 26:14).

지혜문학은 무고한 자가 당하는 고통의 문제에 대해 분명한 대답을 제시하지 않지만, 그렇다고 하나님의 정의나 창조질서를 포기하지도 않는다. 오히려 그러한 상황에서도 인간의 지혜와 지식을 넘어서는 하나님의 신비한 지혜와 우주의 법칙이 있음을 고백하고 인정한다.

---

[15] J. L. Crenshaw, 『구약 지혜문학의 이해』, 170.

"······ 주님의 계획은 어김없이 이루어진다는 것도, 저는 깨달았습니다. 잘 알지도 못하면서, 감히 주님의 뜻을 흐려 놓으려 한 자가 바로 저입니다. 깨닫지도 못하면서, 함부로 말을 하였습니다. 제가 알기에는, 너무나 신기한 일들이었습니다"(욥 42:2-3).

욥의 이러한 고백은 인간의 철저한 문제 따짐을 통해서가 아니라, 창조주 하나님을 체험함으로 이루어진다. 다른 사람들로부터 말로만 듣는 간접적인 경험이 아니라, 자신이 직접 하나님을 경험하는 신비한 체험이다. 이러한 체험은 인간이 비록 합리적인 대답을 듣지 못하여도, 다시금 하나님의 정의와 우주의 신비로운 질서를 인정하게 할 뿐만 아니라, 합리성만 주장했던 자신의 모습을 회개하게 한다(욥 42:5-6).

3) 지혜로부터의 해방

전도서가 말하는 것처럼, 인간의 일상적인 삶을 무의미하게 만드는 것들이 많이 있다. 예를 들면, 지혜로운 자나 어리석은 자나 모두 죽음이라는 같은 운명을 만나고 시간이 지남에 따라 사람들의 기억에서 똑같이 사라진다(전 2:16-17). 인간이 아무리 지혜가 있다고 해도, 하나님이 구부려 놓은 것은 펼 수가 없으며, 자기의 앞날을 내다보지도 못한다(전 7:13-14). 인간의 삶은 다람쥐 쳇바퀴 돌 듯 따분하게 되풀이되는 것 같으며, 과거와 현재와 미래가 별 차이가 없는 것처럼 보인다. 폭력과 억압과 착취가 있고 무죄한 희생자가 울고 있지만, 어떠한 해결책도 없다.

"지금 있는 것 이미 있던 것이고,

앞으로 있을 것도 이미 있는 것이다.

하나님은 하신 일을 되풀이하신다.

나는 세상에서 또 다른 것을 보았다.

재판하는 곳에 악이 있고,

공의가 있어야 할 곳에 악이 있다"(전 3:15).

또한, 삶의 무의미함과 따분함을 해소하기 위하여, 값비싼 음식, 좋은
의복, 여자, 술, 돈 등을 통해서 쾌락을 추구하지만, 만족함을 얻지 못한다.
전도서에 의하면, 인간이 일상적인 삶에 대해서 이와 같이 생각하면서
회의주의에 빠지는 것은 인생을 자신의 제한된 지혜와 고정된 틀 안에서
이해하려 하기 때문이다. 뿐만 아니라 살아 계신 하나님 역시 인간의 제한
된 사고 안에 묶어 두려고 하기 때문이다.[16] 즉, 하나님은 인간의 지혜를
다 동원해도 알 수 없는 신비로운 분이시며, 인간의 한계를 넘어서 자유로
운 분이시라는 것이다. 그분에게는 인간이 다 파악할 수 없는 질서와 일관
성과 계획이 있다는 것이다. 그러므로 전도서 저자는 인간이 그를 두려워
하고 경외할 수밖에 없다고 결론한다.

"하나님은 모든 것이 제때에 알맞게 일어나도록 만드셨다. 더욱이, 하나
님은 사람들에게 과거와 미래를 생각하는 감각을 주셨다. 그러나 사람은,
하나님이 하신 일을 처음부터 끝까지 다 깨닫지는 못하게 하셨다……

---

16 K. M. O'Connor, *Wisdom Literature*, 127.

하나님이 하시는 모든 일은 언제나 한결같다. 거기에다가는 보탤 수도 없고 뺄 수도 없다. 하나님이 이렇게 하시니 사람은 그를 두려워할 수밖에 없다"(전 3:11-14).

지혜문학이 제시하는 하나님은 신비로운 분이시며, 이 세상을 초월해 계신 분이시다. 따라서 지혜문학은 인간의 제한된 사고로부터 나오는 회의주의를 극복하고, 신비로운 하나님께서 주신 선물로서의 인간의 일상적인 삶을 즐기라고 한다(전 8:15). 인간의 지혜로 하나님의 모든 것을 알 수 없다는 것을 인정하고, 신비의 하나님을 경외하면서 주어진 삶을 기쁨으로 즐기면서 살아가라는 것이다. 이것은 인간이 추구한 지혜나 삶의 의미성에 집착하지 말고, 그로부터 자유롭고 해방되라는 것을 뜻한다. 참 진리가 우리를 모든 것에서부터 자유롭게 하는 것처럼, 참 지혜란 우리가 가진 지혜로부터 우리를 자유롭게 하는 것이란 말이다.

7. 맺는말

지혜문학의 영성은 인간의 일상적인 삶에서 추구된다. 따라서 일상생활에서 인간이 만나는 모든 것은 영성을 추구하는 매개체가 된다. 이것은 지혜문학의 영성이 세속적이라는 것을 의미하지 않는다. 오히려 인간의 일상생활은 신앙생활과 분리될 수 없는 것이며, 하나님은 우리의 일상생활을 항상 관여하고 계신다는 확신을 전제하고 있다. 다른 한편, 지혜문학이 영성을 추구하는 방법도 인간이 매일의 삶에서 만나는 모든 일상적인 것, 즉 관찰, 사색, 명상, 대화, 토론 등이다.

지혜문학이 제시하는 영성, 소위 "지혜영성"(wisdom spirituality)은 패러독스의 일상생활에서 인간이 해야 할 것과 하지 말아야 할 것을 구별하는 능력이다. 또한, 하나님과 우주의 질서를 인간이 발견한 지혜의 한계에 묶어 두지 않고, 오히려 하나님의 신비와 초월성을 확신하는 태도이다. 또한, 창조질서를 확신하면서 지혜, 즉 우주적 원리와 법칙을 추구하지만, 추구한 지혜에 집착하지 아니하고 오히려 초월해 버리는 능력이다.

지혜영성은 삶과 신앙을 교리적인 틀 속에 짜 맞추려 하고, 과거의 삶과 신앙 방식에 집착하려는 태도를 거부한다. 또한, 신앙과 삶의 다양성을 인정하지 않고 자신의 것만 고집하려는 태도도 거부한다. 지혜영성은 오히려 기계적이고 원리주의적인 삶과 신앙으로부터 벗어나게 하고, 우리의 일상적인 삶에 항상 새롭게 다가오시는 신비로운 하나님을 만나게 한다.

지혜의 정체성과 개념변화

1. 들어가는 말

지혜는 언제 생겨났는가? 지혜는 어떻게 생겨났는가? 왜 지혜는 인간에게 필요한가? 지혜와 하나님과의 관계는 무엇인가? 지혜를 갖는다는 것은 어떤 의미가 있는가? 지혜의 정체성에 대한 이러한 질문은 각 지혜문학이나 본문에 따라 다르게 답변될 수 있다. 왜냐하면 지혜문학의 본문들이 다양한 특성을 가지고 있기 때문이다. 그러나 여기에서는 우선 잠언 8장을 중심으로 이에 대한 대답을 시도하면서 잠언에 나타난 지혜의 특징을 파악하고자 한다.[1] 그리고 이 개념이 후대의 문서에서 어떻게 변화되는지를 살펴본다.

잠언 8장에서 지혜는 여성으로 의인화되어 있다. 여성화된 지혜는 현숙한 부인, 즉 지혜부인(Lady Wisdom or Dame Wisdom)으로 등장한다. 마치 아들의 성공적인 인생을 위해서 훈계하는 어머니처럼(잠 31:1-9 참조),

---

[1] 잠 1:20-33은 내용과 형태에서 잠언 8장과 매우 유사하다.

남편의 성공적인 삶을 위해서 훌륭한 반려자로 조언하는 아내처럼(잠 7:4; 31:10-31 참조) 등장한다.

"르무엘 왕의 잠언, 곧 그의 어머니가 그에게 교훈한 말씀이다.
내 아들아, 내가 무엇을 말할까?
내 태에서 나온 아들아, 내가 무엇을 말할까?
서원을 하고 얻은 아들아, 내가 무엇을 말할까?
여자에게 너의 힘을 쓰지 말아라.
여자는 임금도 망하게 할 수 있으니,
여자에게 너의 길을 맡기지 말아라"(잠 31:1-3).

"누가 유능한 아내를 맞겠느냐? 그 값은 진주보다 더 뛰어나다.
남편은 진심으로 아내를 믿으며 가난을 모르고 산다.
그의 아내는 살아 있는 동안, 오직 선행으로 남편을 도우며,
해를 입히는 일이 없다"(잠 31:10-12).

이렇게 현명하고 유능한 여성으로서의 지혜는 잠언 7장에 나오는 어리석은 여성의 모습과 대비된다. 이 여성을 어리석음부인 혹은 우둔부인(Lady Folly)이라고 부를 수 있는데, 길거리에서 지혜 없는 젊은 남자를 유혹하는 여인으로 등장한다.

"나는, 나의 집 창가에서 창살문으로 내다보다가,
어수룩한 젊은이들 가운데, 지혜 없는 젊은이가 있는 것을 보았다.

그는 거리를 지나 골목 모퉁이로 가까이 가서,

그 여자의 집으로 가는 길로 발걸음을 옮겼다.

저녁이 되어 땅거미가 지고, 밤이 되어 어두워진 때였다.

한 여자가 창녀 옷을 입고서, 교활한 마음을 품고 그에게 다가갔다.

그 여자는 마구 떠들며, 예의 없이 굴며, 발이 집에 머물러 있지를 못한다.

때로는 이 거리에서, 때로는 저 광장에서, 길목마다 몸을 숨기고 있다가,

그 젊은이를 와락 붙잡고 입을 맞추며, 뻔뻔스러운 얼굴로 그에게 말하였

다."(잠 7:6-13).

이 우둔부인은 남편이 집에 없는 틈을 타서 길에 나와 배회하다가 낯선 젊은 남자를 유혹하여 자신의 침실로 끌어들인다. 그리하여 자신의 삶을 더럽힐 뿐만 아니라, 유혹에 빠진 젊은이의 삶도 파멸로 이끈다. 이 여인은 심지어 거룩한 종교적 제사까지도 자신의 음란을 위한 도구로 여기며, 사랑해야 하는 남편을 기만한다.

"'오늘 나는 화목제를 드려서, 서원한 것을 실행하였습니다.

그래서 나는 당신을 맞으러 나왔고,

당신을 애타게 찾다가, 이렇게 만나게 되었습니다.

내 침대에는 요도 깔아 놓았고,

이집트에서 만든 무늬 있는 이불도 펴놓았습니다.

누울 자리에는 몰약과 침향과 육계향을 뿌려 두었습니다.

자, 어서 가서 아침이 되도록 한껏 사랑에 빠지고,

서로 사랑하면서 즐깁시다.

남편도 먼 여행길을 떠나서 집에 없습니다.
돈주머니를 가지고 갔으니, 보름달이 뜰 때라야 집에 돌아올 겁니다.'"
(잠 7:6-21).

어리석음을 행하는 우둔부인은 결국 음행의 죄를 짓고 자신의 가정을
파멸로 이끌며 젊은 남성을 음행의 길로 가게 한다. 이것은 우둔부인이
사악하며 악의 근원임을 나타낸다.

우둔부인	지혜부인
젊은이를 꾀어서 음행하게 한다.	우둔부인으로부터 지켜준다.
부도덕과 악을 행하게 한다.	정의와 공의를 행하게 한다.
공동체를 불의하게 한다.	공동체를 정의롭게 한다.
지혜 없는 젊은이를 찾아 나선다.	지혜 있는 자가 찾는다.
결국에는 죽음으로 이끈다.	결국에는 생명을 얻게 한다.

지혜부인과 우둔부인의 비교를 통해 알 수 있는 교훈 중 하나는, 지혜로
운 삶으로 정의와 공의의 삶, 하나님을 두려워하는 삶, 생명의 삶, 성공적
인 삶을 누릴 수 있다는 것이다. 또한, 지혜가 없는 삶, 즉 어리석은 삶은
정의롭고 성공적인 삶을 누리지 못한다는 것이다. 이것은 잠언에 나오는
"어리석다"는 말은 "사악하다," "부도덕하다"는 말과 같은 의미로 사용되
었음을 뜻한다.

잠언에서 지혜의 반대는 단순히 어리석음이 아니라 악행, 부도덕, 사악

함까지도 포함한다. 슬기롭지 못함으로 인하여 야기되는 모든 잘못되고 불의한 행동, 그리고 그로 인하여 야기되는 불행한 결과까지도 지혜의 반대되는 개념으로 여겨진다. 이것은 지혜가 단순히 머리가 좋다거나 꾀를 잘 부린다거나 아는 것이 많다는 것을 의미하지 않고, 정의롭고 성공적인 삶을 사는 데 필요한 삶의 방식이라는 것을 뜻한다.

지혜부인과 우둔부인을 통해서 알 수 있는 또 다른 교훈은 의인은 지혜를 추구하는 사람이고, 악인은 어리석음을 추구하는 사람이라는 것이다. 즉, 잠언에서 지혜는 인간의 삶에 선한 결과를 가져다주기 때문에 지혜를 추구하는 사람은 의인이다. 반면에 어리석음은 인간의 삶에 악한 결과를 가져다주기 때문에 어리석은 사람은 곧 악인이다. 이와 같이 지혜를 기준으로 구분하는 의인과 악인은 율법을 기준으로 구분하는 의인과 악인의 모습과 일치한다. 율법을 지키는 사람은 하나님께 순종하는 의인이고 율법을 지키지 않는 사람은 하나님께 불순종하는 악인이라는 구약성서의 이분법적인 구분은, 율법과 지혜가 그 내용에서 매우 유사하거나(신 4:6) 일치될 수 있다(집회서 24:23)는 것을 의미한다. 지혜부인의 이러한 특징은 잠언 8장의 주석적인 분석을 통해서 더 분명하게 알 수 있다.

2. 잠언 8장의 문학적 구조

잠언 8장은 화자의 종류에 따라 크게 두 부분으로 나뉜다. 첫째 부분인 1-3절은 3인칭으로 되어 있고, 연설자인 지혜를 소개한다. 둘째 부분인 4-36절은 의인화된 지혜가 자신을 1인칭으로 지칭하면서 연설하는 내용으로 "지혜연설"(wisdom speech)이라 불린다. 여기에서 의인화된 지혜는 잠 1:20-33에서처럼, "어수룩한 사람들" 혹은 "미련한 사람들"에게 지혜를 배울 것을 권고한다.

둘째 부분(4-36절)은 내용상 세 개의 단락으로 구분해 볼 수 있다. 즉, 첫째 단락(4-11절)과 셋째 단락(32-36절)은 지혜가 청중들에게 자신을 추구하라고 권고하는 교육적인(educational) 내용이다. 반면에, 둘째 단락(12-31절)은 지혜 자신이 누구인가를 밝히는 자기 찬양적인(self-praising) 내용이다. 따라서 둘째 부분을 구성하는 세 개의 단락은 내용적인 면에서 볼 때, 교차대구형태, 즉 A-B-A' 구조로 되어 있다.

(1) 첫째 부분(1-3절): 연설자 지혜부인 소개
(2) 둘째 부분(4-36절): 지혜부인의 연설
   A. 4-11절   지혜를 추구하라
   B. 12-31절   지혜의 특성
   A'. 32-36절   지혜를 추구하라

3. 연설자 지혜부인 소개

첫째 부분인 1-3절은 4절 이하에서 연설자로 등장하는 지혜를 소개하는 내용이다. 여기에서 지혜는 여성으로 표현되기 때문에 지혜부인으로 불릴 만하다. 지혜부인은 다른 말로 명철부인이다. 즉, 잠언에서 지혜와 명철은 동의어로 사용된다.

"지혜가 부르고 있지 않느냐?

명철이 목소리를 높이고 있지 않느냐?"(잠 8:1)

첫째 줄인 "지혜가 부르고 있지 않느냐?"와 둘째 줄인 "명철이 목소리를 높이고 있지 않느냐?"는 동의적 평행법을 구성하는데, 이것은 두 개의 구절이 같은 의미를 나타낸다는 것을 뜻한다. 또한, 이 두 개의 구절은 수사학적 의문문을 사용하고 있는데, 이것은 청중들이 지혜부인의 연설에 귀를 기울일 것을 강조하기 위해서 사용되었다.

지혜부인은 사람들이 많이 다니는 길가나 성문 곁 혹은 광장에 나와 사람들을 부르는 적극적인 여성이다. 그녀는 사람들의 왕래가 잦은 네거리, 사람들이 많이 모여 있는 마을 어귀의 성문 주위, 사람들이 잘 보이는 길가의 높은 곳에서 자기의 연설에 귀를 기울일 것을 호소하면서 연설하는 자이다.

"길가의 높은 곳과, 네거리에서 지혜가 외치면서 서 있다.

마을 어귀 성문 곁에서, 여러 출입문들에서 외친다"(잠 8:2-3).

마치 공공장소에서 이스라엘의 예언자들이 선포하는 것처럼, 혹은 희랍시대에 연설가나 웅변가들(orators)이 사람들이 많이 모인 시장이나 광장에서 연설하는 것처럼(행 17:22 참조), 지혜는 군중들을 향하여 연설하는 것이다. 이러한 지혜부인의 모습은 잠 1:20-21에 묘사된 지혜부인의 모습과 일치한다.

"지혜가 길거리에서 부르며,

광장에서 그 소리를 높이며,

시끄러운 길머리에서 외치며,

성문 어귀와 성 안에서 말을 전한다"(잠 1:20-21).

지혜를 여성으로 묘사하는 것은 지혜를 추구하는 자들에게 지혜가 가까이할 수 있는 온화하고 부드러운 존재, 마치 어머니와도 같은 존재로 제시되었다는 것을 의미한다. 고대 이스라엘 사회에서 지혜교육의 주요 대상이 젊은 남자들이었다는 것을 고려하면, 어머니와 같은 존재로서의 지혜부인은 매우 가까이 하고 싶은 매력적인 존재로 상상될 수 있었다. 또한, 지혜가 사람들이 많이 모이는 곳에서 부른다는 것은 지혜는 언제든지 쉽게 얻을 수 있고 가깝게 할 수 있다는 것을 의미한다. 만나기 위해서 찾아 헤매지 않고도 쉽게 찾을 수 있고, 돈을 많이 주지 않고도 쉽게 얻을 수 있는 존재가 바로 지혜라는 것이다.

이러한 지혜부인의 상징적인 모습은 우둔부인의 그것(잠 7장)과 대조를 이룬다. 예를 들면, 지혜부인은 밝은 낮에 활동하지만 우둔부인은 어두워진 밤에 활동한다. 전자는 사람들이 많이 다니는 길가나 광장에서 공개적으로 연설하지만, 후자는 사람들이 별로 없는 한적한 골목 모퉁이에 숨어서 유혹한다. 전자는 광장에서 군중을 향해 큰 소리로 부르지만, 후자는 길목에 숨어 있다가 개인에게 은밀하게 다가간다. 심지어 어떤 젊은이들은 후자에게 자발적으로 다가간다. 전자는 정숙과 분별력을 가지고 접근하지만, 후자는 창녀 옷을 입고 교활한 마음으로 접근한다. 이러한 비교는 지혜와 어리석음이 완전히 반대되는 개념이라는 것을 의미한다.

4. 지혜 찬양

지혜는 이제 일인칭으로 자신을 지칭하면서 연설을 시작한다. 그는 서두에서 연설을 듣는 대상을 부른다. 마치 모든 사람들이 그의 연설을 들어야 하는 것처럼, 청중들을 "사람들" 혹은 "사람의 아들들"이라는 일반적인 칭호로 지칭한다.

"사람들아, 내가 너희를 부른다.
내가 사람의 아들들에게 나의 목소리를 높인다"(잠 8:4).

"사람들"로 부르는 이유는 이 세상의 모든 사람들이 지혜의 가르침에 귀를 기울여야 한다는 것을 의미한다. 이 말은 "사람의 아들들"과 동의어로 사용되었는데, 이것은 당시 교육의 대상이 남성들, 젊은 남자나 어린 남자아이였다는 것을 의미한다.

연설자 지혜는 이러한 청중들을 "어수룩한 사람들" 혹은 "어리석은 사람들"이라고 다시 부른다.

"어수룩한 사람들아,
너희는 명철을 배워라.
어리석은 사람들아,
너희는 지혜를 배워라"(잠 8:5).

"어수룩한 사람"이란 직역하면 "단순한 사람"(simple one)으로 도덕적 방향감각이 부족하여 악으로 쉽게 기울어질 수 있는 자를 뜻하며, "어리석은 사람"과 동의어이다. 이러한 사람들은 도덕적·인격적으로 아직 성숙되지 못한 사람들을 의미한다. 사실 세상의 모든 사람들은 지혜를 필요로 하는 어수룩한 자들이다. 또한, 설령 지혜가 있는 사람일지라도 지혜의 가르침을 끊임없이 추구하지 않을 때 곧바로 어리석은 사람으로 전락되고 만다. 이런 의미에서 청중들을 "어수룩한 사람" 혹은 "어리석은 사람"으로 다시 지칭하는 것은 무리가 아니다.

지혜는 청중들이 자신의 연설에 귀를 기울여야 한다고 호소한다. 왜 지혜의 말을 들어야 하는가? 첫째로, 지혜의 가르침이 올바르고 진실하며 정의롭기 때문이다(6-7절). 그의 입술이 내는 것은 악한 말이나 비뚤어진 말, 그릇된 말이 아니라 진리와 정의이기 때문이다.

"너희는 들어라. 나는 옳은 것을 말하며,
바른 것이 내 입술로부터 나온다.
내 입은 진실을 말하며,
내 입술은 악을 미워한다.
내 입의 모든 말은 의로우며,
비뚤어지거나 그릇된 것이 없다"(잠 8:6-8).

둘째로, 지혜를 이미 가지고 있는 사람들이 모두 지혜의 가르침을 올바른 것으로 여기기 때문이다(9절). 이것은 지혜로운 사람이 되기 위해서는 이미 지혜롭게 된 사람들이 인정한 것을 받아들여야 한다는 것을 의미한다. 지혜의 가르침을 받아들이지 않고는 지혜롭게 될 수 없다는 것이다.

"총명이 있는 사람은 이 모두를 옳게 여기고,

지식이 있는 사람은 이 모두를 바르게 여긴다"(잠 8:9).

셋째로, 지혜의 가르침이 세상에 있는 그 무엇과도 비교할 수 없을 만큼 소중하기 때문이다(9-10절). 지혜가 가르치는 것은 이 세상의 사람들이 가장 귀중하게 여기는 금, 은, 진주보다 더 귀중하고, 이 세상의 그 무엇과도 비교하거나 바꿀 수 없다는 것이다. 즉, 지혜의 가르침은 모든 사람들이 반드시 알아야 하는 교훈이요 지식이라는 것이다.

"너희는 은 대신 내 훈계를 받으며,

정금보다 지식을 선택하라.

지혜는 진주보다 더 좋으며,

네가 원하는 그 무엇과도 비교할 수 없다"(잠 8:10-11).

이상과 같은 지혜의 묘사는 지혜를 찬양하는 것이다. 즉, 지혜의 속성을 부각시키면서 지혜가 좋다는 것을 제시하는 것이다. 이러한 지혜의 찬양은 수사학적인 측면에서 볼 때 청중들로 하여금 지혜를 추구하는 마음을 갖게 만든다. 즉, 어떤 것에 대한 찬양은 그것을 듣는 사람들에게 교육적인 효과가 있는데, 청중들이 찬양의 대상을 존경하고 좋게 여김으로써 그러한 삶을 추구하게 만든다는 것이다. 그러니까 찬양은 직접적인 설득은 아니지만, "지속적으로 행동하려는 경향과 집단적인 동의, 사회적 가치의 공유를 만들어 내거나 강화시킨다"는 것이다.[2] 다른 한편, 이러한 찬양은 청중들로 하여금 찬양의 대상과 반대되는 것을 싫어하게 하거나 거부하게 만드는 역할도 한다. 즉, 지혜에 대한 찬양은 지혜와 반대되는 어리석음이나 우둔함을 싫어하거나 거부하게 만든다는 것이다.

5. 지혜의 특성

지혜는 자신을 1인칭으로 부르면서 자신의 특성을 소개한다(잠 8:12-31). 이것은 지혜가 자신을 찬양하는 형태로 되어 있는데, 앞서 지적한 것처럼 이러한 찬양은 청중들이 지혜의 가르침을 따르게 하려는 의도를 가지고 있다. 즉, 청중들로 하여금 연설자인 지혜 자신이 가지고 있는 것들이 좋고 훌륭하다는 것을 알게 하여, 자신을 존경하고 사랑하면서 결국에는 자신의 가르침을 따르게 하는 것이다. 마치 좋고 훌륭한 덕목을 많이 가지고 있는 위인을 사람들이 닮고 싶어 하는 것처럼, 자신을 소개하는 지혜 역시 청중들이 그러한 생각을 하도록 원하는 것이다.

1) 지성적 · 도덕적 · 군사적 특성

지혜는 자신이 가지고 있는 덕목들을 제시하면서 자신의 특성을 소개한다(잠 8:12-14).

---

2 O. Reboul, La Rhétorique,『수사학』, 박인철 역 (파주: 한길사, 1999), 30. 찬양은 수사학적으로 과시적 장르(epideictic genre)에 속하는데, 원래 죽은 영웅을 칭송하기 위해서 사용되었지만, 올림픽 우승자, 전쟁의 승리자, 도시국가, 신 등을 칭송할 때도 사용되었다.

"나 지혜는 명철로 주소를 삼으며,
지식과 분별력을 가지고 있다.
주님을 경외하는 것은 악을 미워하는 것이다.
나는 교만과 오만,
악한 행실과 거짓된 입을 미워한다.
내게는 지략과 건전한 판단력이 있으며
명철과 힘이 있다"(잠 8:12-14).[3]

첫째로, 지성적 특성인데, 명철, 지식, 지혜, 분별력(히, 비나), 지략(히, 에짜)이 이에 속한다. 분별력과 지략은 동의어로 사용되었으며 정책을 만들어 내게 하는 정치적인 계획과 능력을 의미한다.

둘째로, 도덕적 특성인데, 교만, 오만, 악한 행실과 거짓된 말을 싫어하는 것이 여기에 속한다. 이것은 지혜가 제시하는 도덕적 덕목을 상실할 때에 윤리적이고 덕망 있는 삶을 살 수 없으며, 결국에는 부도덕하고 비윤리적인 삶으로 떨어진다는 것을 의미한다.

셋째로, 군사적 특성인데, 건전한 판단력(히, 투시야)과 힘(히, 게부라)이 여기에 속한다. 이 용어들은 전쟁에서 혹은 개인적 싸움에서 적이나 반대자들을 제압할 수 있는 힘과 용기를 의미한다. 지혜를 가진다는 것은 물리적인 힘이 유약한 것이 아니라, 오히려 적을 이길 수 있는 능력을 가지고 있다는 것이다.

---

3 이 본문은 한 구절을 제외하고 모두 동의적 평행법을 구성한다. 제외된 구절인 "주님을 경외하는 것은 악을 미워하는 것이다"는 시의 음율과 흐름을 깨고 있다. 따라서 이 구절은 본래의 시에 포함된 것이 아니라, 서기관들이 후대에 삽입한 것으로 여겨질 수 있다.

이와 같이 지혜의 특성을 제시하는 목적은 지성인, 학자, 정치 지도자, 군대의 지도자, 일반 시민 등 모든 사람들에게 지혜가 필요하다는 것을 가르치기 위함이다. 지혜는 지성적·도덕적·군사적인 삶에서, 인생의 모든 면에서 성공을 이루고자 하는 사람들에게 반드시 요구된다는 것이다.

2) 정치-사법적·경제적 특성

지혜는 정치-사법적 특성과 경제적 특성도 가지고 있다(잠 8:15-21). 따라서 지혜를 사랑하고 지혜의 가르침을 따르는 사람들은 정치적·사법적·경제적인 유익을 얻을 수 있다. 먼저 지혜의 정치-사법적 특성을 살펴보자. 올바른 통치와 법제정, 정의와 공의 등이 지혜가 가지고 있는 정치-사법적 덕목이다.

> "내 도움으로 왕들이 통치하며
> 통치자들이 올바른 법을 제정한다.
> 내 도움으로 재상과,
> 고관들 곧 모든 공의의 재판관들이 바르게 다스린다.
> 나는 나를 사랑하는 사람을 사랑하며
> 나를 구하는 사람이 나를 찾을 것이다"(잠 8:15-17).

왕, 재판관, 고위관료 등 정치적·사법적·사회적으로 지도력을 발휘할 수 있는 사람들이 지혜의 가르침을 따라 행동하면 성공적인 통치를 할 수 있다. 또한, 그들이 통치하는 국가나 사회는 정의와 공의가 있는 공동체가 될 수 있다. 이러한 사회에서는 올바른 법이 제정되고 공의로운 재판이 이루어진다. 이것은 지혜가 지상에서 최고의 위치에 있는 통치자들보다 더 우위에 있고, 그들이 가지고 있는 권력보다 더 힘이 있다는 것을 의미한다.

둘째로, 지혜의 경제적 특성인데, 부귀, 영화, 재물, 경제정의 등의 덕목들이 지혜에 속해 있다(잠 8:18-21).

> "부귀와 영화도 내게 있으며,
> 든든한 재물과 정의도 내게 있다.
> 내 열매는 금이나 정금보다 좋고
> 내 소출은 순은보다 좋다.
> 나는 의로운 길을 걸으며
> 공의의 길을 걷는다.
> 나를 사랑하는 사람에게 내가 재물을 주며
> 그의 금고를 채울 것이다"(잠 8:18-21).

지혜를 추구하는 자는 경제적인 유익을 얻을 수 있다. 그는 경제적인 부요함과 영화를 누릴 수 있고, 재물을 풍부하게 가질 수 있다. 또한, 이러한 경제적인 유익을 통하여 정의와 공의를 누릴 수 있다. 즉, 단순히 부를 축적하는 자가 아니라 경제정의를 실현하면서 사회적으로 공헌할 수 있는 부자로서의 삶을 살 수 있다는 것이다. 지혜의 경제적인 특성을 가르치면서 지혜는 경제적인 풍요가 지혜 추구의 궁극적인 목적이 아니라는 것을 명심하게 한다. 그리하여 경제적인 유익이나 물질적인 소유보다도 정의롭고 공의로운 삶이 더 귀하고 소중하다는 것을 가르친다.

이상과 같은 유익을 언급하면서 지혜는 자신을 사랑하라고 권고한다. 여기에서 사랑이란 지혜의 가르침에 충실하다는 것을 의미한다. 마치 하나님을 사랑하는 사람이 하나님의 가르침에 충실히 순종하는 것처럼, 지혜를 사랑하는 사람은 지혜의 가르침을 충실히 실천해야 한다는 것이다. 그러면 지혜는 그에 상응하는 보상을 해 준다는 것이다.

3) 지혜의 기원과 창조사역

이상에서 제시된 지혜의 특성들은 지혜가 인간에게 어떠한 유익을 줄 수 있는가에 대해서 언급한 것이다. 이제 지혜는 자신의 출생과 창조 때의 활동에 대해서 소개한다(잠 8:22-31). 이것은 지혜 자신과 창조주 및 피조물의 관계에 대해서 언급하는 것이다.

첫째로, 지혜는 모든 피조물들이 창조되기 이전에 이미 만들어졌다(잠 8:22-26). 보이는 물질세계가 존재하기 이전에 지혜는 첫 번째 창조물로서 하나님으로부터 창조되었다.

"주께서 일을 시작하시던 태초에,
주께서 모든 것을 지으시기 전에,
나를 창조하셨다.
만세 전, 태초에, 땅이 생기기 전,
나는 이미 만들어졌다.
아직 바다가 생기기 전,
물이 가득한 샘이 생기기 전,

나는 이미 태어났다.

산이 생기기 전,

언덕이 생기기 전,

나는 이미 태어났다.

그때는 주께서 땅과 들,

세상의 첫 흙도 만들기 전이었다"(잠 8:22-26).

"그가 나를 창조하셨다"는 하나님이 지혜를 창조했다는 것을 의미하는
데, 히브리어 "카나니"를 번역한 것이다. 히브리어 동사 "카나니"는 원래
"그가 나를 낳으셨다," "그가 나를 데리고 계셨다," "그가 나를 소유하셨다"
등으로 번역이 가능하다. 그러나 구약의 유일신 사상을 고려해 볼 때 "그가
나를 창조하셨다"는 의미로 이해하는 것이 바람직하다. 지혜는 인간이 만
든 것이 아니라 하나님으로부터 기원되었다는 것이다.[4]

둘째로, 지혜는 하나님께서 창조사역을 하실 때 창조의 조력자 혹은
명인으로 하나님을 도왔다(잠 8:27-31).

"주께서 하늘을 만드실 때,

깊은 바다의 경계를 그으실 때도 내가 거기에 있었다.

주께서 구름 떠도는 궁창을 저 높이 두시고,

깊은 샘물을 만드셨을 때,

---

4 카나니에 대해서는, 민영진, "잠언 8장 22절의 카나니(QANANI) 재론," 『지혜전승과 설교』,
구덕관 박사 기념논문집 출판위원회 편 (서울: 대한기독교서회, 1991), 72-91를 참조하라.

바다의 경계를 정하셔서

물이 그분의 명령을 거역하지 못하게 하셨을 때,

땅의 기초를 세우셨을 때,

나는 그분 곁에서 창조의 명공이 되어,

날마다 그분의 기쁨이 되었고,

나 또한 그분 앞에서 늘 기뻐하였다"(잠 8:27-30).

여기에서 창조주 하나님은 마치 건축물을 설계하여 만드는 건축가처럼 묘사되어 있다. 건축가는 조수를 필요로 하는데, 우주의 건축가로서 하나님도 창조 때에 조수가 필요했다. 그 조수는 바로 지혜였다. 지혜는 하나님께서 우주를 창조하실 때 하나님을 돕는 "창조의 명공"으로 활동했다. 그의 기술과 능력 그리고 활동은 창조주를 기쁘시게 할 만큼 매우 만족스러웠다. 지혜 역시 하나님의 창조사역에 동참하는 것을 기쁘게 여겼다.

지혜는 창조사역에 동참했기 때문에 하나님의 모든 피조물들을 볼 때 기쁘고 즐겁다(잠 8:31).

"그분이 지으신 땅을 즐거워하였으며,

그분이 지으신 사람들을 내 기쁨으로 삼았다"(잠 8:31).

예술가가 자신의 작품을 보고 즐거워하는 것처럼, 지혜도 자신이 창조사역의 조력자로서 힘써 일했기 때문에 피조물을 보면 즐겁고 기쁜 것이다. 따라서 지혜는 사람들에게 자신이 가지고 있는 모든 것을 아낌없이 주려고 하며, 그들을 지혜의 길, 지혜의 삶으로 인도하기를 원한다.

6. 지혜추구의 권고

지혜는 연설의 마지막에 이르러 청중들에게 직설적으로 권고한다(잠 8:32-36). 지혜는 이제까지 자신을 찬양하면서 자신의 매력적인 면을 부각 시키고 자신의 가르침을 추구할 것을 간접적으로 설득했지만, 이제는 직설적으로 자신의 길을 따르라고 촉구하는 것이다.

“그러므로 아이들아, 내 말을 들어라.
내 길을 따르는 사람이 복이 있다.
내 훈계를 들어서 지혜를 얻고,
그것을 무시하지 말아라.
날마다 나의 문을 지켜보며,
내 문설주 곁에 지키고 서서,
내 말을 듣는 사람은 복이 있다.
나를 찾는 사람은 생명을 찾고,
주의 은총을 받을 것이다.
그러나 나를 놓치는 사람은 스스로를 해치며,
나를 미워하는 사람은 죽음을 사랑한다”(잠 8:32-36).

지혜를 추구하는 사람은 간절히 그의 가르침을 듣고 실천해야 한다. 마치 선생님의 집 대문 앞에서 선생님이 나오시기를 기다리는 학생처럼, 선생님께서 하시는 말씀을 놓치지 않기 위해서 선생님의 입을 주목하는 학생처럼, 그렇게 간절히 지혜의 가르침을 놓치지 말아야 한다.

지혜의 가르침을 따를 때 얻는 결과는 무엇인가? 생명을 얻고 주님의 은총을 받을 수 있다. 그리하여 복이 있는 사람이 된다. 그러나 지혜를 놓치거나 미워하면 죽음에 이르게 되고 스스로 파멸하게 된다. 이것은 지혜부인과 반대되는 어리석음부인을 사랑하는 사람이 받게 되는 당연한 결과이다(잠 7:27; 9:18 참조).

지혜를 사랑하여 생명을 얻을 것인가? 그렇지 못하여 스스로 멸망과 죽음에 이를 것인가? 연설자는 청중들에게 이 둘 중의 하나를 선택할 것을 요구한다. 연설자의 의도는 분명하다. 지혜를 추구할 것을 결단하라는 것이다. 이것은 곧 하나님의 요구이기도 하다. 왜냐하면 지혜를 사랑하는 자에게 하나님께서 은총을 베푸시기 때문이다.

7. 지혜개념의 변천

이상에서 살펴본 것처럼, 잠언에서 지혜는 정치적 · 경제적 · 사법적 · 군사적 · 지성적인 면 등 인간의 삶과 연관된 모든 면에서 반드시 필요한 요소이다. 즉, 정의롭고 성공적인 삶을 살아가기 위해서 필요한 교훈이자 가르침이다. 잠언은 이 지혜를 여성으로 의인화하여 어머니와 같은 존재로 묘사한다. 그러나 이러한 의인화는 단지 문학적인 표현에 불과할 뿐, 지혜가 인격적인 존재나 신격적인 존재라는 것을 의미하지 않는다. 구약성서의 유일신 사상은 지혜의 신격화나 위격화(hypostatization)를 허용하지 않기 때문에, 헬라나 이집트에서처럼 지혜를 여신으로 여기지 않는다는 것이다.

잠언에서 지혜는 창조신앙과 연관되어 있다. 그리하여 지혜를 하나님의 피조물 중 가장 최초의 것으로 묘사하면서, 지혜는 창조사역에서 창조주의 조력자로 활동했다고 한다. 창세기의 창조기사에는 지혜의 창조에 관해서 단 한마디의 언급도 없지만, 잠언은 지혜를 창조신학적으로 이해한 것이다.

잠언에서는 지혜로운 자를 의인이라고 부른다. 또한, 오경에서는 율법을 지키는 자를 의인이라고 부른다. 이것은 지혜를 따르는 자와 율법을 지키는 자 모두 의인으로 여겨진다는 것을 의미한다. 이러한 고찰은 지혜와 율법은 매우 밀접한 관계가 있음을 암시한다. 즉, 율법은 종교와 사회의 질서를 유지하기 위해서 필요하고, 이 질서는 지혜문학에서 말하는 우주적 원리와 질서에 일치하는 것을 추구한다면 율법과 지혜는 매우 밀접하게 연관되어 있다는 것이다. 이러한 율법과 지혜의 관계는 신명기에 언급되어 있다.

"당신들은 이 규례와 법도를 지키십시오.
그러면 여러 민족이,
당신들이 지혜롭고 슬기롭다는 것을 알게 될 것입니다.
그들이 이 모든 규례에 관해서 듣고,
이스라엘은 정말 위대한 백성이요
지혜롭고 슬기로운 민족이라고 말할 것입니다"(신 4:6).

신명기 저자는 율법(히, 토라)을 지킬 때 지혜롭고 슬기롭게 된다고 가르친다. 이것은 율법에 지혜의 가르침이 내포되어 있다는 것을 의미한다.

율법과 지혜를 더 적극적으로 연관시키는 문서는 집회서이다. 구약외경 중 하나인 집회서에서 지혜는 율법과 동일시된다. 토라와 지혜를 동일시하려는 움직임이 신명기 저자에게서 이미 시작되었다고 볼 수 있지만, 집회서에서는 이 둘이 분명하게 동일시되고 있는 것이다.

"이 모든 것은 지극히 높으신 하느님의 계약의 글월이며, 우리 야곱 가문의 유산으로 모세가 제정해 준 율법이다"(집회서 24:23).[5]

지혜가 무엇이냐 하면 율법이라는 것이다. 그리고 이 율법은 지혜의 성육신(incarnation)이고, 이 지혜는 바로 하나님께서 이스라엘에게 주신 말씀이라는 것이다.

구약외경에 속하는 솔로몬의 지혜서는 헬라문화가 꽃피던 고대 이집트의 알렉산드리아에서 쓰였다. 잠언이나 집회서와는 달리, 이 책에서는 지혜의 개념을 위격화하고 있다(솔로몬의 지혜서 7:24-30). 지혜의 위격화란 지혜가 하나님으로부터 신성을 가지고 나왔으며 영적인 존재로 활동한다는 것을 뜻한다. 즉, 지혜는 하나님으로부터 방출(emanation)된 존재로 빠르게 움직이면서 모든 것을 통찰하고 인간의 삶을 돕는다는 것이다. 따라서 영적인 존재인 지혜와 하나님은 때로 구별하여 표현되기도 하지만, 때로는 동일시되기도 한다. 마치 삼위일체론에서 성부, 성자, 성령이 한 분 하나님의 세 위격(hypostasis)인 것처럼, 지혜는 하나님의 위격으로 하나

---

5 집회서 24장은 지혜의 찬양시인데, 잠언 8장의 영향을 받은 것이 분명하다. R. E. Murphy, *The Tree of Life*, 142.

님과 구별되기도 하지만 동일시될 수 있다는 것이다.

"지혜 속에 있는 정신은 영리하며 거룩하고,

유일하면서 다양하며 정묘하다.

그리고 민첩하고 명료하며 맑고

남에게 고통을 주지 않으며

자비롭고 날카로우며

강인하고 은혜로우며 인간에게 빛이 된다.

항구하며 확고하고 동요가 없으며

전능하고 모든 것을 살피며

모든 마음과 모든 영리한 자들과

모든 순결한 자들과 가장 정묘한 자들을 꿰뚫어본다.

지혜는 모든 움직임보다 더 빠르며,

순결한 나머지, 모든 것을 통찰한다.

지혜는 하느님께서 떨치시는 힘의 바람이며

전능하신 분께로부터 나오는 영광의 티 없는 빛이다.

그러므로 티끌만한 점 하나라도 지혜를 더럽힐 수 없다.

지혜는 영원한 빛의 찬란한 광채이며

하느님의 활동력을 비쳐 주는 티 없는 거울이며

하느님의 선하심을 보여 주는 형상이다.

지혜는 비록 홀로 있지만 모든 것을 할 수 있으며

스스로는 변하지 않으면서 만물을 새롭게 한다.

모든 세대를 통하여 거룩한 사람들의 마음속에 들어가서

그들을 하느님의 벗이 되게 하고 예언자가 되게 한다"

(솔로몬의 지혜서 7:22-27).

이러한 지혜개념은 헬라문화의 영향을 받은 것이다. 즉, 솔로몬의 지혜서 저자는 헬라문화에서 제시되는 지혜의 여신 소피아처럼, 잠언의 지혜를 위격화하여 신적인 존재로 재해석했다는 것이다.

구약위경에 속하는 에녹일서는 지혜를 하늘에서 내려왔다가 다시 하늘로 돌아가 버린 존재로 묘사한다(42:2).

"지혜는 이 땅에서 거주할 곳을 찾을 수 없었지만,
하늘에서는 머물 곳을 찾았다.
지혜는 사람들의 자녀들과 함께 거하기 위해 내려왔지만,
거주할 장소를 찾지 못했다.
그리하여 지혜는 본향으로 돌아가 천사들과 함께 영원히 살았다"
(에녹일서 42:1-2).

에녹일서에 의하면, 지혜는 하늘로부터 지상으로 내려와 사람들과 함께 살려고 거주할 곳을 찾았다. 그러나 지혜는 이 땅에서 거할 장소를 찾을 수가 없었다. 왜냐하면 인간이 살고 있는 세상은 너무나 타락하고 악하여서 하늘에서 내려온 거룩한 지혜가 거처할 곳을 찾을 수 없기 때문이다. 그리하여 지혜는 다시 본래의 자리인 하늘로 올라가서 천사들과 함께 거하게 되었다. 에녹일서가 이 땅에서 지혜의 거처를 찾을 수 없다고 단정하는 이유는 묵시문학적인 세계관을 반영하기 때문이다. 묵시문학적인 세계관

은 이 세상은 악이 지배하기 때문에 의인이나 의로운 존재는 고통과 고난을 받는다고 여긴다.

이와 같은 지혜전승과 지혜개념의 변화는 초기 그리스도교의 기독론 형성에 영향을 주었다. 예를 들면, 마태복음에서 예수께서는 마치 잠언에서 지혜가 청중들을 부르는 것처럼(잠 9:1-6) 사람들을 부르시고 초대하시며(마 11:28-30), 에녹일서에서 지혜가 거부당하여 하늘로 다시 올라가는 것처럼 세상에서 거부당하시고 승천하신다. 또한, 산상수훈에서 예수님은 참된 율법이요, 율법의 완성으로 여겨지는데, 이것은 집회서에서 율법을 지혜와 동일시하는 것과 비교될 수 있다. 요한복음서는 예수님의 탄생을 "말씀이 육신이 되었다"고 표현하면서 지혜의 성육신에 관한 전승을 사용하고 있으며, 골로새서 1:15 이하의 말씀은 지혜문학적인 요소들로 가득 차 있다. 이에 대해서는 이 책 제2부 제3장에 있는 신약성서의 지혜전승에서 자세히 설명하고 있다.

8. 맺는말

세상에서 가장 소중한 것은 무엇인가? 하나님의 피조물 가운데 가장 귀한 것은 무엇인가? 잠언은 금이나 은, 진주나 정금이 아니라 지혜라고 한다. 눈에 보이는 물질적인 것이 아니라 보이지 않는 지혜라는 것이다. 지혜는 인간을 총명하게 하고 사리를 정확히 판단할 수 있게 하며 불의를 분별할 수 있게 한다. 지혜는 악을 멀리하게 하고, 선과 겸손, 진실과 의를 가까이하게 한다. 지혜는 인간의 삶을 성공으로 이끌어 주며 하나님의 은

총을 받게 하고 생명을 얻게 한다. 그러나 지혜를 추구하지 않는 것, 지혜를 반대하는 것, 지혜를 멀리하는 것은 스스로 자기 생명을 해치는 것이며 멸망의 길로 가는 것이다. 즉, 죽음의 길로 걸어가는 것이다.

태초에 가장 처음 창조된 것은 무엇인가? 창세기에 의하면 빛이지만, 잠언에서는 이 빛보다 더 일찍 창조된 것이 있다. 바로 지혜다. 지혜는 만물이 생기기 전, 빛과 어둠이 갈라지는 첫째 날이 시작되기 이전에 생겨났다. 그리고 이 지혜는 만물이 창조되는 매순간 하나님의 사역을 도왔으며 하나님을 기쁘시게 해 드렸다. 따라서 지혜가 있어야 하나님의 창조질서와 섭리를 깨달아 알 수 있으며, 하나님이 원하시고 기뻐하시는 삶이 무엇인지도 알 수 있다. 지혜는 우리가 어떻게 살아야 하고 이 우주는 어떤 원리로 운행되는지를 알려 준다.

지혜는 어떻게 얻을 수 있는가? 지혜는 찾는 자에게 주어진다. 지혜는 그를 사랑하는 자를 사랑한다. 지혜는 수동적으로 기다리는 자가 아니라 능동적으로 찾는 자를 찾아간다. 인간이 지혜를 사랑할 때, 지혜의 가르침을 충실히 따르게 되고 날마다 지혜의 가르침을 실천하려고 노력한다.

신약성서에 의하면, 예수 그리스도는 지혜 그 자체가 되시고(고전 1:24), 그리스도의 영인 성령은 바로 지혜의 영이 되신다. 지혜 그 자체이신 그리스도는 지혜로운 삶이 무엇인지를 보여 주셨으며 우리가 성령을 통하여 그의 가르침을 받고, 그를 따라 살기를 원하신다. 그리스도는 성령을 통하여 우리를 지혜 있게 하시고, 십자가의 도라는 지혜의 길을 걷게 하신다는 것이다. 이러한 신약의 개념들은 잠언의 지혜개념이 변천하면서 형성된 것이다.

제 4 장

전통지혜에 대한 회의

1. 들어가는 말

정신분석학자 칼 구스타프 융(Carl Gustav Jung)은 스위스 루터교회 목사의 아들로 태어났다. 그는 어려서부터 성경을 읽고 기독교 전통에 따라 살도록 철저하게 훈련을 받았다. 그의 집안은 목사를 많이 배출했는데, 아버지 형제들 중 두 명, 어머니의 가족 중 여섯 명의 목사가 있었다. 그러기 때문에 그는 어려서부터 종교적인 대화나 신학적인 논의 그리고 설교를 많이 들을 수 있었다.

전통적 기독교 신앙에 충실하도록 교육받은 융은 자라면서 자신의 신앙과 기독교 전통에 대해 의문을 갖기 시작했다. 목사와 신학자를 많이 배출한 자신의 집안이 자신에게 유전적으로 물려주었던 전통적 신앙에 대해서 의문을 가졌던 것이다. 그는 교회에서 가르치는 교리가 의미하는 것이 무엇인지를 자신의 삶과 관련하여 다시 생각하고자 했던 것이다. 그럴 때마다 융의 아버지는, 아들의 이러한 태도를 못마땅하게 생각하면서 꾸짖었다.

"너는 언제나 생각하려고 하는구나. 그러나 신앙이란 생각하는 것이 아니라 믿어야 한다!"

아버지의 이런 꾸중을 들을 때마다, 융은 조용히 마음속으로 이렇게 대답했다.

"아니오! 신앙은 경험하고 알아야 합니다."

융은 유전적이고 관습적인 신앙에서 벗어나 자신이 직접 생각하고 경험한 믿음을 갖고자 했다. 자신의 종교 체험을 통해 이해한 기독교 신앙에 대해서 말하고 싶어 했던 것이다. 전통적인 신앙을 거부한 것이 아니라, 유전적이고 관습적인 종교에서 벗어나 자신의 언어로 자신의 신앙 담론을 이야기하고자 했던 것이다.

전통적 신앙의 한계를 넘어선다는 점에서 사도 바울도 비슷한 종교 체험을 했다. 바울은 전통적인 유대교의 집안에서 태어나 유대교 방식의 종교 교육을 받고 자랐다. 그러나 그는 다메섹 도상에서 주님을 만나는 체험을 한 후 자신이 가지고 있던 유대교 신앙을 다시 생각했다. 어려서부터 몸에 익혀온 신앙, 자기의 목숨과도 같은 유전적인 신앙이 과연 타당한지를 다시금 생각해 보았던 것이다. 그리하여 그는 그리스도의 가르침을 통하여 하나님에 대한 신앙을 확립하고자 했다. 전통적이고 유전적으로 자신에게 전해진 유대 종교를 예수 그리스도의 가르침을 통하여 재고해 보고, 자신이 체험한 하나님을 드러내고자 했다는 것이다.

사도 바울이나 융의 이러한 생각, 즉 전통적인 신앙에 대해 의심하는 것은 신앙을 거부하려는 시도가 아니었다. 전통적으로 믿어 온 하나님을 부정하고, 신앙을 버리기 위하여 의심한 것이 아니었다는 것이다. 오히려 자신의 신앙을 새롭게 하고, 믿음을 더욱 깊게 하려는 것이었다. 이러한

의심은 유전적인 신앙인들이나 타성에 젖은 신앙인들이 자신의 실존을
솔직하게 고려한 종교 체험이었다.

전도서도 이와 유사한 체험을 반영한다. 전도서 저자는 전통적 신앙관
과 가치관을 부인하지 않지만, 이에 맞지 않은 현실을 보면서 회의주의에
빠진다. 전통지혜(traditional wisdom)에 반영되어 있는 인과응보 사상이
틀린 것은 아니지만, 이 세상에 펼쳐지는 일들을 보면 의인은 반드시 흥하
지 않기 때문에 그리고 그 반대로 악인도 그의 죗값에 따라 반드시 망하지
않기 때문에 하나님의 참된 지혜가 무엇인지를 묻고자 한다.

2. 불합리한 현실

전도서 저자가 제기하는 문제는 과연 참된 지혜란 무엇인가다. 이러한
질문을 제기하는 이유는 이 세상에 신앙인의 사고를 혼란스럽게 만들고
일상적인 삶을 무의미하게 만드는 일들이 수없이 벌어지기 때문이다. 세
상에서 벌어지는 불합리한 현실을 보면 하나님을 섬기는 신앙인들이 어떻
게 살아야 지혜롭고 바른지를 도무지 알 수 없기 때문이다.

예를 들면, 하나님께서 어떤 사람에게는 부와 명예를 원하는 대로 다
주시면서도 그것들을 즐기지 못하게 하신다. 심지어는 그것들을 엉뚱한
사람이 즐기게 하신다.

"나는 세상에서 또 한 가지, 잘못되고,
억울한 일을 본다.

그것은 참으로 견디기 어려운 것이다.
하나님이 어떤 사람에게는
부와 재산과 명예를 원하는 대로 다 주시면서도,
그것들을 그 사람이 즐기지 못하게 하시고,
엉뚱한 사람이 즐기게 하시니,
참으로 어처구니가 없는 일이요,
통탄할 일이다"(전 6:1-2).

우리나라의 격언처럼, 일하는 사람 따로 있고 쓰는 사람 따로 있다는 것이다. 열심히 일하고 노력한 사람이 그 대가를 받아야 하는데, 그렇지 않으니 어처구니가 없다는 것이다. 물질과 명예를 원하는 대로 가졌지만 그것을 누리지 못한다면 그리고 그것을 엉뚱한 사람이 누린다면 하나님의 정의는 무엇이란 말인가? 차라리 처음부터 그러한 것을 소유하지 않은 것이 더 낫지 않았겠는가?

죽음 역시 세상사를 불합리하게 만든다. 지혜로운 사람이나 어리석은 사람이나, 오래 산 사람이나 태어날 때 죽어서 나온 아이나 모두 죽음이라는 같은 운명을 만나고, 시간이 지남에 따라 사람들의 기억에서 똑같이 사라진다.

"사람이 자녀를 백 명이나 낳고 오랫동안 살았다고 하자.
그가 아무리 오래 살았다고 하더라도,
그 재산으로 즐거움을 누리지도 못하고,
죽은 다음에 제대로 묻히지도 못한다면,

차라리 태어날 때에 죽어서 나온 아이가 그 사람보다 더 낫다.

태어날 때에 죽어서 나온 아이는,

뜻 없이 왔다가 어둠 속으로 사라지며,

그 속에서 영영 잊혀진다.

세상을 보지도 못하고,

인생이 무엇인지 알지도 못한다.

그러나 이 아이는 그 사람보다 더 편하게 안식을 누리지 않는가!

비록 사람이 천 년씩 두 번을 산다고 해도,

자기 재산으로 즐거움을 누리지도 못하면 별 수 없다.

마침내는 둘 다 같은 곳으로 가지 않는가!"(전 6:3-6).

만일 전도서 저자에게 내세사상이 있었다면 이를 해결하기 위하여 인과응보의 법칙이 적용되었을 것이다. 즉, 죽음 뒤에 의인은 천국에서 영원한 평안을 누리고 악인은 지옥에서 영원한 형벌을 받는다는 것이다. 요한계시록과 같은 묵시문학에는 이러한 내세사상이 반영되어 있기 때문에 의인과 악인의 삶은 분명히 구분된다. 그러나 전도서 저자에게는 인과응보적인 내세사상이 없었기 때문에 의인이나 악인이나 결국 죽음이라는 똑같은 결과에 도달할 수 있다는 회의주의가 나타난다. 그렇다면 의롭게 산다는 것은 무엇을 의미하는가? 모든 인생의 끝이 죽음이라면 의롭게 살기 위해서 하나님의 법을 지킨다는 것은 무엇을 의미하는가?

인간의 삶을 무의미하게 만드는 현실은 매일 매일의 삶에서도 찾아볼 수 있다. 사람이 먹으려고 수고를 마다하지 않지만(잠 16:26), 만족감을 얻지 못한다(전 6:7). 인간은 먹고 살기 위해서 열심히 일하지만, 결코 일의 대가로 얻은 물질로 인하여 만족감을 얻지 못한다는 것이다. 육체적인 욕구를 충족시키기 위해서 사람들이 경제활동을 열심히 하고 있지만, 자기가 얻은 재물로 자신의 욕구를 만족시키는 사람은 없다는 것이다. 그렇다면 수고의 의미는 무엇인가? 인간이 그렇게 열심히 노동할 필요가 있는 것인가? 그렇다고 노동을 거부할 수도 없지 않는가?

또한, 인간의 일상적인 삶을 들여다보면 다람쥐 쳇바퀴 돌듯 따분하게 되풀이되고 있다. 과거나 현재나 미래나 별 차이가 없어 보인다. 지금 있는 것은 새로운 것이 아니라 이미 오래전에 생긴 것이고 인생이 무엇인지도 이미 알려진 것이다(전 6:10). 인생이란 이미 밝혀진 대로 빤한 것인데 내가 살아야 할 이유가 과연 있는가? 내가 오늘 산다는 것은 무엇을 의미하는가? 인간이 새 것을 추구한다는 것도 결국 헛된 일이 아닌가?

인간의 현실은 지혜를 추구하는 것도 무의미하게 만든다. 지혜는 인간의 이성과 경험을 통하여 우주의 질서와 원리를 찾아 인간의 삶에 적용하려는 것이다. 그동안 전통적인 신앙은 사람들이 지혜를 통하여 보다 더 나은 삶, 보다 더 성공적인 인생을 살 수 있다고 가르쳐 왔다. 지혜를 따라 살면 의롭고 정의롭지만, 그렇지 못하면 어리석고 악하다는 것이다. 그러나 이러한 가르침을 무가치하게 만드는 일들이 무수히 나타나는 것이 현실이다. 의롭게 살았지만 결국 망하는 사람이 있는가 하면, 악하게 살았지만 오래 오래 사는 사람들이 있다(전 7:15)는 것은 전통적인 지혜의 가르침이 과연 참된 지혜인가 하는 의문을 갖게 한다. 그뿐만이 아니다. 인간이 아무리 지혜가 있다고 해도 하나님이 구부려 놓은 것을 펼 수 없고, 자기 앞날을 내다보지도 못한다(전 7:13-14).

"하나님이 하시는 일을 생각해 보아라.

하나님이 구부려 놓으신 것을 누가 펼 수 있겠는가?

좋은 때에는 기뻐하고, 어려운 때에는 생각하여라.

하나님은 좋은 때도 있게 하시고, 나쁜 때도 있게 하신다.

그러기에 사람은 제 앞일을 알지 못한다.

헛된 세월을 사는 동안에, 나는 두 가지를 다 보았다.

의롭게 살다가 망하는 의인이 있는가 하면,

악한 채로 오래 사는 악인도 있더라"(전 7:13-15).

인간의 지혜가 아무리 훌륭해도 하나님이 정해 놓으신 것을 바꿀 수 없다. 뿐만 아니라 자신의 앞날에 무슨 일이 일어날 것인지조차도 알지 못한다. 그렇다면 지혜를 추구할 필요가 있겠는가? 지혜를 추구한다는 것은 과연 무엇을 의미하는가?

3. 포기할 수 없는 전통

전도서 저자는 직면하고 있는 현실이 불합리하고 이해할 수 없는 일들로 가득 차 있는 것을 알고 있다. 그러나 그는 잠언 등에서 가르치는 전통적인 지혜를 포기할 수도 없다. 고대 이스라엘 전통에서 가르치는 인과응보 사상이 불합리하게 보이지만 그렇다고 이를 무시할 수도 없다는 것이다. 왜냐하면 전통지혜의 법칙에 예외적인 부분도 있지만, 그렇다고 그 원리 자체가 틀린 것은 아니기 때문이다. 전통의 가르침은 인간의 삶에 유익을 주기 때문에 거부할 수 없다는 것이다(전 7:11-12).

예를 들면, 명예가 값비싼 향유보다 더 낫다(전 7:1상)는 가르침이다. 전통지혜를 가르치는 잠언에서 표현하는 것처럼, 많은 재산보다는 명예를 택하는 것이 더 낫다(잠 22:1). 아무리 많은 재산을 소유했어도 명예가 더럽혀지거나 없다면 불행하다는 것이다. 그러기 때문에 재산을 많이 소유한 사람이 명예를 얻기 위해 재산의 상당 부분을 내어 놓거나 헌납하기도 한다. 이러한 명예와 관련해 볼 때, 죽는 날이 태어난 날보다 더 중요하다(전 7:1하). 죽음은 그 사람의 명예가 지속되었는가를 평가하는 순간이기 때문이다. 또한, 명예를 유지한 사람은 죽음과 함께 그 명예를 영구히 보전할 수 있기 때문이다. 이런 의미에서 시작보다는 끝이 더 중요하고 좋다(전 7:8상).

초상집에 가는 것이 잔칫집에 가는 것보다 더 낫다는 가르침도 당연한 것이다(전 7:2). 그러기 때문에 지혜로운 사람의 마음은 초상집에 가 있지만 어리석은 사람의 마음은 잔칫집에 가 있는 것이다(전 7:4). 왜 지혜로운 자는 초상집에 가는 것을 잔칫집에 가는 것보다 더 낫다고 생각하는가? 초상집에 감으로써 죽음이란 모든 사람에게 다가온다는 것을 다시 생각할 수 있고 자신의 삶을 보다 더 진지하게 바라볼 수 있는 기회를 얻기 때문이다. 잔칫집에 가서 무의미하게 웃고 즐거워하는 것보다 초상집에 가서 슬퍼하며 인생을 되돌아보는 것이 더 낫다는 것이다.

"초상집에 가는 것이 잔칫집에 가는 것보다 더 낫다.
살아 있는 사람은 누구나 죽는다는 것을 명심하여야 한다.
슬픔이 웃음보다 나은 것은,

얼굴을 어둡게 하는 근심이 마음에 유익하기 때문이다.

지혜로운 사람의 마음은 초상집에 가 있고

어리석은 사람의 마음은 잔칫집에 가 있다"(전 7:2-4).

초상집과 잔칫집의 대조는 슬픔이 웃음보다 낫고 근심이 마음에 유익하다는 가르침과 연관된다(전 7:3). 여기에서 슬픔과 근심은 같은 의미로 사용되었는데, "지혜가 많으면 번뇌도 많고, 아는 것이 많으면 걱정도 많다"(전 1:18)는 가르침과 관련해서 이해해야 한다. 즉, 이 슬픔은 마음에 상처를 주는 것이 아니라, 지혜를 얻은 자가 인생의 의미를 생각하는 과정에서 경험하는 감정이다. 이러한 "슬픔"(sorrow 혹은 anger)은 초상집에 가서 삶의 의미를 고려하면서 경험할 수 있는 것이다. 그러기 때문에 지혜로운 사람의 책망을 듣고 "슬픔"에 잠기는 것이 어리석은 사람의 노래를 들으면서 "즐거움"에 빠지는 것보다 더 낫다(전 7:5). 어리석은 사람의 노래나 웃음소리 등은 마치 가마솥 밑에서 가시나무가 타는 소리처럼 진지하지도 못하고 도리어 짜증나게 한다(전 7:6).

탐욕과 뇌물에 대한 전통적인 가르침, 즉 "의롭게 살면서 적게 버는 것이 불의하게 살면서 많이 버는 것보다 더 낫다"(잠 16:8)는 것도 여전히 유효하다. 불의한 소득은 뇌물을 통해서 얻어지고 뇌물은 탐욕 때문에 받는다. 그러나 탐욕은 결국 지혜로운 사람을 어리석게 만들고 뇌물은 지혜로운 사람의 마음을 병들게 한다(전 7:7). 그러기 때문에 불의하게 벌어서 부자가 되는 것보다 적게 벌지만 의롭게 사는 것이 더 낫다고 할 수 있다.

"교만한 마음"보다 "참는 마음"이 더 낫다(전 7:8-9)는 전통지혜의 가르침도 무시할 없다.

"…… 마음은 자만할 때보다 참을 때가 더 낫다.

급하게 화내지 말아라.

분노는 어리석은 사람의 품에 머무는 것이다"(전 7:8-9).

여기에서 교만한 마음은 문자적으로 "정신의 높음"(height of spirit)으로 번역할 수 있는데 "달아오른 프라이드"(soaring pride) 즉 교만을 의미한다. 이것은 "참는 마음"과 대비된다. "참는 마음"은 문자적으로 "정신의 긺"(length of spirit)을 뜻한다. 따라서 위의 표현은 문자적으로, "정신의 긺"이 "정신의 높음"보다 더 낫다고 직역할 수 있다. "정신의 높음"(=교만)이 "정신의 긺"(=인내)보다 더 좋지 않다는 것은 일을 시작할 때는 모르지만 끝날 때 보면 알 수 있다. "정신의 높음"을 유지한 사람은 급하게 화를 내는 어리석음을 범하기 때문에 일을 시작할 때에는 무언가 이룰 것 같지만 결국 실패하고 만다. 그러나 "정신의 긺"을 유지한 사람은 지혜롭게 오래 참음으로 좋은 결과를 이루어 낸다. 이런 의미에서 일은 시작할 때보다 끝낼 때가 더 중요하고 좋은 것이다(전 7:8상).

이와 같이 전통지혜를 말하면서도 전도서 저자는 사람들이 지혜라고 착각하는 내용에 대해서도 말한다. 그는 지적하기를, 사람들은 괴로울 때 흔히 말하기를, "옛날이 지금보다 더 좋은 까닭이 무엇이냐"(전 7:10)고 한다. 현재의 괴로움 때문에 과거를 그리워하는 것이다. 그런데 전도서 저자는 이러한 표현이 전통지혜의 가르침이 아니라고 한다. 오히려 어리석은 질문이라고 한다. 왜냐하면 그에게 과거, 현재, 미래는 차이가 없기 때문이다(전 1:9; 3:15). 해 아래 새 것이 없는데 과거와 현재를 구별하여 전자가 후자보다 더 낫다고 말할 수 없다는 것이다.

"지금 있는 것 이미 있던 것이고,

앞으로 있을 것도 이미 있는 것이다.

하나님은 하신 일을 되풀이하신다"(전 3:15).

4. 지혜로부터의 자유

전도서 기자는 어려서부터 보고 배운 전통, 즉 이전 세대가 자신에게 가르쳐 준 지혜를 버릴 수 없다. 그렇다고 현실 적용에 한계가 있는 전통을 무조건 받아들일 수도 없다. 이러한 고뇌의 상황에서 그는 지혜를 다시 생각한다. 과연 지혜란 무엇인가를 다시 질문하는 것이다. 그는 이 질문을 던지면서 인간이 과연 지혜를 터득할 수 있는가라고 회의한다. "지혜 있는 사람이 되어야지" 하고 결심해 보지만, 그렇게 되지도 않고 될 수도 없기 때문이다(전 7:23-24).

사실 지혜가 무엇인지도 모르는 상황에서 지혜자가 된다는 것은 불가능하다. 설령 지혜를 깨닫는다 하더라도 참된 지혜자가 되는 것은 가능한 일이 아니다. 좋은 일만 하고 잘못을 전혀 저지르지 않는 의인이 세상에 하나도 없다(전 7:20)는 것이 참된 지혜자가 없다는 것을 보여 주지 않는가? 지혜문학에서 의인과 지혜자는 동의어로 사용되기 때문에 완전한 의인이 없다는 것은 완전한 지혜자도 없다는 것을 의미한다.

그럼에도 불구하고 전도서 저자는 지혜가 무엇인지를 묻는다. 그는 지혜를 깨닫기 위해 사물의 이치를 연구하고 조사하고 이해하려고 노력한다(전 7:25). 또한, 지혜를 깨닫기 위해 지혜와 반대되는 개념인 우매함이나 어리석음의 결과가 무엇인지도 파악하고자 한다.

"지혜라는 것이 무엇인지, 너무도 멀고 깊으니,
누가 그것을 알 수 있겠는가?
그래도 나는 한곳으로만 정신을 쏟아 보았다.
지혜가 무엇인지, 사물의 이치가 어떤 것인지를,
연구하고 조사하고 이해하려고 하였다.
사악이 얼마나 어리석은 일이며,
우매가 얼마나 미친 일인지를 깨닫는 데에 정신을 쏟아 보았다"(전
7:24-25).

이러한 과정에서 그가 깨닫는 것은 지혜가 무엇인가에 대한 대답이 아
니다. 오히려 "하나님은 인간을 평범하고 단순하게 만드셨지만, 인간은
자신을 복잡하게 만들었다"(전 7:29)는 사실이다. 하나님은 인간이 바르게
살도록 창조하셨지만 인간은 자신의 욕망을 채우기 위하여 스스로 잘못된
길을 걸어가고 있다는 것이다. 창세기의 말씀처럼, "사람의 죄악이 세상에
가득 차고, 마음에 생각하는 모든 계획이 언제나 악한 것뿐"(창 6:5)이라는
것이다.

전도서 기자는 결국 참된 지혜가 무엇인지 제시하지 못한다. "어떤 사
람이 지혜 있는 사람인가? 사물의 이치를 깨달아 아는 사람이 누구인가?"
(전 8:1)라고 그는 수사학적 질문을 던진다. 이에 대한 대답은 당연히 "그런
사람은 없다"라는 것이다. 이것은 결국 이 세상의 그 누구도 참된 지혜가
무엇인지 깨달아 알 수 없다는 것이다.

이런 절망적인 상황에서 전도서 저자가 말하고 싶은 것이 있다. 앞서 지적한 것처럼, 전통지혜의 한계성이 있다는 것과 그럼에도 불구하고 그 것을 무시해서는 안 된다는 것이다. 그리고 이러한 전통지혜의 상황을 고려할 때 인간이 지혜라고 하는 것에 얽매여서도 안 된다는 것이다.

"너무 의롭게 살지도 말고 너무 슬기롭게 살지도 말아라…… 너무 악하게 살지도 말고 너무 어리석게 살지도 말아라……"(전 7:16-17).

이 말은 지혜가 무엇인지도 모르기 때문에 대충 대충 적당히 살라는 말이 아니다. 오히려 극단적인 삶을 피하라는 것이다.

지혜를 따라 산다고 자부하면서 스스로 의롭게 살아야 한다는 강박관념에 사로잡히는 것은 그러한 극단을 보여 준다. 지혜로 인한 강박관념은 인간의 자유를 속박하는 것이기 때문에 올바른 삶이 아니라는 것이다. 그러한 강박관념은 결국 인간의 삶을 망치는 것이 아닌가? 율법주의자들이 율법 때문에 자유롭지 못하고 율법의 노예가 된다는 것은 이를 반증하지 않는가? 지혜롭게 살아야 한다는 경직된 사고는 인간이 설정한 "지혜"라는 제한된 틀 속에 삶을 묶어 둠으로써 소위 지혜주의자를 만드는데, 이것 또한 어리석다는 것이다. 그것은 또 다른 형태의 억압이요 속박이다.

전도서 기자는 지혜주의자의 반대편도 잘못되었다고 지적한다. 전통지혜가 잘못되었기 때문에 그것을 버리고 그와 반대되는 악한 삶을 사는 것도 잘못되었다는 것이다. 그렇게 살 경우 결국 자기 수명도 다 채우지 못하고 죽는 결과를 가져온다(전 7:17). 그것은 정말 하나님을 전혀 두려워하지 않는 행위이다(전 7:18).

5. 신비의 하나님

인간이 스스로 정해 놓은 지혜의 틀 속에 삶을 제한함으로써 자유를 상실하는 것은 어리석은 일이다. 그러나 그러한 어리석음은 삶의 문제에서 끝나지 않고 하나님에 대한 신앙으로까지 이어진다. 즉, 인간은 살아 계신 하나님 역시 자신의 제한된 사고의 틀 안에 묶어 두려 한다는 것이다. 하나님은 자유하신 분이어서 좋은 때도 있게 하시고 나쁜 때도 있게 하시는데, 인간은 스스로 설정해 놓은 지혜의 범주 안에서 하나님의 행동을 제한적으로 이해하려 한다는 것이다(전 7:14). 이것은 하나님은 인간의 지혜를 다 동원해도 알 수 없는 신비로운 분이라는 것을 의미한다. 하나님은 인간의 지식과 지혜의 한계를 넘어서 계시는 초월적인 존재라는 것이다. 그러기 때문에 그분은 인간이 파악할 수 없는 질서와 일관성과 계획을 가지고 계신다. 초월자이신 하나님에 대해서 인간은 두려워하고 경외할 수밖에 없다.

하나님의 자유성과 초월성은 지혜의 탐구자에게 무엇을 의미하는가? 인간은 미래를 함부로 판단하지 말아야 한다.

"좋은 때에는 기뻐하고, 어려운 때에는 생각하여라.
하나님은 좋은 때도 있게 하시고, 나쁜 때도 있게 하신다.
그러기에 사람은 제 앞일을 알지 못한다"(잠 7:14).

인간의 장래를 지혜라는 잣대로 재단하지 말라는 것이다. 어떤 행동은 지혜로운 것이기 때문에 미래의 결과도 훌륭할 것이라는 판단을 함부로 하는 것은 옳지 않다는 것이다. 하나님은 자유로우셔서 인간이 알 수 없는 계획과 질서를 갖고 계시는데, 인간이 어떻게 자신의 앞날을 안다고 할 수 있느냐는 것이다.

전도서 저자가 제시하는 하나님은 이와 같이 신비로운 분이시며, 자유하신 분이시다. 그러기 때문에 그는 인간의 제한된 사고로부터 나오는 회의주의를 극복하고 신비로운 하나님께서 주시는 선물로서의 인간의 일상적인 삶을 즐기라고 한다(전 8:15).

"나는 생을 즐기라고 권하고 싶다.
사람에게, 먹고 마시고 즐기는 것보다 더 좋은 것이
세상에 없기 때문이다.
그래야 이 세상에서 일하면서,
하나님께 허락받은 한평생을 사는 동안에,
언제나 기쁨이 사람과 함께 있을 것이다."(전 8:15).

인간은 자신의 지혜로 하나님의 모든 법칙을 알 수 없다는 것을 스스로 인정하고 신비의 하나님을 경외하면서 주어진 삶을 기쁨으로 살아가야 한다. 인간이 추구하는 지혜나 삶의 의미성에 집착하지 말고, 그로부터 자유롭고 해방되라는 것이다. 참된 진리가 우리를 모든 것에서부터 자유롭게 하는 것처럼(요 8:32), 참된 지혜란 인간이 가지고 있는 지혜로부터 인간을 자유롭게 하는 것이란 말이다.

6. 맺는말

신앙인이 범하기 쉬운 어리석음 가운데 하나는 자신의 삶과 신앙 그리고 영성을 교리적인 틀 속에 짜 맞추려고 하는 것이다. 모델이 될 만한 과거의 삶과 신앙 방식에 집착하여 자신의 삶과 신앙을 그대로 답습하려는 것이다. 그러나 신앙은 과거 전통의 답습 이상이다. 자신의 경험과 체험을 무시하고 형성될 수 없다. 참된 신앙을 형성하기 위해서는 자신의 체험을 반영한 담론이 필요하다는 것이다.

전도서 저자의 가르침은 신앙뿐만 아니라 목회에도 적용된다. 예를 들면, 설교자들은 세상이 21세기로 변했다고 말하면서도 신앙의 모델은 여전히 과거의 것을 제시한다. 포스트모던 사회로의 변화를 말하면서도 성서해석과 주석은 여전히 모더니즘 시대, 심지어는 모더니즘 시대 이전이라고 말할 수 있는 비평 이전 시대(pre-critical period)의 것을 사용한다. 민주화 시대를 말하면서도 교회의 법과 조직은 여전히 19세기 미국교회법에 의존하고 있다. 전도서 저자는 이러한 신앙인과 목회자의 태도가 헛되고 헛되다고 풍자한다.

전도서 저자에 의하면, 삶과 신앙에는 다양성이 있다. 아무리 훌륭한 지혜의 원리라 할지라도 그것에 맞지 않는 예외가 있다는 것은 삶이 기계적이지 않고 다양하다는 것을 의미한다. 이 세상과 하나님은 어느 하나의 이치에 의해서 설명될 수 없다는 것이다. 그러기 때문에 다양성을 인정하지 않고 어느 한 가지 원리나 법칙을 고집한다는 것은 어리석다. 기계적이고 원리주의적인 삶과 신앙을 스스로 고집하거나 교인들에게 주입하려는 태도는 바람을 잡으려는 것처럼 헛되다는 것이다.

　이런 의미에서 앞서 제시한 융이나 바울의 신앙적 고민은 새로운 탄생을 위하여 겪어야 하는 아픔이요 "슬픔"이다. 전통적이고 유전적인 신앙을 의심해 보고 자신의 신앙 담론을 만들어 가는 것은 창조적인 해체이자 더 깊은 신앙에 들어가는 단계이다. 그러기 때문에 융이나 바울이 한 신앙적 의심을 두려워하지 말아야 한다. 이를 통하여 우리의 일상적인 삶에 항상 새롭게 다가오시는 신비로운 하나님을 만날 수 있다.

지혜문학과 내세사상

1. 들어가는 말

구약외경에는 지혜문학에 속하는 두 권의 책이 있다.[1] 집회서와 솔로몬의 지혜서이다. 이 책들은 구약성서의 지혜전승이 신구약 중간시대에 팔레스틴과 이집트에서 어떻게 변형되었는지를 연구하는 데 도움을 준다. 기원전 180년경에 팔레스틴에서 쓰여진 집회서는 잠언처럼 전통적인 지혜전승을 존중하는 태도를 취하고 있는 반면, 이집트 알렉산드리아에서 쓰여진 솔로몬의 지혜서는 유대교의 지혜전승과 헬라문화가 매우 밀접하게 결합되어 헬라주의적 유대교의 지혜문학으로 남아 있다. 본 장에서는 솔로몬의 지혜서의 인간론 고찰을 통하여 디아스포라 유대 공동체에서 유대문화와 헬라문화가 어떻게 혼합되어 있는지, 특히 전통적 지혜문학의 인과응보 교리가 헬라의 내세사상과 어떻게 결합되고 있는지를 살펴본다.

---

[1] 이 두 권의 책에 대해서는 천사무엘, 『구약외경의 이해』(천안: 한국신학연구소, 1996), 107-155를 보라.

솔로몬의 지혜서(The Wisdom of Solomon)는 칠십인역 구약성서(LXX)에 보존되어 온 책이다. 라틴어 성서인 불가타(the Vulgate)에서 간략하게 지혜서(The Book of Wisdom)라고 부르는 이 책은 개신교회에서 외경의 범주에 속해 있다. 그러나 로마 가톨릭교회는 트렌트 종교회의(the Council of Trent, 1545-1563) 이후 솔로몬의 지혜서를 제2경전(deuterocanonical book)으로 인정하여 정경과 똑같은 권위를 부여하고 있다.

솔로몬의 지혜서는 제목에서 보여 주는 것처럼, 이스라엘 전승에서 최고의 지혜자로 알려진 솔로몬이 저자라는 것을 암시하고 있다. 이 책의 내용에서도 이와 같은 암시가 나타나 있는데, 마치 솔로몬이 이방의 여러 왕들에게 훈계하는 것처럼 되어 있다.

"지상의 통치자들이여, 정의를 사랑하여라. 정직한 마음으로 주님을 생각하고 순진한 마음으로 주님을 찾아라. 주님을 떠보지 않는 사람들이 주님을 찾게 되고 주님은 당신을 불신하지 않는 사람들에게 나타내 보이신다"(1:1-2).

"그래서 나는 기도를 올려서 지혜를 받았고
하느님께 간청하여 지혜의 정신을 얻었다.
나는 지혜를 홀과 왕좌보다 더 낫게 여겼고
지혜와 비교하면 재산은 아무것도 아니라고 생각하였다"(7:7-8).

그러나 솔로몬의 저작설은 오리겐(Origen), 유세비우스(Eusebius), 어거스틴(Augustine), 제롬(Jerome) 등 초대 교회 교부들 때부터 의문시되어 왔다. 실제로 이 책은 솔로몬이 쓴 것이 아니다. 저자는 제2성전시대(the Second Temple Period)에 유행했던 명명법, 즉 역사적으로 유명한 성서인물들의 이름을 따서 자기가 쓴 책의 이름을 짓는 방법을 따르고 있다. 솔로몬의 지혜서의 실제 저자가 누구인지는 알려져 있지 않지만, 이집트의 알렉산드리아에서 살았던 디아스포라 유대인이었을 것으로 여겨진다. 이 익명의 저자는 유대교식 교육과 헬라식 교육을 상당히 많이 받았던 엘리트였으며, 구약성서뿐 아니라 헬라의 수사학과 철학 등에 대해서도 매우 정통한 사람이었다.

솔로몬의 지혜서는 로마 황제 가이우스 칼리굴라(Gaius Caligula, 기원후 37-41년) 치하인 기원후 38년경에 알렉산드리아에서 쓰였다.[2] 당시 이집트 알렉산드리아에서는 반유대인(anti-Semitic) 폭동으로 인하여 많은 유대인들이 박해를 받았다. 이 폭동은 로마에 있는 황제에 의해서 자행된 것이 아니라, 유대인들의 사회적 권리 인정 여부 문제로 인한 유대인들과 알렉산드리아인들 간의 증대되는 반목의 결과였다.[3] 솔로몬의 지혜서에 반영된 이집트인들에 대한 극심한 적대심은 그러한 당시의 상황을 반영하고 있다(11-19장). 이것은 솔로몬의 지혜서가 기원후 1세기 초에 쓰인 유대인 디아스포라의 박해문학이라는 것을 의미한다. 따라서 이 책의 저작목적은 극심한 박해를 경험한 이집트의 알렉산드리아 유대인 공동체에게 위로와 희망을 주기 위하여 쓰였다고 할 수 있다.

---

2 D. Winston, *The Wisdom of Solomon* (Garden City: Doubleday, 1979), 20-25; S. Cheon, *The Exodus Story of Wisdom of Solomon: A Study in Biblical Interpretation* (Sheffield: Sheffield Academic Press, 1997), 125-133.

3 당시의 사회-정치적 상황에 대해서는 천사무엘, "알렉산드리아 유대인 공동체 형성과 박해의 역사,"「신학사상 23」(1995), 162-166를 보라.

솔로몬의 지혜서 저자는 헬라철학과 유대교적 전통을 접목시키려는 절충주의적 경향을 가지고 있었다.[4] 그는 무작정 헬라문화를 받아들이지 않았으며, 신구약 중간시대에 많은 디아스포라 유대인들이 그러했던 것처럼 유대교의 바탕 위에서 헬라문화를 수용하려는 헬라적 유대주의자(Hellenistic Judaist)였다. 이것은 그가 구약성서적인 이스라엘의 신앙을 당시 알렉산드리아의 시대적·사상적 경향에 맞게 적용시키려 했다는 것을 의미한다. 우리가 다루고 있는 주제인 저자의 인간론은 바로 이러한 문제와 깊이 연관되어 있다.

본 장의 목적은 솔로몬의 지혜서에 나타나 있는 인간의 삶과 죽음 그리고 사후(死後)세계에 대한 신학 사상을 연구하는 것이다. 저자는 구약성서에 나타난 인간의 삶과 죽음을 헬라의 철학과 사상을 수용하면서 어떻게 발전시켰는가? 그는 유대교의 전통에 나타나 있는 인간론을 당시의 헬라 문화에 어떻게 토착화시키고 있는가? 이러한 질문들에 답하기 위하여, 여기에서는 이 주제와 관련된 본문의 내용을 주석적으로 검토하면서 저자의 인간론에 관한 신학 사상을 살펴본다. 이 연구는 구약성서에 나타나 있는 인간의 삶과 죽음에 대한 개념이 헬라 사상을 통해서 어떻게 접목, 발전되었는지를 보여 줄 것이다. 기원전 1세기의 히브리 사상과 헬라 사상의 절충에 관한 연구는 당시 유대교뿐만 아니라 태동되고 있던 초기 기독교 사상을 이해하는 데 도움을 줄 것이다.

---

[4] J. M. Reese, *Hellenistic Influence on the Book of Wisdom and Its Consequences* (Rome: Biblical Institute, 1970).

2. 인간의 창조와 본성

솔로몬의 지혜서의 인간론과 연관된 본문들은 이 책의 여러 곳에 흩어져 있다. 이 가운데서도 먼저, 인간의 창조와 본성에 관한 본문들을 살펴본다. 저자에 의하면, 인간은 하나님의 형상대로 창조되었다(2:23). 하나님은 이 세상의 첫 번째 인간인 아담을 창조하셨고(7:1; 10:1), 그 인간에게 모든 피조물들을 다스리게 하셨다(9:2; 10:2). 따라서 인간에게는 만물을 지배할 힘과 특권이 있으며, 이것은 하나님에게서 창조 때부터 부여받은 것이다. 또한 인간은 흙으로 만들어졌고, 하나님은 여기에 생명의 숨을 불어 넣으시어 생령이 되게 하셨다(15:8, 11; 16:14). 이러한 저자의 인간 창조에 대한 견해는 창세기 1-2장의 가르침과 일치한다.

솔로몬의 지혜서 저자의 인간 창조 개념은 이와 같이 구약성서에서 출발하고 있지만, 헬라 사상에 의하여 수식되어져 있다. 첫째로, 2:23에 의하면, 태초에 하나님은 인간을 불멸(immortality)한 존재로 창조하셨다.

"그러나 하나님은 인간을 불멸한 존재로 창조하셨고
그 자신의 형상을 따라 인간을 지으셨다"(2:23).

여기에서 "불멸"(immortality)이란 용어는 헬라어로 "앞싸르시아"(aftharsia)인데, 이 단어는 원래 에피쿠로스학파에서 신들(gods)의 초월적 특성과 자질을 묘사하기 위해 사용되었다. 에피쿠로스 철학자들은 인간의 불멸성은 믿지 않았다. 그러나 신들은 비록 인간처럼 물질로 되어 있지만 영원히 산다고 그들은 믿었다.[5]

솔로몬의 지혜서 저자는 이와 같은 헬라어 단어 "앞싸르시아"를 당시의 에피쿠로스 철학자들과는 반대로 인간의 특성을 나타내기 위하여 사용했다. 즉, 하나님의 형상대로 창조된 인간의 모습을 나타내기 위하여 이 단어를 사용했던 것이다. 하나님이 불멸하신 것처럼, 그의 형상인 인간 역시 태초에 불멸한 것으로 창조되었다는 것이다. 이 불멸성은 지혜의 가르침을 따름으로 보증을 얻을 수 있다(6:18-19).

"지혜를 사랑하는 것은 곧 지혜의 법을 지키는 것이고
지혜의 법을 지키는 것은 불멸의 보증을 얻는 것이며
불멸은 하느님 곁에서 살게 한다"(6:18-19).

둘째로, 저자는 하나님이 만물을 창조하시되 모든 피조물들을 살도록 만드셨다고 한다. 하나님은 피조물들이 생명을 계속 유지하도록 창조하셨다는 것이다.

"하나님은 모든 것을 살라고 만드셨고
세상의 모든 피조물은 원래가 살게 마련이며
그들 안에는 죽음의 독소가 없다"(1:14).

이것은 하나님이 모든 피조물들을 영원히 사는 존재로 창조하셨다는 것을 의미하지 않는다. 오히려 하나님의 창조목적을 나타내고 있다. 즉,

---

5 Ibid., 65.

하나님은 만물이 멸망을 지향하도록 창조하지 않으셨고, 생명을 지향하도록 지으셨다는 것이다. 모든 만물을 생명으로 가득 채우셨다는 것이다. 하나님 자신의 본성인 존재(Being) 안에 모든 만물이 참여하게 하기 위하여 이들을 창조하셨다는 것이다. 이것은 우주 안에 있는 모든 만물은 신의 섭리에 의하여 존재한다는 헬라철학 사상을 반영한다.

셋째로, 저자는 인간의 영혼과 육체에 대하여 언급하고 있는데, 솔로몬을 1인칭으로 표현한다.

"나는 좋은 기질을 타고 난 어린이였으며 훌륭한 영혼을 받았었다. 고귀한 나는 더렵혀지지 않은 육신에게로 들어갔었다"(8:19-20).

이 구절은 저자가 플라톤의 영혼 선재 사상을 받아들이고 있다는 증거로 종종 인용되어 왔다. 이것은 분명히 영혼의 선재를 의미하지만, 저자가 말하는 영혼의 선재 사상과 플라톤의 영혼 선재 사상에는 차이가 있다. 저자가 이 구절에서 영혼의 선재를 언급할 때, 그는 분명 플라톤처럼 영혼이 육체보다 먼저 존재한다는 것을 인정하고 있다. 그러나 플라톤과는 달리, 저자는 영혼과 육체의 질적 차이를 인정하지는 않는다. 플라톤에 의하면, 선재하는 영혼은 육체와 결합됨으로 더렵혀지며, 죽음을 통해서 육체와 분리됨으로 구원을 얻는다. 즉, 영혼은 육체와 결합하지 않을 때 깨끗하고 선하지만, 더럽고 죄로 물들어 있는 육체 때문에 타락한다는 것이다.

이것은 솔로몬의 지혜서 저자의 영혼과 육체에 대한 사고가 플라톤적이라기보다는 오히려 필로적이라는 것을 의미한다. 알렉산드리아의 필로(Philo)에 의하면, 훌륭한 육체는 덕의 실천을 돕기 위하여 하나님께서 베푸신 축복이다. 육체는 영혼의 계획을 완전히 망쳐 놓거나 영혼을 타락하게 만드는 것이 아니라 오히려 선을 지향하는 영혼이 제시한 덕을 실천할 수 있는 도구라는 것이다.[6]

어쨌든, 솔로몬의 지혜서 저자는 8:19-20에서 영혼의 선재를 말하고 있다. 20절의 인칭대명사 "나"는 문맥상 육체보다도 영혼에 직결되어 있는데 다음과 같이 번역될 수 있다. "훌륭한 나, 선재한 영혼은 더럽혀지지 않은 육체에게로 들어갔었다." 여기에서 영혼은 아담의 창조에서 보는 것처럼, 결정된 육체로 들어오기 직전에 창조되었다는 것으로 이해될 수 있다. 육체가 만들어지기 이전에 영혼이 먼저 창조되었다는 것이다.[7] 이것은 영혼이 육체보다 더 우위에 있다는 것을 암시한다.[8]

넷째로, 저자는 9:15에서 영혼과 육체의 관계에 대하여 언급하고 있다.

"썩어 없어질 육체는 영혼을 내리누르고

진흙으로 된 이 천막은 사려 깊은 마음의 짐이 된다"(9:15).

저자가 이 구절에서 죄와 타락의 근원으로서의 육체를 말하고 있는지, 그리하여 여기에 악의 문제를 육체와 연결하는 헬라철학적 이원론이 반영되어 있는지에 대한 논란이 있어 왔다. 이 구절에서 저자가 "영혼이 육체에

---

6 필로의 인간론에 대해서는 천사무엘, "알렉산드리아 필로의 인간이해," 「한국기독교신학논총 23」 (2002/1), 7-22을 보라.

7 이러한 영혼에 대한 사상은 에녹이서의 것과 유사하다. 이에 의하면, "모든 영혼은 이 세계의 형성 이전에 영원을 위하여 준비되어졌다"(23:4-5).

8 D. Winston, *Wisdom of Solomon*, 61.

의하여 내리 눌려진다"고 말할 때 플라톤 철학의 모티프(motif)를 언급하고 있는 것은 사실이지만, 영혼과 육체의 개념이 플라톤적으로 사용되고 있지는 않다. 즉, 저자는 플라톤 사상으로부터 육체에 대한 영혼의 우월성을 말하고 있지만, 육체의 타락이나 불순성 또한 영혼의 신성을 말하고 있지는 않다.[9] 형이상학적 의미에서 "내리 눌리는 영혼" 개념을 사용하고 있는 플라톤과는 달리, 저자는 도덕적 의미로 영혼과 육체의 개념을 말하고 있다. 즉, 개인의 행동을 묘사하기 위하여 이 용어들을 사용하고 있다는 것이다. 그러므로 썩어 없어질 육체가 영혼을 내리 누르고 있다는 것은, 영혼은 선을 행하려는 의지가 있지만, 육체는 너무나 약하여 그러한 의지를 실행에 옮기지 못하게 한다는 것을 의미한다. 그리하여 육체는 영혼의 이상을 실천하는 데 부담이 되거나 짐이 되며 방해가 된다는 것이다. 이러한 육체와 영혼의 관계는 알렉산드리아의 필로에게서도 유사하게 나타나 있다.[10]

3. 인간의 죽음

솔로몬의 지혜서에는 두 가지 종류의 죽음이 나타나 있다. 즉, 육적인 죽음과 영적인 죽음이다.[11] 저자는 이 둘을 구별하기 위하여 특별한 용어

---

9 J. Geyer, *The Wisdom of Solomon* (London: SCM, 1963), 93

10 D. Winston, *Wisdom of Solomon*, 207: J. Reider, *The Book of Wisdom* (New York: Harper & Brothers, 1957), 130.

11 솔로몬의 지혜서 후반부에서 "죽음"은 단순히 육적인 죽음을 의미한다(12:20; 16:13;

를 사용하고 있지 않지만, 우리는 본문의 내용을 고찰함으로써 이 둘을
구별할 수 있다.

1) 육적인 죽음

솔로몬의 지혜서에 의하면, 모든 인간은 처음 창조된 아담의 후손으로
육적인 삶과 죽음을 경험한다(7:1, 6). 이 육적인 생명을 얻는 방법과 육적
인 죽음에 다다르는 방법에서 예외적인 인간은 아무도 없다. 왕이든 평민
이든 모든 사람이 같은 길을 걸어야 한다.

"나(솔로몬)도 다른 사람들과 같이 죽음을 면치 못할 인간이며
흙으로 빚어진 첫 사람(아담)의 후손이다……
인생의 시작과 죽음은 모든 사람과 똑같다"(7:1-6).

저자는 이 육적인 삶과 죽음이 하나님에 의하여 주관된다고 가르친다
(16:13). 즉, 생명을 주관하시는 하나님은 사람을 살리기도 하시고 죽음에
이르게 하실 수도 있다는 것이다.

"당신은 생명과 죽음을 주관하시는 힘을 가지고 계시며
사람들을 죽음의 문으로 데리고 가실 수도 있고
데려오실 수도 있습니다"(16:13).

18:12-20; 19:5).

이상과 같은 구절에 나타나 있는 죽음에 대한 사상은 구약성서의 것과 같다(창3:19; 신32:39, 삼상 2:6). 즉, 모든 인간은 죽음을 경험하며, 하나님은 인간의 생명과 죽음을 주관하신다는 것이다. 그러나 본문에 제시된 내용의 부족으로 인하여 더 이상 육적인 죽음에 대하여 말하기는 가능하지 않다.

2) 영적인 죽음

구약의 가르침과는 달리, 솔로몬의 지혜서는 영적인 죽음을 말하고 있다. 저자에 의하면, 이 영적인 죽음은 하나님에 의하여 만들어진 것이 아니고(1:13) 악마의 시기 때문에 세상에 들어왔다(2:24).

"하나님은 죽음을 만들지 않으셨고
생명체의 파멸을 기뻐하지도 않으신다"(1:13).[12]

"죽음이 이 세상에 들어온 것은 악마의 시기 때문이니
악마에게 편드는 자들은 이것을 경험할 것이다"(2:24).

여기에서 저자는 창세기 3장에 나오는 처음 인간들의 타락기사를 암시하고 있다. 창세기에 의하면, 아담과 이브는 뱀의 유혹으로 인하여 하나님의 말씀에 불순종하여 타락하게 되었다. 솔로몬의 지혜서 저자는 뱀을 악

---

12 1:13에서 죽음과 파멸은 같은 의미로 사용되었다.

마와 동일시하면서 처음 인간들을 타락하게 한 뱀은 바로 악마 사탄이었다는 것을 암시한다. 이것은 하나님께 불순종한 인간의 악한 행위는 곧 영적인 죽음을 초래했다는 것을 의미한다. 영적인 죽음은 인간의 범죄로 인하여 시작되었다는 것이다.

> "그러므로 쓸데없는 불평을 경계하고
> 비방을 삼가라.
> 아무리 비밀스런 귓속말이라도 징벌을 면할 수 없고
> 거짓을 말하는 입은 영혼을 멸망시킨다.
> 빗나간 생활을 함으로써 죽음을 초래하지 말고.
> 너의 손이 하는 일로 파멸을 초래하지 말라"(1:11-12).

> "악인들은 행실과 말로써 죽음을 자초하고
> 죽음을 벗으로 생각하면서 죽음을 갈망하며
> 죽음과 계약을 맺는다.
> 왜냐하면 저들은 죽음과 한패가 되기에 알맞기 때문이다"(1:16).

이것은 인간의 불의한 행위가 영적인 죽음을 가져온다는 것을 의미한다. 악인들은 악마의 편에 속하는 자들인데 그들은 육적으로는 삶을 누리지만, 자신들의 죄 때문에 하나님과 유리되었고 영적으로 죽은 상태에 있다는 것이다. 즉, 악인들은 영적인 죽음과 계약을 맺고 있다는 것이다(1:16). 여기에서 저자는 "너희는 말하기를, 우리는 죽음과 계약을 맺었고 사망과 협정을 체결하였다"(사 28:15)는 이사야의 말씀을 인용하고 있다.

"악인들은 행실과 말로써 죽음을 자초하고 죽음을 벗으로 생각하며, 죽지
못해서 애태우며 죽음과 계약을 맺는다. 그들은 과연 죽음과 한패가 되기
에 알맞은 자들이다"(1:16).

요약하자면, 솔로몬의 지혜서에 의하면, 영적인 죽음은 하나님의 창조
결과가 아니라 악마에 의해서 야기된 것이며, 악인들에게만 주어지는 것
이다. 육적인 죽음은 아담 이래 모든 인간이 경험해야 하는 것이지만, 영적
인 죽음은 악마에 의해서 주관되고 악인들에게만 경험되어진다는 것이다.
따라서 악마에게 속해 있는 악인들은 비록 육적으로는 살아 있지만, 영적
인 죽음 아래 놓여 있다고 할 수 있다. 의인들은 영적인 죽음을 경험하지
않지만, 악인들은 경험한다는 것이다.

4. 인간의 내세

앞서 지적한 것처럼, 솔로몬의 지혜서 저자는 인간을 두 종류로 나눈다.
의인과 악인이다. 악인은 영적인 죽음을 경험하지만, 의인은 그렇지 않다.
저자는 이 두 종류의 인간의 죽음에 대해서 뿐만 아니라, 그들의 내세
(afterlife)의 차이에 대해서도 말하고 있다. 이제 솔로몬의 지혜서 1-6장에
나타나 있는 인간의 내세개념을 살펴본다.

1) 악인과 내세

솔로몬의 지혜서에 의하면, 악인들의 특징 중 하나는 죽음에 대한 그들의 이해이다. 악인들은 육적인 죽음이 생의 마지막이라고 생각하고 내세를 믿지 않는다.

"우리는(악인들은) 단지 우연하게 이 세상에 태어났고 죽고 나면 태어나지 않았던 것이나 마찬가지가 될 것이다"(2:2상).

악인들은 자신들이 태어난 것을 우연이라고 생각했고, 죽음 이후에 또 다른 세계가 있다는 생각을 거부했다. 그들은 육적인 죽음을 당할 때, 육체는 재로 변하고 생명의 숨 혹은 영혼은 공기처럼 사라진다고 생각했다 (2:3). 또한 그들은 죽음 이후, 모든 인간은 하데스(Hades)에 내려간다고 믿었다.[13]

"올바른 지각이 없어, 그들은 이렇게 뇌까린다.
'우리 인생은 짧고 슬프다.
수명이 다하면 별수 없이 죽는다.
지옥에서 돌아온 사람을 아무도 본 적이 없다.
우리가 이 세상에 태어난 것도 우연이었고
죽고 나면 태어나지 않았던 것이나 마찬가지다.

---

13 히브리어 성서에서 스올(Sheol)은 칠십인역 성서에서 하데스(Hades)로 번역되었다.

우리의 코로 쉬는 숨은 연기와 다름이 없고,

우리의 생명이란 심장의 고동에서 나오는 불꽃에 불과하다.

불꽃이 없어지면 우리의 육체는 재가 되고

영혼은 하염없이 공기 속으로 사라져 버린다'''(2:1-3).

이리하여 악인들은 이 세상에 주어진 모든 물질을 만끽하며 즐기길 원했고 죽음 이후에 남겨지는 어떠한 것에도 관심이 없었다. 현재의 세상을 마지막으로 생각하며 가능한 모든 쾌락을 추구하며 살았다. 즉, 의인들이 믿는 최후의 심판이나 희망을 악인들은 믿지 않았다(2:16).[14]

솔로몬의 지혜서 저자는 악인들의 이러한 삶과 죽음에 대한 이해가 잘못되었다고 지적한다. 왜냐하면 죽음 이후에 최후의 심판과 내세가 있기 때문이다. 그에 의하면 육적인 죽음 이후, 악인들은 영혼의 상태에서 최후의 심판을 맞이해야 하며, 여기에서 그들의 죄와 불법행위가 고발된다(4:20). 악인들은 이 심판에서 전에 자기들이 조롱하고 박해했던 의인들이 구원받는 것을 볼 때, 자신들의 지난 삶을 후회하며, 의인들의 신앙을 인정할 수밖에 없다(5:1ff.). 그러나 악인들의 후회는 이미 때가 늦은 것이다. 이제 그들에게 남아 있는 것은 하나님의 심판뿐이다. 하나님은 최후의 심판에서 악인들에게 심판주로 나타나셔서 일격에 악인들을 사라지게 하신다(4:19; 5:23). 이 세상에서 악인들이 지은 죄의 값에 대한 응보인 것이다.

---

14 솔로몬의 지혜서가 제시하는 악인의 죽음과 삶에 대한 태도는 전도서 저자의 것과 매우 유사하다.

"멀지 않아 그들은(악인들은) 수치스러운 시체가 되어

죽은 자들 가운데서 영원히 능욕당할 것이다.

주님은 말문이 막힌 그들을 거꾸로 던지시고

기반에서부터 흔들어 저들을 요동하게 하실 것이다.

저들은 완전히 쇠약하게 되어

고통 중에 있게 될 것이고

그들의 기억력은 쇠잔할 것이다"(4:19).

"폭풍이 그들을(악인들을) 대항해 일어나서

태풍 앞의 겨처럼 그들을 날려 버릴 것이다.

그리하여 무법이 온 땅을 황폐하게 할 것이고,

악행이 통치자들의 권좌를 뒤엎을 것이다"(5:23).

이렇게 하나님이 최후 심판 이후에 악인들에게 주어진 것은 두 번째 죽음이다. 이것은 육체적 죽음에 이은 또 다른 죽음 즉, 영원한 행복이 몰수된 죽음이며, 영혼이 누릴 수 있는 내세를 포기해야 하는 죽음이다.[15] 이것은 구약성서의 인과응보의 교리, 즉 죄는 그에 따른 징벌을 수반한다는 가르침을 반영하는 것이다.

---

15 J. P. Weisengoff. "Death and Immortality in the Book of Wisdom," *CBQ* 3 (1941), 109.

2) 의인과 불멸

저자에게 육적인 죽음은 별로 중요하지 않다. 왜냐하면 악인들은 육적인 죽음을 실제적인 최후로 보았지만, 저자 자신을 포함한 의인들에게 죽음은 삶의 끝이 아니기 때문이다.

"의인들의 영혼은 하나님의 손에 있어서
어떠한 고통도 결코 저들에게 미치지 못할 것이다.
미련한 자들의 눈에는 그들이 죽은 것처럼 보이고
그들이 이 세상을 떠나는 것이 재앙으로 생각될 것이며
우리 곁을 떠나는 것이 완전한 파멸로 생각되겠지만,
그들은 평화를 누리고 있다"(3:1-3).

이것은 의인에게 육적인 죽음은 실제로는 더 좋은 존재의 시작이며, 연단 이후에 주어지는, 또 다른 세계로 들어가는 통과문이라는 것을 의미한다(3:5-7). 의인의 육적인 죽음은 끝이 아니라 새로운 영생의 삶의 시작이라는 것이다. 이와 같은 신앙 때문에 저자는 육적인 죽음보다도 오히려 내세에 더 관심이 있다. 이제 솔로몬의 지혜서에 나타난, 의인에게 주어지는 내세의 개념을 살펴본다.

첫째로, 육적인 죽음 이후, 의인들은 악인들처럼 최후심판을 받아야 한다. 그러나 이 심판을 통해서 의인들은 악인들처럼 죽지 않고 영생을 누리게 된다(5:15). 최후심판 이후, 의인들은 불멸을 누린다는 것이다.

"당신을(하나님을) 아는 것이 의를 완전히 이루는 것이며, 당신의 힘을 아는 것이 불멸의 근원이다"(15:3).[16]

여기에서 영혼의 불멸은 최후 심판 때에 주어지는 하나님의 선물이나 보상이 아니라, 영혼의 창조 때에 이미 주어진 본성이다. 그 본성이 최후 심판으로 인하여 죽지 아니하고 계속되는 것이다. 이와 같은 영혼불멸의 가르침은 필로의 것과 유사하다. 필로는 영혼불멸에 대해서 다음과 같이 말했다.

"내 생각으로는 의인은 결코 죽지 않으며 영원히 살 것이다.
그는 나이 들었다고 늙지 아니하고,
육체의 제한을 더 이상 받지 아니하는 본성을 가진
불멸하는 영혼과 함께 영원히 살 것이다"(Philo, On Joseph 264).

의인은 나이가 들면 육체적으로는 늙어서 죽지만, 그의 영혼은 불멸하기 때문에 그 영혼과 더불어 영원히 살 수 있다는 것이다.

둘째로, 의인들은 최후심판 이후 하나님으로부터 보상을 받는다. 즉, 그들은 찬란한 왕관을 쓰게 되고 주님과 함께 모든 민족들을 통치하게 된다.

---

16 머피에 의하면, 하나님의 힘을 안다는 것은 완전한 정의를 의미한다. R. E. Murphy, "To Know Your Might is the Root of Immortality (Wis 15,3)," *CBQ* 25 (1963), 88-93.

"그러므로 그들은(의인들은) 영광의 면류관과
주님의 손으로부터 아름다운 머리띠를 받을 것이다.
주님은 그의 오른손으로 그들을 감싸 주시고
그의 팔로 그들을 보호하여 주실 것이다"(5:16).

"그들은 나라들을 심판하고 민족들을 다스릴 것이며,
주님은 영원토록 그들을 통치하실 것이다"(3:8).

이러한 의인에 대한 내세보상 사상은 구약성서의 것보다 진일보한 것
이지만, 단어사용에서 그리고 의인은 결국 보상을 받는다는 사상에서 구
약성서와 유사하다. 전자(5:16)는 이사야 62:3과 그리고 후자(3:8)는 다니
엘 7:22과 비교해 볼 수 있다.

"너는 주의 손에 들려 있는 아름다운 면류관이 될 것이며,
하나님의 손바닥에 놓여 있는 왕관이 될 것이다"(사62:3).

"옛적부터 계신 분이 오셔서,
지극히 높으신 분의 성도들의 권리를 찾아 주셔서,
때가 이르매 성도들이 나라를 얻었다"(단7:22).

이것은 저자가 구약성서에 나타나 있는 용어나 사상을 차용하고 있지
만, 헬라문화에 익숙한 독자들을 위하여 그것들을 재해석하여 사용하고
있다는 것을 의미한다.

셋째로, 의인의 요절(夭折)은 심각한 신정론의 문제인데, 저자는 이를 정당화하고 있다(4:7-20). 저자에 의하면, 인생은 삶의 길이보다도 얼마나 의롭게 사느냐 하는 것이 더 중요하다.

"의인은, 비록 요절할지라도, 안식을 얻는다.
노인은 오래 살았다고 해서 영예를 누리는 것이 아니며
산 햇수에 의해서 척도되어지는 것은 아니다.
현명이 곧 백발이고,
결백한 생활이 곧 노년기의 원숙함이다"(4:7-9).

여기에서 저자는 장수 자체가 필연적인 복(福)이라는 전통적인 견해를 거부하고, 삶의 질이 인생에서 가장 중요하다고 주장하고 있다. 이것은 삶의 참된 목적은 결국 하나님의 안식을 얻는 것이라는 원리에 근거한 주장이다.

솔로몬의 지혜서에 의하면, 인간은 하나님의 안식을 삶의 길이에 의해서가 아니라 티 없이 깨끗한 생활과 지혜를 추구하는 행동에 의하여 얻을 수 있다. 즉, 양보다도 질적인 삶이 더 가치 있고 내세에 대가를 받는다는 것이다. 이러한 논리(quasi-logic)에 의하여, 저자는 의로운 인간이 젊어서 죽더라도 그는 그의 질 높은 삶의 결과로 인하여 그리고 그가 추구했던 지혜로 말미암아 하나님의 안식에 들어간다고 말한다. 여기에서 저자는 요절(夭折)을 하나님의 특별한 돌보심과 계획으로 여긴다. 즉, 하나님은 의인의 영혼을 악인의 소굴에서 빨리 취하셔서, 악이 의인의 순결한 마음을 상하지 못하게 하신다는 것이다. 저자는 비록 에녹의 이름은 거론하고

있지 않지만, 에녹의 경우를 하나의 실례로 제시하면서 성서적 근거를 제
시한다(4:10). 이러한 의인의 요절에 대한 사고는 구약성서에서도 발견된
다. 이사야 57:1-2에 의하면, 의인의 죽음은 세상의 재앙을 피하여 평화로
운 곳으로 가는 것이다.

"의인이 망해도 그것을 마음에 두는 자가 없고,
경건한 사람이 이 세상을 떠나도 그 뜻을 깨닫는 자가 없다.
의인이 세상을 떠나는 것은, 실상은 재앙을 피하여 가는 것이다.
그는 평화로운 곳으로 들어가는 것이다.
바른길을 걷는 사람은 자기 침상 위에 편히 누울 것이다."

또한, 요시야의 죽음을 해석하는 신명기사가의 글에서도 이러한 사상
을 찾아볼 수 있다.

"그러므로 내가 이곳에 내리기로 한 모든 재앙을,
네가 죽을 때까지는 내리지 않겠다.
내가 너를 네 조상에게로 보낼 때에는,
네가 평안히 무덤에 안장되게 하겠다"(왕하 22:20).

5. 맺는말

솔로몬의 지혜서는 기원후 1세기경 디아스포라의 중심지였던 알렉산

드리아에서 쓰여졌다. 이 책에 나타나 있는 사상은 당시 지중해 연안에서 현대주의로 군림했던 헬라주의와 구약성서를 중심으로 발전된 유대교의 만남을 보여 준다. 저자는 헬라세계로부터 단어와 철학적 아이디어 등을 취하여 사용하고 있지만, 자신의 방식대로 그 의미를 재해석했다. 이것은 그가 이스라엘의 전통과 헬라의 철학 및 종교 사상을 절충, 종합하고 있다는 것을 의미한다. 이 때문에 저자의 사상은 "중기 플라톤주의"(Middle Platonism)[17]로 분류되고 있으며, 헬라문화와 유대신앙의 만남 혹은 유대교의 헬라문화에로의 토착화의 좋은 실례로 고려된다.[18]

저자의 삶과 죽음에 대한 개념 역시 이러한 경향을 나타내고 있다. 저자는 헬라철학에서 사용하고 있는 영혼, 육체, 불멸 등의 용어를 사용하고 있지만, 헬라적 의미를 완전히 받아들이지 않고, 알렉산드리아의 유대인 공동체의 신앙적 관점에서 이들 용어를 재해석하여 사용하고 있다. 그리하여 저자는 구약성서의 삶과 죽음의 개념을 확장했으며, 헬라적 삶과 내세를 열망하는 유대인들에게 의인과 불멸의 개념을 제시함으로써 삶에 대한 새로운 시각을 보여 주었다. 특히 그는 영혼불멸이라는 희랍 사상을 채택하면서, 육적인 죽음 이후 최후심판을 통하여 보응과 보상이 있다고 가르쳤다. 이러한 사고는 모든 죽은 자들은 스올로 간다는 구약성서의 사상을 넘어서는 것이다. 그러나 이 책은 다니엘 12:2-3에 나오는 육체의 부활 사상은 나타나 있지 않다.

지혜문학적 관점에서 볼 때, 솔로몬의 지혜서의 삶과 죽음에 대한 견해

---

17 중기 플라톤주의에 관해서는 J. Dillion, *The Middle Platonists* (London: Duckworth, 1977)를 참조하라.

18 A. Shorter, *Toward a Theology of Inculturation* (Maryknoll: Orbis, 1988), 115-116.

는 전통적 지혜문학에서 제시하는 인과응보의 법칙을 계속 유지하려는 시도이다. 전통적 지혜문학에 의하면, 의인과 악인은 그의 행동에 대한 결과를 이 땅에서 받는다. 의인은 복을 받고 악인은 벌을 받는다는 것이다. 그러나 이러한 견해는 욥기와 전도서 등과 같은 지혜문학에서 회의론에 부딪히게 된다. 이 땅에서 의인이 고통을 받고 악인이 부귀영화를 누리는 것은 무엇인가, 하나님의 정의가 이 땅에서 과연 실현되고 있는가라는 신정론적인 질문에 직면하게 된다는 것이다.

솔로몬의 지혜서는 헬라철학에서 제시하는 영혼불멸 사상과 내세사상을 유대교와 결합하여, 현실적인 인과응보의 교리를 내세에까지 적용시킨다. 그리하여 의인은 비록 이 땅에서는 고통을 당하지만 내세에서는 보상을 받고 평화를 누린다고 가르친다. 반면에 악인은 이 땅에서 의인을 박해하고 조롱하지만 이에 대한 보응을 내세에서 받고 영원한 고통을 당한다고 가르친다. 지혜문학적 관점에서 볼 때, 이것은 신정론적인 지혜문학의 위기를 극복하려는 시도이고, 전통적 지혜문학의 인과응보 사상을 유지하려는 것이다. 이 땅에서 해결할 수 없는 인간의 고통의 문제를 내세사상을 도입함으로써 그 해답을 제시하고 있다는 것이다.

참 고 문 헌

Achtemeier, E., *Nature, God and Pulpit* (Grand Rapids: Eerdmans, 1992).

Albright, W. F., "The Goddess of Life and Wisdom," *AJSL* 36 (1919-20), 258-294.

Alexander, J., "What Do Recent Writers Mean by Spirituality?" *Spirituality Today* 32 (1980), 247-256.

Allen, D., *Spiritual Theology: The Theology of Yesterday for Spiritual Help Today* (Cambridge: Cowley, 1997).

Alonso-Schökel, L., "Sapiential and Covenant Themes in Genesis 2-3," *Biblica* 43 (1962), 295-315.

Barthes, R., *Structural Analysis and Biblical Exegesis: Interpretational Essays* (Pittsburgh: Pickwick, 1974).

Ben-Amos, D., "Folklore in the Ancient Near East," *ABD*, Vol. 2, 818-819.

Blenkinsopp, J., *Wisdom and Law in the Old Testament: The Ordering of Life in Israel and Early Judaism* (Oxford: Oxford University Press, 1983).

________, "Biographical Patterns in Biblical Narrative," *JSOT* 20 (1981), 27-46.

________, "Ecclesiastes 3;1-15: Another Interpretation," *JSOT* 66 (1995), 55-64.

Borg, M. J., "The Teaching of Jesus Christ," *ABD*, Vol. 3, 804-812.

Brown, R. E., *The Gospel According to John I-XII* (Garden City: Doubleday, 1966).

Brueggemann, W., *In Man We Trust: The Neglected Side of Biblical Faith* (Atlanta: John Knox, 1972), 장일선 역, 『지혜전승연구』 (서울: 대한기독교출판사, 1980).

________, "Jeremiah's Use of Rhetorical Questions," *JBL* 152 (1973), 358-74.

__________, "The Epistemological Crisis of Israel's Two Histories(Jer 9:22- 23)," in *IW*, 85-105.

Bryce, G., *A Legacy of Wisdom* (Lewisburg: Bucknell University Press, 1979).

Camp, C. V., "The Female Sage in the Biblical Wisdom Literature," in T*he Sage in Israel and the Ancient Near East*, eds., J. G. Gammie and L. G. Perdue (Winona Lake: Eisenbrauns, 1990), 185-203.

Ceresko, A. R., *Introduction to Old Testament: A Spirituality for Liberation* (Maryknoll: Orbis, 1999).

Charlesworth, J. H., "What Has the Old Testament to Do with the New?" in *The Old and the New Testaments: Their Relationship and the "Intertestamental" Literature*, eds., J. H. Charlesworth and W. P. Weaver (Valley Forge: Trinity Press International, 1993), 39-87, 나채운, 예영수 공역, "구약성서는 신약성서와 어떤 관계에 있는가?" 구약성서와 신약성서: 그 관계와 신구약중간기 문헌』 (서울: 장로회신학대학교출판부, 1996), 63-109.

Cheon, S., "Gap-filling the Story of Lot's Wife (Gen. 19:1-29)," 「구약논단 5」 (1998/10), 203-214.

__________, "Reconsidering Jephthah's Story in Asian Perspective," *JAAAT* 6 (2003-2004), 30-45.

__________, *The Exodus Story of Wisdom of Solomon: A Study in Biblical Interpretation* (Sheffield: Sheffield Academic Press, 1997).

Childs, B. S., *Introduction to the Old Testament as Scripture* (Philadelphia: Fortress, 1979).

__________, *Biblical Theology in Crisis* (Philadelphia: Westminster, 1970).

Clarke, H., *Homer's Readers* (Newark: University of Delaware Press, 1981).

Clement, R. E., *Wisdom in Theology* (Grand Rapids: Eerdmans, 1992).

__________, *Old Testament Theology* (Atlanta: John Knox, 1978).

Cohen, A., ed., *The Soncino Chumash: The Five Books of Moses with Haphtaroth*

(London: Soncino, 1983).

Collins, A. Y., "Apocalypses and Apocalypticism," *ABD*, Vol. 1, 288-292.

Collins, J. J., "Apocalyptic Literature", in *Early Judaism and Its Modern Interpreters*, eds., R. A. Kraft and G. W. E. Nickelsburg (Philadelphia: Fortress, 1986),

________, "Apocalyptic Eschatology as the Transcendence of Death," in *Visionaries and Their Apocalypses*, ed., P. Hanson (Philadelphia: Fortress, 1983), 61-85.

________, "Wisdom, Apocalypticism, and Generic Compatibility," in *In Search of Wisdom: Essays in Memory of John G. Gammie*, eds., L. G. Perdue, B. B. Scott, and W. J. Wiseman (Louisville: estminster/John Knox, 1993).

________, *Daniel* (Minneapolis: Fortress, 1993).

________, *The Apocalyptic Vision of the Book of Daniel* (Missoula: Scholars, 1977).

________, "Cosmos and Salvation: Jewish Wisdom and Apocalyptic in the Hellenistic Age," *History of Religion* 17 (1977), 121-142.

________, "The Place of Apocalypticism in the Religion of Israel," in *Ancient Israelite Religion: Essays in Honor of Frank Moore Cross*, eds., P. D. Miller, P. D. Hanson and S. D. McBride (Philadelphia: Fortress, 1987), 539-558.

Conzelmann, H., "Wisdom in the NT," *IDBS* (1976), 956-960.

Conzelmann, H., and A. Lindenmann, Arbeitsbuch zum Neuen Testament, 박두환 역, 『신약성서 어떻게 읽을 것인가?』 (서울: 한국신학연구소, 2001).

Crenshaw, J. L., "Method in Determining Wisdom Influence upon 'Historical' Literature," *JBL* 88 (1969), 129-42.

________, "Education in Ancient Israel," *JBL* 104 (1985), 601-15.

________, "The Sage in Proverbs," in *The Sage in Israel and the Ancient Near East*, eds., J. G. Gammie and L. G. Perdue (Winona Lake: Eisenbrauns, 1990), 205-216.

________, "Method in Determining Wisdom Influence upon 'Historical' Literature," in *SAIW*, 481-494.

________, "Prolegomenon," in *SAIW*, 1-45.

________, *Old Testament Wisdom: An Introduction* (Atlanta: John Knox,1981), 『구약 지혜문학의 이해』, 강성렬 역 (서울: 한국장로교출판사, 1993).

Crenshaw, J. L. ed., *Studies in Ancient Israelite Wisdom* (New York: Ktav, 1976).

Cully, R. C., "Exploring New Directions," in *The Hebrew Bible and Its Modern Interpreters*, eds., D. A. Knight & G. M. Tucker (Philadelphia: Fortress, 1985), 180-184.

Currid, J. D., *Ancient Egypt and the Old Testament* (Grand Rapids: Baker, 1997).

Davidson, R., *Wisdom and Worship* (Philadelphia Trinity Press International, 1990).

Davies, P. R., "The Social World of Apocalyptic Writings," in *The World of Ancient Israel: Sociological, Anthropological and Political Perspectives*, ed., R. E. Clements (Cambridge: Cambridge University Press, 1989).

Dell, K. J., *The Book of Proverbs in Social and Theological Context* (Cambridge: Cambridge University Press, 2006).

Dillion, J., *The Middle Platonists* (London: Duckworth, 1977).

Dunn, J. D. G., *Christology in the Making* (Philadelphia: Westminster, 1980).

Eichrodt, W., *Theology of the Old Testament*, 2 vols. (London: SCM, 1961, 67).

Emerton, J. A., "Wisdom," *Tradition and Interpretation: Essays by Members of the Society for Old Testament Study*, ed., G. W. Anderson, (Oxford: Clarendon, 1979), 214-237.

Fiorenza, E. S., *In Memory of Her: A Feminist Theological Reconstruction of Christian Origins* (New York: Crossroad, 1986).

Fontaine, C. R., "The Sage in Family and Tribe," in *The Sage in Israel and the Ancient Near East*, eds., J. G. Gammie and L. G. Perdue (Winona Lake: Eisenbrauns,1990), 155-164.

Fox, M. V., "Ideas of Wisdom in Proverbs 1-9," *JBL* 116/4 (1997), 613-633.

________, *Proverbs* 1-9 (New York: Doubleday, 2000).

Frazer, J. G., *Folk-Lore in the Old Testament*, 3 vols (London: Macmillan, 1918).

Gammie, J. G., et al., eds., *Israelite Wisdom: Theological and Literary Essay in Honor of Samuel Terrien* (Missoula: Scholars, 1978).

Gaster, T. H., *Myth, Legend, and Custom in the Old Testament* (New York: Harper & Row, 1969).

Gerstenberger, E., *Wesen und Herkunft des 'apodiktischen Rechts'* (Neukirchen-Vluyn: Neukirchener, 1965).

__________, "The Woe Oracles of the Prophets," *JBL* 81 (1962), 249-263.

Geyer, J., *The Wisdom of Solomon* (London: SCM, 1963).

Gordis, R., "The Social Background of Wisdom Literature," *HUCA* 18 (1943-44), 77-118.

Gottwald, N. K., *The Hebrew Bible* (Philadelphia: Fortress, 1985).

Gowan, D. E., "Habakkuk and Wisdom," *Perspective* 9 (1968), 157-166.

Grabbe, L. L., "The Social Setting of Early Jewish Apocalypticism," *JSP* 4 (1989), 27-47.

__________, *Priests, Prophets, Diviners, Sages: A Socio-Historical Study of Religious Specialists on Ancient Israel* (Valley Forge: Trinity Press International, 1995).

Gunkel, H., Scheopfung und Chaos in Urzeit und Endzeit (Geottingen: Vandenhoeck und Ruprecht, 1895).

__________, *Genesis* (Macon: Mercer University Press, 1997).

__________, *The Legends of Genesis* (New York: Schocken, 1964).

__________, *The Stories of Genesis* (Berkeley: Bibal, 1994).

Gunn, D. M., "설화비평," *To Each Its Own Meaning*, eds., S. R. Haynes & S. L. McKenzie, 『성서비평 방법론과 그 적용: 역사비평에서 사회학적 비평을 거쳐 해체주의비평까지』, 김은규, 김수남 공역 (서울: 대한기독교서회, 1997), 267-308.

Gutiérrez, G., *A Theology of Liberation: History, Politics, and Salvation* (Maryknoll: Orbis, 1973),『해방신학: 역사와 정치와 구원』, 성념 역 (왜관: 분도출판사, 1977).

Hanson, P., *The Dawn of Apocalyiptic: The Historical and Sociological Roots of*

Jewish Apocalyptic Eschatology (Philadelphia: Fortress, 1979), 이무용, 김지은 역, 묵시문학의 기원』 (서울: 크리스찬 다이제스트, 1996).

________, "Prolegomena to the Study of Jewish Apocalyptic," in *Magnalia Dei: Essays on the Bible and Archaeology in Memory of G. Ernest Wright*, eds., F. M. Cross,W. E. Lemke, and P. D. Miller (Garden City, NY: Doubleday, 1976), 389-413.

________, "Apocalypticism," *IDBS*, 28-34.

Harris, S. L., *Proverbs 1-9: A Study of Inner-biblical Interpretation* (Alpharetta: Scholars, 1996).

Hayes, J. H., and F. C. Prussner, *Old Testament Theology: Its History and Development* (Atlanta: John Knox, 1985).

Heaton, E. W., *The School Tradition of the Old Testament* (Oxford: Oxford University Press, 1994).

________, *The Hebrew Kingdoms* (London: Oxford University Press, 1968).

Hengel, M., *Judaism and Hellenism*, Vol. 1 (Minneapolis: Fortress, 1974).

Hill, R. C., "Dimensions of Salvation History in the Wisdom Books," *Scripture* 19 (1967), 97-106.

Hobbs, T. R., "Jeremiah 3:1-5 and Deuteronomy 24:1-4," *ZAW* 86 (1974), 23-29.

________, "Some Proverbial Reflections in the Book of Jeremiah," *ZAW* 91 (1979), 2-72.

Hölscher, G., "Die Entstehung des Buches Daniel," *TSK* 92 (1919), 113-139.

Jason, H., "The Story of David and Goliath: A Folk Epic?," *Biblica* 60 (1979), 36-70.

Jenni, E., and C. Westermann, *Theological Lexicon of the Old Testament*, Vol. 1 (Peabody: Hendrickson, 1997).

Jensen, J., *The Use of tora by Isaiah: His Debate with the Wisdom Tradition* (Washington, DC: Catholic Biblical Association, 1973).

Kayatz, C., *Studien zu Proverbien* 1-9 (Neukirchen-Vluyn: Neukirchener, 1966).

Kikawada, I. M., and A. Quinn, *Before Abraham Was* (San Francisco: Ignatius, 1985).

Kim, Seenam, *The Coherence of the Collections in the Book of Proverbs* (Eugene: Pickwick, 2007).

Kirkpatrick, P. G., *The Old Testament and Folklore Study* (Sheffield: Sheffield Academic Press, 1988).

Knight, D. A., *Rediscovering the Traditions of Israel: The Development of the Traditio-Historical Research of the Old Testament, with Special Consideration of Scandinavian Contributions* (Missoula: Scholars, 1973).

Lambert, W. G., *Babylonian Wisdom Literature* (Winona Lake: Eisenbraun, 1996).

Landes, G. M., "Jonah: A Masal?" in *IW,* 137-158.

Lang, B., *Wisdom and the Book of Proverbs: An Israelite Goddess Redefined* (New York: Pilgrim, 1986).

Lee, T. R., *Studies in the Form of Sirach* 44-55 (Atlanta: Scholars, 1986).

Leeuwen, R. C. Van, "The Sage in the Prophetic Literature," in *The Sage in Israel and the Ancient Near East*, eds., J. G. Gammie and L. G. Perdue (Winona Lake:Eisenbrauns, 1990), 295-306.

Lemaire, A., "The Sage in School and Temple," in *The Sage in Israel and the Ancient Near East*. eds., J. G. Gammie and L. G. Perdue (Winona Lake: Eisenbrauns, 1990), 165-181.

Lichtheim, M., *Ancient Egyptian Literature*, 3 vols. (Berkeley: University of California Press, 1973-80).

Mastin, B. S., "Wisdom and Daniel," in *Wisdom in Ancient Israel: Essays in honour of J. A. Emerton*, eds., J. Day, R. P. Gordon and H. G. M. Williamson (Cambridge: Cambridge University Press, 1995), 161-169.

McCann J. C., "Wisdom's Dilemma: The Book of Job, the Final Form of the Book of Psalms, and the Entire Bible," *Wisdom, You Are My Sister: Studies in Honor of Roland E. Murphy, O.Cam., on the Occasion of His Eightieth Birthday*, ed,

M. L. Barre (Washington, D.C.: CBAA, 1997), 18-30.

McKane, W., *Proverbs* (London: SCM, 1970).

Milne, P. J., *Vladimir Propp and the Study of Structure in Hebrew Biblical Narrative* (Sheffield: Sheffield Academic Press, 1988).

Morgan, D. F., *Wisdom in the Old Testament Traditions* (Atlanta: John Knox, 1981).

Müller, H. P., "Mantische Weisheit und Apokalyptic," in *Congress Volume, Uppsala 1971* (Leiden: Brill, 1972), 268-271.

Murphy, F. J., "Apocalypses and Apocalypticism: The State of the Question," *CR* 2 (1994), 147-179.

Murphy, R. E., *Seven Books of Wisdom* (Milwakee: Bruce, 1960).

________, *Wisdom Literature* (Grand Rapids: Eerdmans, 1981).

________, *The Tree of Life: An Exploration of Biblical Wisdom Literature* (New York: Doubleday, 1990).

________, "To Know Your Might is the Root of Immortality (Wis 15,3)," *CBQ* 25 (1963), 88-93.

________, "Wisdom in the OT," *ABD*, Vol. 6, 920-931.

________, "The Interpretation of Old Testament Wisdom Literature," *Interpretation* 23 (1969), 289-301.

________, "Wisdom - Theses and Hypotheses," in *IW*, 35-42.

Niditch, S., *Folklore and the Hebrew Bible* (Minneapolis: Fortress, 1993).

________, *Oral World and Written Word: Ancient Israelite Literature* (Louisville: Westminster John Knox, 1996).

Niditch S., and R. Doran, "The Success Story of the Wise Courtier: A Formal Approach," *JBL* 96 (1977), 179-193.

O'Brien, P. T., *Colossians, Philemon* (Waco: Word, 1982).

O'Conner, K. M., *The Wisdom Literature* (Wilmington: Michael Glazier, 1988).

Oesterley, W. O. E., *The Wisdom of Egypt and the Old Testament in the Light of the*

Newly Discovered 'Teaching of Amen-em-op' (New York: Macmillan, 1927).

Park, Chung-Se, *A Model of Cross-Cultural Mission in Korea: A Comparative Study of Bible Studies and Korean Legends* (D. Min. dissertation in San Francisco heological Seminary, 1990).

Perdue, L. G., "Wisdom Theology and Social History in Proverbs 1-9," in *Wisdom, You Are My Sister: Studies in Honor of Roland E. Murphy, O.Cam., on the Occasion of His Eightieth Birthday*, ed., M. L. Barre (Washington, D. C.: CBAA, 1997), 78-101.

________, *Wisdom and Cult* (Missoula: Scholars, 1977).

________, *Wisdom and Creation: The Theology of Wisdom Literature* (Nashville: Abingdon, 1994).

________, *The Collapse of History: Reconstructing Old Testament Theology* (Minneapolis: Fortress, 1994).

Perdue, L. G., B. B. Scott, and W. J. Wiseman, eds., *In Search of Wisdom: Essays in Memory of John G. Gammie* (Louisville: Westminster/John Knox, 1993).

Perrin, N., and D. C. Duling, *The New Testament: An Introduction* (New York: Harcourt Brace Jovanovich, 1982), 박익수 역, 『새로운 신약성서개론』 (천안: 한국신학연구소, 1991).

Porter, J. R., "Folklore," *A Dictionary of Biblical Interpretation*, eds., R. J. Coggins and J. L. Houlden (London: SCM, 1990), 238-240.

Rad, G. von, *Wisdom in Israel* (London: SCM, 1972).

________, *Old Testament Theology*, 2 vols. (New York: Harper & Row, 1962, 1965).

________, "The Joseph Narrative and Ancient Wisdom," in *SAIW*, 439-447.

________, 김정준 역, 『폰 라드 논문집』 (서울: 대한기독교서회, 1978).

Reboul, O., *La Rhétorique*, 박인철 역, 『수사학』 (파주: 한길사, 1999).

Reese, J. M., *Hellenistic Influence on the Book of Wisdom and Its Consequences* (Rome: Biblical Institute, 1970).

Reid, S. B., *Enoch und Daniel* (Berkeley: Bibal, 1989).

Reider, J., *The Book of Wisdom* (New York: Harper & Brothers, 1957).

Reomer, T. C., "Why Would the Deuteronomists Tell About the Sacrifice of Jephthah's Daughter?" *JSOT* 77 (1998), 27-38.

Rogerson, J. W., *Anthropology and the Old Testament* (Oxford: Basil Blackwell,1978).

Rowland, C., *The Open Heaven: A Study of Apocalyptic in Judaism and Early Christianity* (New York: Crossroad, 1982).

Sandoval, T. J., "Revisiting the Prologue of Proverbs," *JBL* 126/3 (2007), 455-473.

Sasson, J. M., *Ruth: A New Translation with a Philological Commentary and a Formalist-Folklorist Interpretation* (Baltimore: Johns Hopkins niversity Press, 1979).

Schmidt, J. M., *Die jüdische Apokalyptik* (Neukirchen Vluyn: Neukirchener Verlag, 1969).

Scott, B. B., "Jesus as a Sage: An Innovating Voice in Common Wisdom," in *The Sage in Israel and the Ancient Near East*, eds., J. G. Gammie and L. G. Perdue (Winona Lake: Eisenbrauns, 1990), 399-415.

Shorter, A., *Toward a Theology of Inculturation* (Maryknoll: Orbis, 1988).

Skehan, P. W., *Studies in Israelite Poetry and Wisdom* (Washington, D. C.: CBAA, 1971).

Smith, J. Z., "Wisdom and Apocalyptic," in *Visionaries and Their Apocalypses,* ed, P. D. Hanson (Philadelphia: Fortress, 1983), 101-120.

Sternberg, M., *The Poetics of Biblical Narrative* (Bloomington: Indiana University Press, 1985).

Stibbe, M. W. G., "Structuralism," in *A Dictionary of Biblical Interpretation*, eds., R. J. Coggins and J. L. Houlden (London: SCM, 1990), 650-655.

Stone, M. E., "Lists of Revealed Things in the Apocalyptic Literature," in *Magnalia Dei:*

Essays on the Bible and Archaeology in Memory of G. Ernest Wright, eds., F. M. Cross, W. E. Lemke, and P. D. Miller (Garden City, NY: Doubleday, 1976) 414-452.

__________, *Scripture, Sects and Visions: A Profile of Judaism from Ezra to the Jewish Revolts* (Philadelphia: Fortress, 1980).

Suggs, M. J., *Wisdom, Christology, and Law in Matthew's Gospel* (Cambridge, MA: Harvard University Press, 1970).

Talmon, S., "Wisdom in the Book of Esther," *VT* 13 (1963), 419-455.

Terrien, S., "Amos and Wisdom," in *Israel's Prophetic Heritage*, eds., B. W. Anderson and W. Harrelson (New York: Harper & Row, 1962), 108-115.

__________, "Quelques Remarques sur les Affinities de Job avec le Deutero-Esaie," in *Volume du Congrès: Genève*, 1965 (VTS 15; Leiden: Brill, 1966), 295-310.

Trible, P., *Studies in the Book of Jonah* (Ph.D. dissertation in Columbia University, 1963).

VanderKam, J. C., *Enoch and the Growth of an Apocalyptic Tradition* (Washington, D.C.: CBAA, 1984).

Weeks, S., *Early Israelite Wisdom* (Oxford: Oxford University Press, 1994).

Weinfeld, M., *Deuteronomy and the Deuteronomic School* (Oxford: Clarendon, 1972).

Weisengoff. J. P., "Death and Immortality in the Book of Wisdom," *CBQ* 3 (1941), 104-133.

Westermann, C., *Roots of Wisdom: The Oldest Proverbs of Israel and Other Peoples* (Edinburgh: T & T Clark, 1995).

Whedbee, J. W., *Isaiah and Wisdom* (Nashville: Abingdon, 1971).

Whybray, R. N., *Wisdom in Proverbs: The Concept of Wisdom in Proverbs* 1-9 (Chatham: SCM, 1965).

__________, *The Heavenly Counsellor in Isaiah xl* 13-14 (Cambridge: Cambridge

University Press, 1971).

________, *The Intellectual Tradition in the Old Testament* (Berlin: de Gruyter, 1974).

________, *Proverbs* (Grand Rapids: Eerdmans, 1994).

________, "Prophecy and Wisdom," in *Israel's Prophetic Tradition: Essays in Honour of Peter R. Ackroyd*, eds., R. Coggins, et al. (Cambridge: Cambridge niversity Press, 1982), 181-199.

________, "Book of Proverbs," in *Dictionary of Biblical Interpretation*, Vol. 2, ed., J. H. Hayes (Nashville: Abingdon, 1999), 320-323.

Wilken, R. L., *Aspects of Wisdom in Judaism and Early Christianity* (Notre Dame: University of Notre Dame Press, 1975).

Winston, D., *The Wisdom of Solomon* (Garden City: Doubleday, 1979).

Witherington, III, B., *Jesus the Sage: The Pilgrimage of Wisdom* (Minneapolis: Fortress, 1994).

Wolff, H. W., *Amos' geistige heimat* (Neukirchen-Vluyn: Neukirchener Verlag des Erziehungsvereins, 1964).

________, *Amos the Prophet* (Philadelphia: Fortress, 1973)

________, *Joel and Amos* (Philadelphia: Fortress, 1977).

________, "Micah the Moreshite - The Prophet and His Background," in *IW*, 77-84.

Wright, G. E., *God Who Acts* (Chicago: A. R. Allenson, 1956).

Zimmerli, W., "The Place and Limit of the Wisdom in the Framework of the Old Testament Theology," *SJT* 17 (1964), 146-158.

강사문, "욥과 고대 메소포타미아의 수난자 문학의 비교연구,"『지혜전승과 설교』, 구덕관 박사 기념논문집 출판위원회 편 (서울: 대한기독교서회, 1991), 9-32.

구덕관,『구약개론』, 상하권 (서울: 대한기독교출판사, 1986).

구덕관 박사 기념논문집 출판위원회 편,『지혜전승과 설교』(서울: 대한기독교서회, 1991).

김광식, "한국토착화신학 형성사,"『한국의 문화와 신학』, 기독교사상 편집부 편 (서울: 대한기독교서회, 1992), 90-99.

김균진, 『헤겔과 바르트』(서울: 대한기독교출판사, 1983).

민영진, "잠언 8장 22절의 카나니(QANANI) 재론," 『지혜전승과 설교』, 구덕관 박사 기념논문집 출판위원회 편 (서울: 대한기독교서회, 1991), 72-91.

박정세, 『성서와 한국민담의 비교연구』(서울: 연세대학교 출판부, 1996).

박종수, 『히브리 설화 연구: 한국인의 문화통전적 성서이해』(서울: 글터, 1995).

박준서, 『구약세계의 이해』(서울: 한들출판사, 2001).

배정훈, "최근의 묵시록 연구의 동향과 방향," 「한국기독교신학논총 23」 (2002), 7-41.

서남동, "두 이야기의 합류," 『민중과 한국신학』, NCC 신학연구위원회 편 (서울: 한국신학연구소, 1982), 237-276.

______, 『민중신학의 탐구』(서울: 한길사, 1983).

서인석, 『오늘의 구약성서 연구』(서울: 성바오로출판사, 1983).

소기천, "지혜문학 장르로 출발한 예수말씀 복음서," 「기독교사상논단 1」 (1999), 11-37.

오택현, 김호경, 『알기 쉬운 성서묵시문학연구』(서울: 크리스찬 헤럴드, 1999).

유동식, 『한국무교의 구조와 역사』(서울: 연세대학교 출판부, 1975).

______, 『풍류신학으로의 여로』(서울: 전망사, 1988).

윤성범, "단군신화는 Vestigium Trinitatis이다," 「기독교사상」 (1963/10), 14-18.

왕대일, "구약묵시문학 다니엘서의 지혜정신," 『지혜전승과 설교』, 구덕관 박사 기념논문집 출판위원회 편 (서울: 대한기독교서회, 1991), 162-207.

장덕순 외 3인, 『구비문학개설: 구비전승의 한국문학적 고찰』(서울: 일조각, 1983).

장일선, 『히브리 예언서 연구』(서울: 대한기독교서회, 1990).

______, 『히브리 설화의 문학적 이해』(서울: 대한기독교출판사, 1985).

______, 『생명나무와 가시덤불』(서울: 대한기독교서회, 1998).

______, 『다윗왕가의 역사이야기: 신명기 역사서 연구』(서울: 대한기독교서회, 1997).

천사무엘, "구약성서의 지혜문학과 창조신학," 「기독교문화연구 2권」 (1997), 305-319.

______, "지혜문학과 예언문학의 관계," 박준서 교수 헌정 논문집 편집위원회 편, 『구약과 신학의 세계』(서울: 한들출판사, 2001), 290-306.

______, 『구약외경의 이해』(천안: 한국신학연구소, 1996).

______, "알렉산드리아 유대인 공동체 형성과 박해의 역사," 「신학사상 23」 (1995), 147-169.

______, "알렉산드리아 필로의 인간이해," 「한국기독교신학논총 23」 (2002/1), 7-22.

182, 183, 184, 185, 187, 188, 297

Wilken, R. L. 202, 298

Witherington, III, B. 106, 298

Williamson, H. G. M. 90, 293

Winston, David 6, 266, 271, 272, 298

Wiseman, W. J. 85, 289, 295

Wolff, H. W. 23, 55, 60, 298

Wright, G. E. 17, 298

(Z)

Zimmerli. W. 24, 298

(가)

강사문 21, 298

강성렬 195, 290

건, 데이비드 163

게르스텐베르거 180

게스터 146

고르디스 188

구덕관 21, 39, 83, 237, 298, 299

구티에레즈 198, 199

궁켈 146, 147

그라베 89

그림 147

김광식 153, 298

김균진 27, 299

김수남 163, 291

김시남 176

김은규 163, 291

김정준 18, 36, 98, 295

김지은 83, 292

김호경 83, 299

(나)

나이디취 97, 145, 147, 150

나이버그 148

나채운 102, 288

노악 84

닐슨 148

(다)

데이비스 89

델 176, 192

도란 97

(라)

랑 182

뢰머 166

르메어 185

(마)

맥캔 191

머피 43, 177, 181, 187, 281